도시부동산 마케팅, AI에서 찾아라

원지영

publishing and culture
피앤씨미디어

머리말

AI가 우리의 일상을 바꾸고 있다. 검색엔진은 우리가 무엇을 원하는지 미리 알고 있고, 스마트폰은 우리의 취향을 기억하며, 추천 알고리즘은 우리도 모르는 욕구를 발견해 낸다. 이제 이러한 변화의 물결이 도시부동산 마케팅의 영역까지 밀려왔다.

우리가 살아가는 도시와 그 안의 공간, 부동산은 더 이상 과거의 방식으로 이해하고 예측할 수 없는 복잡하고 역동적인 생태계가 되었다. 수십 년간 시장을 지배해 온 전문가의 '감'과 '경험'은 이제 거대한 데이터의 파도 앞에서 그 한계를 드러내고 있다. 디지털 기술과 함께 성장한 새로운 세대는 부동산을 소비하는 방식마저 바꾸어 놓았으며, 그들의 디지털 발자취는 21세기 부동산의 새로운 석유, 즉 '데이터'라는 무한한 가능성의 자원이 되고 있다. 바로 이 지점에서 우리는 질문해야 한다. 과연 우리는 미래 도시부동산 시장의 언어를 제대로 읽어낼 준비가 되어 있는가?

이 책은 그 질문에 대한 구체적이고 실용적인 해답을 제시하고자 집필되었다. 『도시부동산 마케팅, AI에서 찾아라』는 AI라는 가장 강력한 도구를 통해 도시와 부동산, 그리고 마케팅의 미래를 탐색하는 여정이다. 더 이상 AI는 기술 전문가들만의 영역이 아니다. 그것은 도시부동산 시장의 패러다임을 근본적으로 바꾸고, 새로운 기회를 창출하며, 고객 개개인의 욕망에 정확하게 부응하는 초개인화(Hyper-personalization) 시대를 여는 핵심 동력이다.

제1부 'AI, 부동산 마케팅의 패러다임을 바꾸다'에서는 먼저 왜 지금 우리에게 AI가 필수적인지를 역설한다. 전통적 마케팅의 한계를 진단하고, AI가 어떻게 비용-효과 측면에서 우위를 점하는지를 분석한다. 나아가 도시부동산 분야에서 AI가 활용되는 16가지 주요 영역과 솔루션 유형을 제시하며 거시적인 통찰을 제공한다.

특히, 독자들이 가장 난해하게 느낄 수 있는 머신 러닝, 딥러닝, 생성형 AI의 핵심 알고리즘들을 '가상사례'를 통해 풀어냄으로써, 비전공자도 그 원리를 직관적으로 이해하고 현업에 적용할 아이디어를 얻도록 구성하였다. 또한, AI의 연료가 되는 부동산 빅데이터의 수집, 정제, 시각화 과정과 잠재고객의 디지털 여정(Digital Journey)을 추적하는 방법론을 상세히 다루어 이론적 토대를 견고히 한다.

제2부 'AI, 도시부동산 마케팅을 혁신하다'에서는 이론을 넘어 구체적인 마케팅 전략의 세계로 깊이 들어간다. AI를 활용하여 잠재 구매자를 예측하고, 라이프스타일 기반의 하이퍼-타겟팅을 실행하는 가상사례를 통해 독자들은 마케팅의 정밀도가 어떻게 극대화되는지를 목격하게 될 것이다. 수요와 공급에 따라 실시간으로 가격을 조정하는 동적 가격 책정(Dynamic Pricing), 24시간 고객을 응대하며 숨은 니즈를 파악하는 AI 챗봇, 시공간을 초월한 몰입형 경험을 제공하는 VR/AR 기술, 그리고 매력적인 광고 문구와 디자인 시안을 자동으로

창조하는 생성형 AI에 이르기까지, 책에서 제시하는 다채로운 가상사례들은 미래 마케팅의 청사진을 생생하게 보여준다.

이 책은 도시계획, 부동산, 도시공학, 마케팅을 전공하는 학생들과 실무자들에게는 미래 시대가 요구하는 핵심 역량을 길러주는 깊이 있는 전공서가 될 것이다. 동시에, 부동산 시장에 관심 있는 일반 독자들에게는 AI가 우리의 주거 환경과 소비문화를 어떻게 바꾸어 나가는지에 대한 흥미진진한 교양서의 역할을 할 것이다. 각 장마다 풍부하게 제시된 가상사례들은 복잡한 기술적 개념과 현실 세계의 비즈니스 문제를 연결하는 다리가 되어, 독자들이 스스로 새로운 전략을 구상하고 미래를 예측하는 힘을 기를 수 있도록 돕는다.

AI는 더 이상 먼 이야기가 아니다. 이미 우리 곁에 와 있으며, 도시부동산 마케팅의 모든 영역에서 변화를 만들어 내고 있다. 이 책이 독자들에게 그 변화의 흐름을 이해하고, 새로운 기회를 발견하며, 미래를 준비하는데 도움이 되기를 바란다.

AI와 함께하는 도시부동산 마케팅의 여정, 지금 시작된다.

차 례

Part 1 AI, 부동산 마케팅의 패러다임을 바꾸다

Part 2 AI, 도시부동산 마케팅을 혁신하다

주제 6 가상사례를 활용한 잠재 구매자 예측 및 하이퍼-타겟팅 전략

주제 7 AI 기반 동적 가격 책정(Dynamic Pricing)의 원리

주제 8 24시간 깨어 있는 AI 챗봇과 가상 비서

Part 1

AI, 부동산 마케팅의 패러다임을 바꾸다

01

주제1
왜 지금 부동산 마케팅에 AI가 필요한가?

1

'감'과 '경험'에 의존한 전통적 마케팅의 한계

1.1. '감'과 '경험'에 기반한 마케팅은 주관성과 비 일관성이라는 태생적 한계를 갖는다.

전통적으로 부동산 시장은 '감(感)'과 '경험'이라는 두 가지 비정형적 자산이 가장 강력한 무기로 여겨져 온 영역이다. 베테랑 중개업자의 "이 지역은 오를 것"이라는 직관적 예측, 특정 입지에 대한 오랜 경험에서 우러나오는 통찰은 그 자체로 중요한 정보였으며, 실제 거래를 성사시키는 핵심 동력이었다.

1.1.1. '감'과 '경험'에 기반한 마케팅의 뚜렷한 한계

이러한 방식은 공급자와 수요자 간의 정보 격차가 현저하고, 시장의 변화 속도가 비교적 완만했던 과거에는 분명 유효했다. 그러나 도시가 고도로 복잡화되고, 데 이터가 폭증하며, 소비자의 행동 패턴이 급변하는 오늘날, 과거의 성공 방정식은 뚜렷한 한계를 노출하고 있다.

첫째, '감'과 '경험'에 기반한 마케팅은 주관성과 비 일관성이라는 태생적 한계를 갖는다. 특정인의 성공적인 투자 경험이나 지역에 대한 주관적 판단은 다른 사람에게 동일하게 적용될 수 없다. 이는 마치 특정 지역의 맛집을 선정할 때, 한 사람의 입맛이 모두를 만족시킬 수 없는 것과 같은 이치다.

개인의 경험은 파편적이고 제한된 정보에 기반할 가능성이 높으며, 이는 시장 전체의 흐름을 객관적으로 조망하는 데 실패할 위험을 내포한다. 예를 들어, 특정 개발 계획에 대한 긍정적 경험이 있는 마케터는 유사한 프로젝트에 대해 과도한 낙관론을 펼칠 수 있으며, 이는 시장의 객관적 데이터가 보내는 경고 신호를 무시하는 결과로 이어질 수 있다.

1) 미국의 부동산 플랫폼 질로우(Zillow)가 AI를 활용한 주택 가격 예측 모델(Zestimate)의 오류로 수천억 원의 손실을 보고 사업을 접었던 사례는, 설령 데이터 기반 접근이라 할지라도 시장의 복잡성과 변동성을 완벽히 예측하는 것이 얼마나 어려운지를 역설적으로 보여준다

2021년 미국의 부동산 플랫폼 질로우(Zillow)가 AI를 활용한 주택 가격 예측 모델(Zestimate)의 오류로 수천억 원의 손실을 보고 사업을 접었던 사례는, 설령 데이터 기반 접근이라 할지라도 시장의 복잡성과 변동성을 완벽히 예측하는 것이 얼마나 어려운지를 역설적으로 보여준다. 하물며 소수 개인의 직관에 의존하는 방식의 위험성은 더 말할 나위가 없다.

둘째, 전통적 방식은 시장의 변화 속도를 따라가지 못한다. 과거 부동산 시장의 주요 변수가 인구, 정책, 대규모 개발 계획 등 거시적이고 예측 가능한 범주에 머물렀다면, 현재는 소셜미디어 상의 여론, 특정 세대의 라이프스타일 변화, 단기적 금융 변동성 등 미시적이고 예측 불가능한 변수들이 시장에 즉각적인 영향을 미친다.

베테랑 전문가의 경험적 데이터베이스가 갱신되는 속도는 이러한 실시간 변화를 따라잡기에는 역부족이다. '발로 뛰며' 얻는 정보의 가치는 여전히 유효하지만, 그 정보가 개인의 머릿속에서 처리되고 종합되는 사이, 시장은 이미 저만치 앞서가고 있을 가능성이 크다. 이는 결국 기회비용의 증대로 이어진다.

셋째, '감'과 '경험'의 한계는 정보의 비대칭성과 시장의 불투명성을 심화시키는 부작용을 낳는다. 특히 한국 부동산 시장의 고질적 문제로 지적되는 '허위 매물'은 이러한 전통적 방식의 어두운 단면을 극명하게 보여준다.

2) 매력적인 가격과 조건의 허위 매물로 고객의 방문을 유도한 뒤, "그 물건은 방금 나갔다"며 다른 매물을 추천하는 영업 방식은 대표적인 구태다

매력적인 가격과 조건의 허위 매물로 고객의 방문을 유도한 뒤, "그 물건은 방금 나갔다"며 다른 매물을 추천하는 영업 방식은 대표적인 구태다. 실제로 2020년 개정 공인중개사법 시행 이후 서울 아파트 매물이 단기간에 수만 건이 사라진 현상은, 그간 시장에 얼마나 많은 허위 정보가 만연했는지를 방정한다. 이는 개별 마케터의 단기적 이익 추구와 시장 전체를 조망할 객관적 데이터의 부재가 빚어낸 합작품이다. 소비자는 부정확한 정보 속에서 '손품'과 '발품'에 과도한 에너지를 쏟아야 하고, 시장 전체의 신뢰도는 저하된다.

'감'과 '경험'에 의존하는 전통적 부동산 마케팅은 더 이상 시장의 복잡성과 소비자의 높은 정보 수준을 감당할 수 없는 임계점에 도달했다. 이는 특정인의 능력을 폄하하는 것이 아니라, 시대의 변화에 따른 패러다임

의 전환을 의미한다. 이제 부동산 시장은 개인의 주관적 통찰을 넘어, 방대한 데이터를 객관적으로 분석하고, 잠재 수요를 과학적으로 예측하며, 개별 고객에게 최적화된 정보를 제공하는 새로운 차원의 전략을 요구하고 있다. 바로 이 지점에서, AI는 전통적 마케팅의 한계를 극복하고 부동산 시장을 한 단계 진화시킬 가장 현실적이고 강력한 대안으로 부상하고 있다.

2

디지털 네이티브 세대의 등장과 부동산 소비 행태의 변화

2.1. 디지털 네이티브 세대가 경제 활동의 핵심으로 부상하고 있다.

1) 스마트폰을 신체의 일부처럼 사용하고, 현실과 가상 세계의 경계를 넘나들며, 정보의 탐색과 소비, 그리고 관계 형성에 있어 디지털 환경을 전적으로 신뢰하는 세대, 즉 '디지털 네이티브(Digital Native)'가 경제 활동의 핵심으로 부상하고 있다.

오늘날 부동산 시장의 지형을 바꾸는 가장 근본적인 동력은 바로 소비의 주체, 즉 '인간'의 변화에서 기인한다. 스마트폰을 신체의 일부처럼 사용하고, 현실과 가상 세계의 경계를 넘나들며, 정보의 탐색과 소비, 그리고 관계 형성에 있어 디지털 환경을 전적으로 신뢰하는 세대, 즉 '디지털 네이티브(Digital Native)'가 경제 활동의 핵심으로 부상하고 있다.

밀레니얼 세대와 Z세대로 대표되는 이들은 태어날 때부터 디지털 언어와 문화를 체득한 인류로, 기성세대가 외국어를 배우듯 디지털을 학습한 '디지털 이민자(Digital Immigrant)'와는 부동산을 소비하는 방식 자체가 근본적으로 다르다.

첫째, 디지털 네이티브에게 정보 탐색의 시작과 끝은 온라인이다. 과거 부동산 정보를 얻기 위해 지역 중개업소를 직접 방문하거나, 생활정보지를 뒤적이는 것이 당연한 '발품'의 과정이었다면, 이들에게는 스마트폰 앱을 켜고 지도 기반의 매물 정보를 스크롤하는 '손품'이 훨씬 더 직관적이고 효율적인 방식이다. 이들은 더 이상 특정 중개인의 주관적 추천이나 제한된 정보에 의존하지 않는다.

대신 빅데이터 기반의 부동산 플랫폼이 제공하는 실거래가, 주변 환경, 학군 정보, 교통 편의성 등 정량적 데이터를 1차적으로 신뢰한다. 나아가 소셜미디어, 온라인 커뮤니티, 동영상 플랫폼을 통해 실제 거주자들의 생생한 후기, 인테리어 팁, 심지어 특정 아파트 단지의 일조량이나 소음 문제와 같은 극히 미시적인 정보까지 교차 검증한다. 이러한 다차원적 정보 탐색 과정은 부동산이라는 고관여 상품에 대한 불확실성을 최소화하려는 합리적 시도이며, 이 과정에서 전통적 마케터가 개입할 여지는 점차 줄어들고 있다.

둘째, 이들은 '체험'의 방식을 재정의한다. 디지털 네이티브에게 시간과 공간의 제약은 극복의 대상이다. 직접 방문하지 않고도 내부 구조와 공간감을 생생하게 느낄 수 있는 3D 가상 투어(Virtual Tour)나 증강현실(AR)을 활용한 가구 배치 시뮬레이션은 더 이상 신기한 기술이 아닌, 당연히 제공되어야 할 기본 서비스로 인식된다.

이는 단순히 편의성을 넘어, 자신의 라이프스타일과 공간이 얼마나 조화를 이룰 수 있는지를 사전에 시뮬레이션해보고자 하는 욕구의 발현이다. 직접 방문하더라도, 이는 온라인에서 수집한 방대한 정보를 최종적으로 확인하는 단계에 가깝다. 따라서 가상 투어와 같은 몰입형 경험을 제공하지 못하는 매물은 이들의 초기 선택지에서 쉽게 배제될 수 있다.

셋째, 디지털 네이티브는 '즉각적이고 개인화된 소통'을 기대한다. 24시간 언제든 궁금한 점을 문의하고 즉시 답변을 얻을 수 있는 챗봇 서비스, 나의 검색 기록과 관심사를 분석해 맞춤형 매물을 추천해주는 AI 알고리즘에 익숙하다. 이들은 정해진 업무 시간에만 연락 가능한 중개인과의 통화를 기다리거나, 모두에게 동일하게 발송되는 광고성 문자 메시지를 스팸으로 간주할 가능성이 높다. 자신의 취향과 필요를 정확히 파악하고, 그에 맞는 정보를 적시에, 비대면으로 제공해주는 서비스에 높은 가치를 부여한다. 이는 마케팅의 패러다임이 불특정 다수를 향한 '푸시(Push)' 전략에서, 고객의 데이터를 기반으로 한 정교한 '풀(Pull)' 전략으로 전환되어야 함을 시사한다.

이를 종합하면, 디지털 네이티브 세대의 부상은 부동산 시장에 단순한 기술의 도입을 넘어, 소비 철학의 근본적인 변화를 요구한다. 이들에게 부동산은 더 이상 단순한 자산 증식의 수단이나 물리적 공간에 머무르지 않는다. 그것은 자신의 정체성을 표현하고, 삶의 질을 극대화하며, 디지털 라이프와 완벽하게 조응하는 '경험의 플랫폼'이다.

따라서 이들의 마음을 얻기 위한 마케팅 전략은 과거의 공급자 중심적 관점에서 벗어나, 데이터를 통해 그들의 욕망을 깊이 이해하고, AI 기술을 통해 가장 개인화된 경험과 정보를 제공하는 방식으로 진화해야만 한다. 디지털 네이티브의 소비 행태를 이해하는 것은 미래 부동산 시장의 생존과 성장을 위한 첫 번째 관문이다.

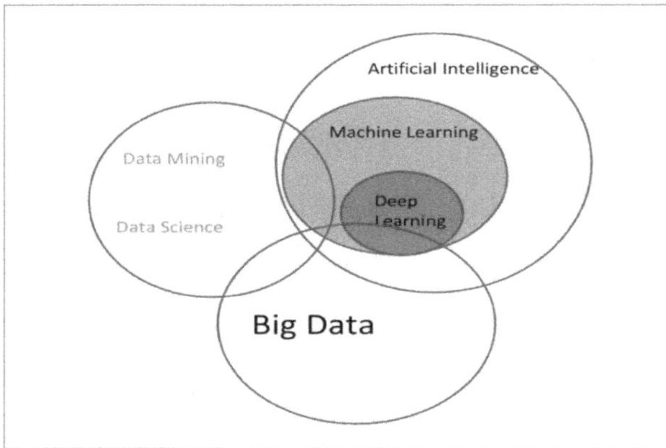

Visually Linking AI, Machine Learning, Deep Learning, Big Data and Data Science, Pinterest

3

데이터, 21세기 부동산의 새로운 석유

3.1. 요즘에는 입지를 둘러싼 수많은 데이터의 층위(Layer)가 입지의 현재 가치를 증명하고 미래 가치를 예측하는 새로운 기준이 된다.

21세기 산업 지형을 관통하는 가장 강력한 명제는 "데이터는 새로운 석유(Data is the new oil)"이다. 과거 산업혁명이 석탄과 석유라는 물리적 에너지를 동력으로 삼았다면, AI 시대의 성장과 혁신은 '데이터'라는 무형의 자원을 정제하고 활용하는 능력에서 비롯된다.

오랫동안 정보의 비대칭성이 시장을 지배했던 부동산 분야 역시 이 거대한 흐름에서 예외가 될 수 없다. 오히려 데이터는 이제껏 분절되고 파편화되어 있던 부동산 시장의 비효율성을 해결하고, 부가가치를 창출하는 가장 핵심적인 원자재, 즉 '새로운 석유'로 자리매김하고 있다.

> 1) 특정 상업용 부동산의 가치는 유동인구가 많다는 막연한 사실을 넘어, 어떤 시간대에 어떤 연령과 성별의 인구가, 어떤 소비 패턴을 보이며, 어떤 교통수단을 이용해 해당 지역에 머무르는지에 대한 구체적인 데이터로 훨씬 더 정밀하게 측정될 수 있다.

과거 부동산의 가치를 결정하는 불변의 진리는 "입지, 입지, 그리고 입지(Location, Location, Location)"였다. 그러나 오늘날 입지의 가치는 더 이상 물리적 위치만으로 정의되지 않는다. 그 입지를 둘러싼 수많은 데이터의 층위(Layer)가 입지의 현재 가치를 증명하고 미래 가치를 예측하는 새로운 기준이 된다.

예를 들어, 특정 상업용 부동산의 가치는 단순히 유동인구가 많다는 막연한 사실을 넘어, 어떤 시간대에 어떤 연령과 성별의 인구가, 어떤 소비 패턴을 보이며, 어떤 교통수단을 이용해 해당 지역에 머무르는지에 대한 구체적인 데이터로 훨씬 더 정밀하게 측정될 수 있다. 이는 곧 데이터가 전통적인 입지의 개념을 한 차원 높은 수준으로 재해석하고 있음을 의미한다.

부동산의 새로운 석유, 데이터는 크게 두 가지로 분류할 수 있다. 첫째는 실거래가, 토지대장, 건축물대장과 같이 정형화된 형태로 존재하는 전통적 데이터(Traditional Data)이다. 이는 시장 분석의 가장 기본적인 골격을 제공한다. 그러나 진정한 혁신은 둘째, 비정형적이고 방대하며 실시간으로 생성되는 대안 데이터(Alternative Data), 즉 빅데이터에서 시작된다. 여기에는 통신사의 기지국 정보를 활용한 유동인구 데이터, 신용카드사의 결제 정보를 통한 상권 분석 데이터, 소셜미디어와 뉴스 기사의 텍스트를 분석한 지역 평판 및 여론 데이터, 내비게이션 앱의 이동 경로 데이터, 심지어는 특정 지역의 배달 음식 주문량 변화까지 포함된다.

이러한 데이터의 폭증은 부동산 마케팅의 본질을 바꾸어 놓는다.

2) 첫째, 불특정 다수를 향한 매스 마케팅(Mass Marketing)에서 초 개인화된 타겟 마케팅(Hyper-personalized Marketing)으로의 전환이 이루어진다

첫째, 불특정 다수를 향한 매스 마케팅(Mass Marketing)에서 초 개인화된 타겟 마케팅(Hyper-personalized Marketing)으로의 전환이 이루어진다. 과거의 마케팅이 신문 광고나 전단지를 통해 지역 전체에 동일한 메시지를 전달하는 방식이었다면, 이제는 데이터 분석을 통해 '30대 신혼부부이면서, 반려동물을 키우고, 재택근무가 잦으며, 주말에는 공원 산책을 즐기는' 잠재 고객을 특정하고, 그들의 라이프스타일에 맞는 매물을 정확하게 추천하는 것이 가능해진다. 이는 마케팅 비용의 효율성을 극대화하는 동시에 고객의 만족도를 획기적으로 높인다.

둘째, 주관적 가치 판단에서 객관적 가치 예측(Valuation)으로의 진화를 이끈다. 특정 부동산의 미래 가치를 예측하는 것은 베테랑 전문가의 '감'에 의존하는 영역이었다. 그러나 AI 알고리즘은 인간이 동시에 고려하기 불가능한 수백, 수천 개의 변수(교통망 확충 계획, 인근 지역 범죄율 변화, 신규 상권 형성, 미세먼지 농도 등)를 종합적으로 분석하여 훨씬 더 객관적이고 과학적인 가치 예측 모델을 제시한다. 이는 판매자에게는 최적의 매도 시점과 가격을, 구매자에게는 합리적인 의사결정의 근거를 제공한다.

이를 종합하면, 데이터라는 원유를 채굴하는 것만으로는 충분하지 않다. 중요한 것은 이 원유를 AI라는 정제 시설을 통해 가공하여, 마케팅 전략이라는 고품질의 에너지로 변환하는 능력이다. 데이터를 지배하는

자가 미래 부동산 시장을 지배하게 될 것이다. 따라서 현대의 부동산 마케터에게 데이터 분석과 AI 활용 능력은 더 이상 선택이 아닌, 생존과 성장을 위한 필수불가결한 역량이 되었다.

4

초 개인화(Hyper-personalization) 시대의 도래

4.1. 초 개인화란 실시간 데이터를 기반으로 고객의 상황과 의도를 정확히 예측하고, 그들이 필요로 하는 정보나 서비스를 적시에, 최적의 형태로 제공하는 마케팅의 궁극적 단계를 의미한다.

1) 초 개인화란 실시간 데이터를 기반으로 고객의 상황과 의도를 정확히 예측하고, 그들이 필요로 하는 정보나 서비스를 적시에, 최적의 형태로 제공하는 마케팅의 궁극적 단계를 의미한다

디지털 시대의 소비자는 더 이상 '평균적인 고객'이라는 모호한 집단으로 존재하지 않는다. 모든 개인은 각기 다른 욕망, 취향, 생활 패턴을 지닌 고유한 우주와 같다. 이러한 시장의 변화 속에서, 과거의 획일적인 메시지를 전달하던 매스 마케팅은 힘을 잃고 있으며, 고객의 이름을 부르는 수준의 단순 개인화를 넘어선 '초개인화(Hyper-personalization)'가 새로운 패러다임으로 부상하고 있다. 초 개인화란 실시간 데이터를 기반으로 고객의 상황과 의도를 정확히 예측하고, 그들이 필요로 하는 정보나 서비스를 적시에, 최적의 형태로 제공하는 마케팅의 궁극적 단계를 의미한다.

부동산 시장에서 초개인화는 단순히 고객이 검색한 지역의 매물을 나

열해주는 것을 넘어선다. 이는 AI와 데이터 분석을 통해 고객의 디지털 발자국(Digital Footprint)을 심층적으로 해독하는 것에서 시작된다. 예를 들어, 한 명의 잠재 고객이 있다고 가정해보자.

(1) **단순 개인화 단계:** 고객이 '서초구 30평대 아파트'를 검색하면, 해당 조건의 매물 리스트를 이메일로 보내준다.

(2) **초개인화 단계:** AI는 고객의 검색 패턴, 소셜미디어 활동, 신용카드 소비 데이터 등을 종합적으로 분석한다. 그 결과, 이 고객이 '반려견을 키우고, 재택근무가 잦으며, 주말마다 자전거 라이딩을 즐기고, 유기농 식품에 대한 관심이 높다'는 사실을 파악한다. 이를 바탕으로 AI는 단순히 서초구의 30평대 아파트를 추천하는 것이 아니라, '인근에 대형 공원과 동물병원이 있고, 별도의 서재 공간을 확보할 수 있으며, 한강 자전거도로 접근성이 좋고, 주변에 친환경 마켓이 위치한' 특정 매물을 최우선으로 제안한다. 더 나아가, 이 고객이 주로 저녁 9시 이후에 모바일로 부동산 정보를 확인한다는 패턴을 파악하여, 해당 시간대에 맞춤형 푸시 알림을 보내는 정교함까지 보여준다.

이처럼 초개인화는 고객의 명시적인 요구 뿐만 아니라, 그들 스스로도 인지하지 못했던 잠재적 욕구까지 충족시키는 것을 목표로 한다. 이는 고객에게 '나를 완벽하게 이해하고 있다'는 깊은 인상과 신뢰감을 심어준다. 부동산과 같이 구매 결정 과정이 길고 복잡한 고관여 상품일수록 이러한 신뢰는 결정적인 역할을 한다. 고객은 더 이상 수많은 정보의 홍수 속에서 옥석을 가리기 위해 고군분투할 필요가 없으며, AI가 정교하게 필터링해준 최적의 선택지에 집중함으로써 시간과 노력을 획기적으로 절약

할 수 있다.

또한, 초개인화는 마케팅의 효율성을 극대화한다. 불특정 다수에게 무차별적으로 발송되는 광고는 대부분 소음으로 치부되지만, 나의 필요와 정확히 일치하는 정보는 유용한 콘텐츠로 인식된다. 이는 광고 비용의 낭비를 줄이고 전환율을 극적으로 끌어올리는 결과로 이어진다.

5

AI 도입에 따른 부동산 마케팅의 비용-효과(Cost-Effectiveness) 분석

혁신적인 기술의 도입은 언제나 비용과 효과에 대한 냉철한 분석을 동반한다. AI 역시 마찬가지다. AI를 부동산 마케팅에 도입하는 것은 단순히 새로운 소프트웨어를 설치하는 차원의 문제가 아니며, 상당한 초기 투자와 조직적 변화를 요구한다. 그러나 장기적 관점에서 AI는 단순한 비용 지출이 아닌, 기업의 생존과 성장을 담보하는 가장 강력한 '가치 투자'로 귀결된다.

5.1. 비용(Cost): AI 도입의 현실적 장벽

AI 도입에 따르는 비용은 크게 초기 투자 비용과 지속적인 운영 비용으로 나눌 수 있다.

(1) **초기 투자 비용:** AI 시스템을 자체적으로 개발하거나 외부 솔루션을 도입하는 데 드는 직접적인 비용이 발생한다. 또한, 방대한 데이터

를 처리하고 분석하기 위한 고성능 서버와 같은 하드웨어 인프라 구축 비용도 만만치 않다. 가장 중요한 자원인 '데이터'를 확보하고, 이를 AI가 학습할 수 있는 형태로 정제하고 가공하는 과정 역시 상당한 시간과 비용을 수반한다.

(2) **운영 및 유지 비용:** AI 시스템은 한 번 구축으로 끝나는 것이 아니라, 지속적인 유지보수와 업데이트를 통해 최적의 성능을 유지해야 한다. 이를 위해서는 데이터 과학자, AI 전문가 등 전문 인력의 채용과 교육이 필수적이다. 또한, 개인정보보호와 같은 규제를 준수하며 데이터를 안전하게 관리하는 데에도 지속적인 투자가 필요하다.

5.2. 효과(Effectiveness): 비용을 상쇄하는 압도적 가치

이러한 비용에도 불구하고 AI 도입이 필수적인 이유는, 그 효과가 단기적인 비용을 압도하는 장기적이고 구조적인 가치를 창출하기 때문이다.

(1) **마케팅 효율성의 극대화:** AI는 잠재고객 발굴, 맞춤형 광고 집행, 24시간 고객 응대(챗봇) 등 반복적이고 시간이 많이 소요되는 업무를 자동화한다. 이를 통해 마케팅 인력은 단순 업무에서 벗어나, 보다 창의적이고 전략적인 업무에 집중할 수 있게 되어 조직 전체의 생산성이 향상된다. 또한, 초 개인화된 타겟팅을 통해 광고 예산을 가장 효과적인 곳에 집중함으로써, 낭비되는 비용을 최소화하고 광고 투자수익률(ROI)을 극대화한다.

(2) **의사결정의 과학화:** '감'과 '경험'에 의존하던 전통적 방식과 달리, AI는 데이터를 기반으로 시장의 미세한 변화와 미래 트렌드를 예측한다. 이는 개발 프로젝트의 사업성 분석, 최적의 분양가 책정,

매도·매수 타이밍 포착 등 중요한 의사결정 과정에서 발생할 수 있는 오류를 줄이고 성공 확률을 높이는 과학적 나침반 역할을 한다.

(3) **새로운 가치 창출:** AI는 인간이 발견하기 어려운 데이터 속의 숨겨진 패턴과 기회를 찾아낸다. 예를 들어, 특정 지역의 인구 이동 데이터와 소비 트렌드 데이터를 결합하여 새로운 상권의 부상을 예측하거나, 특정 라이프스타일을 가진 잠재 수요층을 발견하여 기존에 없던 새로운 형태의 주거 상품을 기획하는 등, 시장을 선도하는 새로운 비즈니스 모델 창출의 기회를 제공한다.

이를 종합하면, AI 도입은 단기적으로 상당한 비용 부담이 따르는 것이 사실이다. 그러나 이는 소모성 경비가 아닌, 미래 경쟁력 확보를 위한 핵심적인 연구개발(R&D) 투자로 인식되어야 한다. 디지털 전환이 가속화되는 현대 부동산 시장에서 AI 도입을 비용 문제로 주저하는 것은, 다가오는 폭풍우를 앞두고 낡은 배를 수리하지 않는 것과 같다. AI라는 강력한 엔진을 장착하는 것은 이제 선택의 문제가 아닌, 미래 시장의 거친 파도를 헤쳐 나가기 위한 필수적인 생존 전략이다.

주제 2

AI 기반 도시부동산 응용분야, AI 솔루션 유형, 이점, 활용 예시

https://www.betanews.net

1

AI가 혁신하는 16가지 주요 도시부동산 분야

1. **매물 설명 자동화**: AI를 활용하여 부동산 매물에 대한 설명이 자동으로 생성된다.
2. **가상 부동산 투어**: 사용자에게 실제 방문 없이 가상 공간을 통해 부동산을 투어할 수 있는 기능이 제공된다.
3. **가상 연출(Virtual Staging)**: 가구 배치 및 인테리어를 가상으로 구현하여 시각적 효과를 극대화한다.

Virtual Staging Furniture Placemen, https://homejab.com

4. **리드 생성 자동화**: 잠재 고객을 자동으로 발굴하고 추적하는 기능이 수행된다.

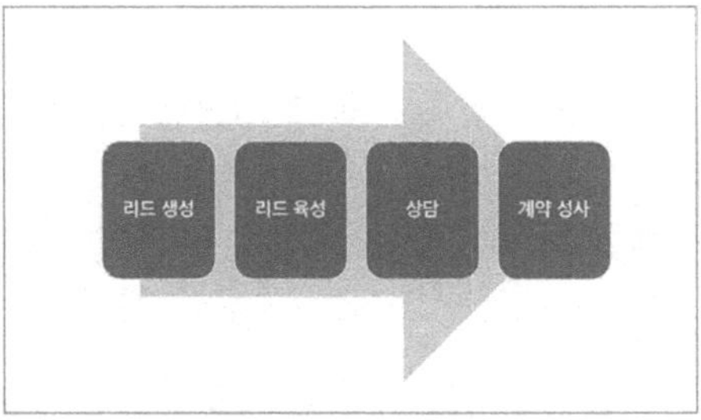

영업 업무의 첫 걸음, 리드 생성이란? - 세일즈포스(Salesforce)

5. **부동산 자산 관리**: AI 기반 시스템을 통해 임대 및 자산 운영 관리가 효율적으로 이루어진다.
6. **사기 및 규정 준수 감지**: 사기 행위 및 법적 준수 여부를 AI가 자동으로 탐지하고 분석한다.
7. **부동산 검색 최적화**: 사용자의 선호도에 기반하여 부동산 매물을 효율적으로 추천한다.
8. **실사(Due Diligence) 자동화**: 계약 전 실사 과정이 자동화되어 시간과 비용이 절감된다.

상용부동산 구매시 실사의 중요성과 체크리스트
https://songlawfirm.tistory.com

9. **부동산 분석:** AI를 활용하여 시장 트렌드 및 개별 부동산의 가치 분석이 이루어진다.
10. **고객 지원:** 챗봇 등 AI 도구를 통해 24시간 고객 지원이 제공된다.

https://www.mk.co.kr/news

11. **지능형 데이터 처리:** 다양한 부동산 데이터를 통합 및 분석하여 인사이트가 도출된다.
12. **예측 분석:** 시장 변화, 가격 변동 등을 사전에 예측하여 전략적 의사결정을 지원한다.

13. **포트폴리오 최적화:** 투자자의 자산 포트폴리오 구성이 AI에 의해 분석되고 최적화된다.
14. **임대 계약 및 문서 관리:** 임대차 계약 및 관련 문서가 디지털화되어 자동으로 처리된다.
15. **자동 부동산 가치 평가:** 부동산의 가치를 AI가 실시간으로 평가하여 제공한다.
16. **임차인 행동 분석:** 임차인의 행동 패턴을 분석하여 리스크 및 선호도를 예측한다.

2

도시부동산 분야에서 활용되는 AI 솔루션의 유형

1. AI 중개 기술(AI Brokerage Tech)

- 중개 인텔리전스 소프트웨어: 부동산 중개 과정을 자동화하고 의사결정을 지원하는 시스템이 활용된다.
- 매물 생성 소프트웨어: 부동산 매물 정보를 자동으로 생성하고 등록하는 기능이 제공된다.
- 영상 생성 및 이미지 분석 도구: 시각 콘텐츠 제작 및 이미지 분석을 통해 사용자 경험이 향상된다.
- 협업 플랫폼: 에이전트와 고객 간 협업이 실시간으로 가능하도록 지원된다.

AI Brokerage Tech, https://extensishr.com/

2. AI 감정 및 대출 기원 솔루션(AI Appraisal and Loan Origination Solutions)

- 로봇 소프트웨어 및 협업 로봇(Cobots): 반복적인 작업이 자동화되어 효율성이 향상된다.
- 자동 가치 평가 모델(AVM): 부동산 자산의 가치를 실시간으로 평가하는 기능이 구현된다.
- 금융 및 리스크 평가 플랫폼: 대출 심사 및 리스크 분석이 자동화된다.
- 소유권 관리 도구: 등기 및 소유권 관련 업무가 디지털화된다.
- 인수 심사 인텔리전스 플랫폼: 대출 인수 과정이 정밀하게 분석되고 처리된다.
- 감정 인텔리전스 플랫폼: 시장 및 환경 데이터를 기반으로 감정 정확도가 제고된다.

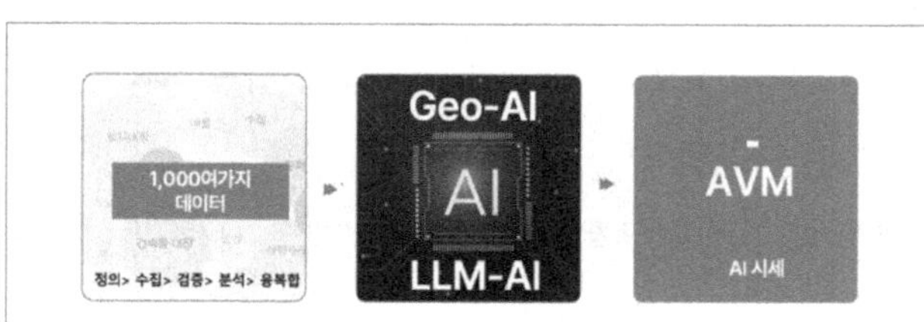

AVM - 부동산 자동가치평가 시스템, https://www.klv.kr/tech_avm

3. AI 부동산 관리 기술(AI Property Management Tech)

- 공간 관리 도구: 공간의 활용도 및 배치를 최적화하는 시스템이 활용된다.
- 자산 관리 도구: 임대, 유지보수 등 자산 운영 전반이 자동화된다.
- 호스피탈리티용 입주자 선별 도구: 임차인 평가 및 선별이 자동으로 수행된다.

4. AI 홈 자동화 솔루션(AI Home Automation Solutions)

- 전면적 주거 자동화 관리: 조명, 온도, 기기 제어 등 가정 내 자동화가 구현된다.
- 스마트 보안 시스템: AI 기반 보안 시스템을 통해 주거 안전이 확보된다.
- 스마트 빌딩 시스템: 에너지, 시설, 보안 시스템이 통합 관리된다.

5. AI 에너지 자원 관리 솔루션(AI Energy Resource Management Solutions)

- 에너지 인텔리전스 소프트웨어: 에너지 사용 데이터를 분석하여 효율적 운영이 가능하게 한다.
- 재생 에너지 관리 소프트웨어: 태양광, 풍력 등의 자원을 효과적으로 통합 관리한다.
- 기후 관리 시스템: 실내외 환경을 자동 조절하여 쾌적한 공간이 조성된다.

6. AI 기반 부동산 개발 및 건설(AI in Real Estate Development & Construction)

- 건설 데이터 관리 소프트웨어: 프로젝트 데이터를 실시간으로 수집

및 분석한다.

- 건물 관리 소프트웨어: 빌딩 시스템 운영이 자동화되고 최적화된다.
- 인테리어 디자인 생성 소프트웨어: 실내 디자인이 자동 생성되어 설계 효율성이 향상된다.
- 부동산 개발 소프트웨어: 개발 기획 및 실행 전략이 AI 기반으로 지원된다.

7. AI 부동산 투자 솔루션(AI Real Estate Investment Solutions)

- 부동산 투자 플랫폼: 투자 분석 및 실행이 데이터 기반으로 자동화된다.
- 투자 관리 도구: 자산 배분 및 수익률 관리가 최적화된다.

8. 대화형 AI 도구(Conversational AI Tools)

- 챗봇 및 텍

https://www.matellio.com

■ AI 기반 도시부동산 분야별 구체적 솔루션 별 목표, 주요 기술, 역할, 활용 예시

유형	목표	주요 기술	역할	활용 예시
1. AI 중개 기술 (AI Brokerage Tech)	부동산 중개 프로세스 효율화 및 사용자 편의성 증대	- 중개 인텔리전스 소프트웨어, - 매물 생성 소프트웨어, - 영상 생성 및 이미지 분석 도구, - 협업 플랫폼	- 매물 정보 자동 생성 및 관리, - 잠재 고객 맞춤형 매물 추천, - 비대면 계약 지원, - 에이전트-고객 간 실시간 소통 지원	- 가상 투어 제공, - AI 챗봇을 통한 매물 상담, - 빅데이터 기반 부동산 시장 분석 정보 제공
2. AI 감정 및 대출 기원 솔루션(AI Appraisal and Loan Origination Solutions)	부동산 자산 가치 평가 정확성 및 효율성 향상, 대출 심사 및 리스크 관리 자동화	- 로봇 소프트웨어 및 협업 로봇(Cobots), - 자동 가치 평가 모델(AVM), - 금융 및 리스크 평가 플랫폼, - 소유권 관리 도구, - 인수 심사 인텔리전스 플랫폼, - 감정 인텔리전스 플랫폼	- 반복적인 감정 평가 업무 자동화, - 실시간 부동산 가치 추정, - 대출 적격성 자동 판단, 담보물 리스크 분석, - 감정 평가 정확도 향상	- AI 기반 부동산 시세 예측, - 머신러닝 기반 대출 연체 예측 모델, - 블록체인 기반 등기 관리 시스템
3. AI 부동산 관리 기술(AI Property Management Tech)	부동산 자산 운영 효율성 극대화 및 입주자 만족도 향상	- 공간 관리 도구, - 자산 관리 도구, - 호스피탈리티용 입주자 선별 도구	- 건물 에너지 소비 최적화, - 유지보수 예측 및 자동 알림, - 임대료 자동 징수, - 잠재 임차인 자동 평가 및 선별	- 스마트 빌딩 에너지 관리 시스템, - AI 기반 건물 하자 예측 시스템, - 비대면 임대 계약 및 관리 플랫폼

4. AI 홈 자동화 솔루션(AI Home Automation Solutions)	주거 편의성 및 안전성 향상, 에너지 효율 증대	- 전면적 주거 자동화 관리, - 스마트 보안 시스템, - 스마트 빌딩 시스템	- 조명, 냉난방, 가전기기 자동 제어, - 침입 감지 및 알림, - 건물 내 설비통합 관리 및 최적화	- 음성 인식 기반 스마트 홈 제어 시스템, - AI 기반 지능형 방범 시스템, - 에너지 관리 시스템 연동
5. AI 에너지 자원 관리 솔루션(AI Energy Resource Management Solutions)	건물 및 도시 단위 에너지 효율 증대 및 지속 가능한 환경 조성	- 에너지 인텔리전스 소프트웨어, - 재생 에너지 관리 소프트웨어, - 기후 관리 시스템	- 에너지 사용 패턴 분석 및 예측, - 재생 에너지 발전량 예측 및 효율적 배분, - 실내외 환경 자동 조절	- AI 기반 스마트 그리드 구축, - 태양광 발전 효율 예측 시스템, - 건물 에너지 관리 시스템 연동
6. AI 기반 부동산 개발 및 건설(AI in Real Estate Development & Construction)	건설 프로젝트 효율성 및 생산성 향상, 설계 및 시공 품질 향상	- 건설 데이터 관리 소프트웨어, - 건물 관리 소프트웨어, - 인테리어 디자인 생성 소프트웨어, - 부동산 개발 소프트웨어	- 건설 현장 데이터 실시간 분석 및 의사 결정 지원, - 건물 정보 모델링 (BIM) 기반 시공 관리, - 3D 모델링 기반 자동 디자인 생성, - 개발 사업 타당성 분석 및 최적화	- 드론 기반 건설 현장 모니터링, - AI 기반 공정 관리 시스템, - 로봇 기반 건설 자동화
7. AI 부동산 투자 솔루션(AI Real Estate Investment Solutions)	데이터 기반 투자 의사 결정 지원 및 수익률 극대화	- 부동산 투자 플랫폼, - 투자 관리 도구	- 부동산 시장 데이터 분석 및 예측, - 투자 유망 물건 추천, - 포트폴리오 자동 관리 및 최적화	- AI 기반 부동산 투자 분석 플랫폼, - 로보 어드바이저 기반 부동산 투자 자문 서비스
8. 대화형 AI 도구(Conversational AI Tools)	고객 응대 자동화 및 정보 접근성 향상	- 챗봇 및 텍스트/음성 기반 인터페이스 기술	- 부동산 관련 문의 응대 및 정보 제공, - 매물 추천 및 상담, 예약 관리 등	- AI 챗봇을 통한 24시간 부동산 상담 서비스, - 음성 기반 스마트 홈 제어 인터페이스

3

도시부동산 분야에서 AI의 주요 활용 예시

1. 실사(Due Diligence) 자동화

거래 전 필수적인 실사 과정이 AI를 통해 자동으로 수행된다.

2. 매물 설명 자동 생성

부동산 매물에 대한 설명이 AI에 의해 효율적이고 정확하게 작성된다.

3. 부동산 분석

AI 기반의 분석 도구를 활용하여 부동산 시장 및 자산 가치에 대한 통찰이 제공된다.

4. 사기 및 규제 위반 탐지

AI가 사기 행위와 규정 위반 여부를 실시간으로 감지하고 분석한다.

5. 임대 계약 및 문서화 자동화

계약 문서의 작성, 관리, 서명 과정이 자동화되어 행정 효율성이 증대된다.

6. 부동산 검색 최적화

사용자의 조건에 맞춘 매물 검색이 AI 알고리즘에 의해 정교하게 이루어진다.

7. 부동산 비즈니스를 위한 리드 생성

잠재 고객을 자동으로 식별하고 영업 기회를 창출하는 기능이 제공된다.

8. AI 기반 가상 투어 제공

부동산 현장을 실제 방문하지 않고도 가상으로 둘러볼 수 있는 기능이 지원된다.

9. 지능형 데이터 처리

대규모 데이터를 자동으로 수집·분석하여 전략적 의사결정을 지원한다.

10. 임차인 행동 분석

AI가 임차인의 행동 데이터를 분석하여 선호도 및 리스크를 예측한다.

11. 포트폴리오 최적화

다양한 자산군을 AI가 분석하여 최적의 투자 포트폴리오를 구성한다.

12. AI 기반 고객 지원

챗봇 등을 통해 24시간 실시간 고객 응대가 가능해진다.

13. 부동산 자동 가치 평가

AI가 시장 정보와 속성 데이터를 분석하여 자산 가치를 자동으로 산정한다.

14. AI 기반 자산 관리

부동산의 유지관리, 임대료 청구 등의 관리 업무가 자동화된다.

15. 가상 연출(Virtual Staging)

가상 공간에서 인테리어 및 가구 배치를 구현함으로써 부동산의 시각적 매력을 높인다.

16. 예측 분석

미래 시장 동향 및 가격 변화를 AI가 예측하여 전략 수립에 활용된다.

4

도시부동산 분야에서 AI를 활용할 때의 주요 이점

1. 부동산 가치 평가 및 가격 책정의 간소화

인공지능을 통해 부동산의 가치 평가와 가격 책정 과정이 보다 정밀하고 신속하게 수행된다.

2. 시장 예측력 향상 및 투자 전략 고도화

AI는 방대한 데이터를 분석하여 정확한 시장 예측과 효과적인 투자 전략 수립을 가능하게 한다.

3. 맞춤형 고객 경험 제공

고객의 행동과 선호도를 분석하여 개인화된 서비스와 경험을 제공하게 된다.

4. 부동산 검색 및 추천 기능의 개선

사용자의 조건에 맞는 부동산 매물을 효율적으로 검색하고 추천하는 기능이 향상된다.

5. 부동산 자산 관리의 효율성 증대

유지보수, 임대 관리 등의 업무가 자동화되어 운영 효율성이 높아진다.

6. 사기 방지 및 보안 강화

이상 거래 탐지 및 사용자 인증 시스템을 통해 사기 행위를 예방하고 보안을 강화할 수 있다.

7. 효율적인 마케팅 및 고객 타겟팅

AI 분석을 기반으로 타겟 고객을 정확히 파악하여 마케팅 전략을 최적화할 수 있다.

8. 부동산 거래 및 계약 체결 속도 향상

거래 절차 자동화 및 문서 처리 간소화로 거래 시간이 단축된다.

9. 지속가능한 부동산 개발 가능

에너지 사용, 자원 관리 등 지속가능성과 관련된 요소들을 고려한 개발이 가능해진다.

10. 부동산의 예측 유지보수 가능

센서 데이터 및 AI 분석을 통해 시설 고장을 사전에 감지하고 예방 유지보수가 가능하다.

주제 3

도시부동산 마케터를 위한 핵심 AI 알고리즘

[머신러닝, 인공지능, 딥 러닝의 차이점은 무엇인가?]

1) 머신러닝은 컴퓨터가 데이터를 통해 스스로 학습하고 성능을 향상시키는 기술이다

머신러닝은 컴퓨터가 데이터를 통해 스스로 학습하고 성능을 향상시키는 기술이다. 스팸 메일 필터링 외에도 이미지 인식, 음성 인식, 자연어 처리, 추천 시스템 등 다양한 분야에서 활용되고 있으며, 앞으로 더욱 발전하여 인공지능 기술의 핵심적인 역할을 담당할 것으로 예상된다.

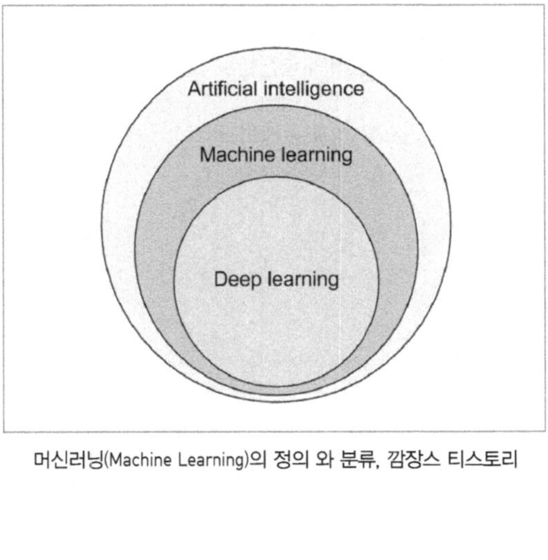

머신러닝(Machine Learning)의 정의 와 분류, 깜장스 티스토리

■ 머신러닝, 인공지능, 딥 러닝의 정의, 특징, 학습방법, 활용예시

구분	정의	특징	학습 방법	활용 예시
인공지능(AI)	인간의 지능을 모방하여, 스스로 학습하고 문제를 해결하는 컴퓨터 시스템	- 광범위한 개념 - 인간의 사고, 학습, 문제 해결 능력을 모방 - 다양한 분야에 응용 가능	- 추론, 탐색, 계획, 자연어 처리 등 다양한 기술 활용	- 전문가 시스템, 자연어 처리, 로봇 공학, 게임 인공지능
머신러닝(ML)	인공지능의 한 분야로, 명시적인 프로그래밍 없이 데이터를 통해 학습하고 예측하는 알고리즘	- 인공지능의 하위 개념 - 데이터를 기반으로 학습하여 패턴을 파악하고 예측 수행 - 지도 학습, 비지도 학습, 강화 학습 등 다양한 학습 방법 존재	- 데이터 분석, 통계, 알고리즘 기반 학습	- 스팸 필터링, 이미지 분류, 추천 시스템, 의료 진단
딥 러닝(DL)	머신러닝의 한 분야로, 인공 신경망을 이용하여 데이터를 학습하고 복잡한 패턴을 인식하는 기술	- 머신러닝의 하위 개념 - 다층 구조의 인공 신경망을 사용하여 데이터의 복잡한 패턴 학습 - 대규모 데이터 학습 및 높은 컴퓨팅 파워 필요	- 다층 신경망, 역전파 알고리즘, 활성화 함수 등을 활용한 학습	- 이미지 인식, 음성 인식, 자연어 처리, 자율 주행

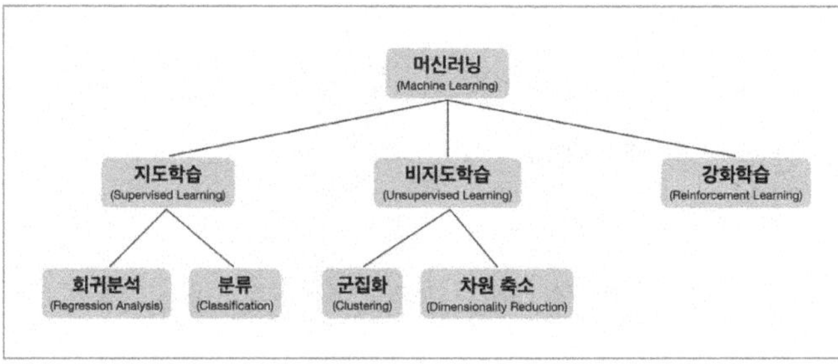

AI와 머신러닝, 딥러닝의 차이란 무엇인가? 네이버 블로그

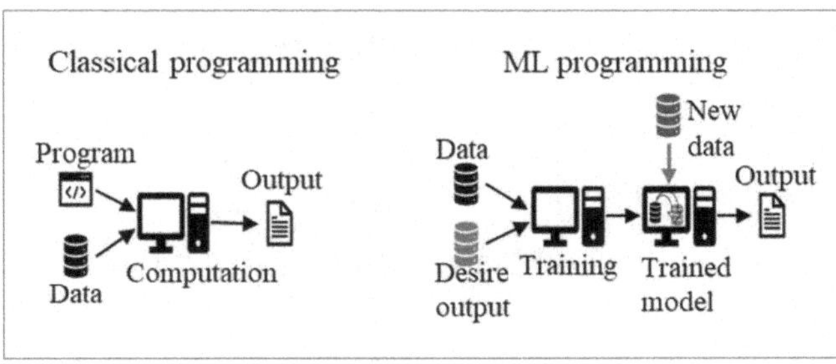

Machine Learning Applications in Surface Transportation Systems: MDPI

1

머신 러닝의 지도학습: 고객의 미래 행동을 예측한다

1) 지도학습(Supervised Learning)은 AI에게 '입력값(문제)'과 이미 알고 있는 '결과값(정답)'을 함께 제공하여, 둘 사이의 관계와 규칙을 스스로 터득하게 하는 방식이다

이러한 예측의 중심에 바로 '지도학습(Supervised Learning)'이 있다. 지도학습은 마치 정답이 표시된 문제집을 풀며 공부하는 학생과 같다. AI에게 '입력값(문제)'과 이미 알고 있는 '결과값(정답)'을 함께 제공하여, 둘

사이의 관계와 규칙을 스스로 터득하게 하는 방식이다. 학습을 마친 AI는 정답이 없는 새로운 문제가 주어졌을 때, 과거의 학습 경험을 바탕으로 가장 확률 높은 답을 예측해낸다.

예컨대 사과 사진을 인식하도록 알고리즘을 훈련시키려면 사과라는 라벨이 지정된 사진을 입력한다. 모델은 주어진 데이터를 통해 입력과 출력 사이의 관계를 학습하고, 새로운 입력 데이터에 대한 출력 값을 예측한다.

지도학습은 주로 분류(classification) 및 회귀(regression) 문제에 사용된다.

(1) **분류:** 데이터를 여러 개의 클래스 중 하나로 분류하는 문제(예: 스팸 메일 분류, 이미지 분류)

(2) **회귀:** 연속적인 값을 예측하는 문제(예: 주택 가격 예측, 교통량 예측, 주가 예측)

본 절에서는 이 지도학습이 도시부동산 분야에서 어떻게 고객의 미래 행동을 예측하고, 도시부동산 기업의 의사결정을 과학의 영역으로 끌어올리는지 두 가지 환상적인 가상 사례를 통해 심층적으로 탐구하고자 한다.

1.1. 지도학습은 AI가 '정답'이 표시된 데이터를 학습하여 미래를 예측하는 가장 대표적인 방식이다.

다음은 부동산 마케팅에서 활용되는 핵심적인 지도학습 알고리즘들을 비교 분석한 표이다.

■ 지도학습 알고리즘 별 목표, 작동원리, 역할, 장단점, 활용예시

구분	결정 트리 (Decision Tree)	서포트 벡터 머신 (Support Vector Machine, SVM)	K-최근접 이웃 (K-Nearest Neighbors, K-NN)	회귀 알고리즘 (Regression Algorithm)
목표	데이터의 특징에 따라 질문을 던져가며 데이터를 분류하거나 특정 값을 예측하는 규칙(Rule) 기반 모델을 생성한다.	각기 다른 분류에 속한 데이터들을 가장 잘 구분할 수 있는 최적의 경계선(결정 경계)을 찾아내어 데이터를 분류한다.	새로운 데이터가 주어졌을 때, 가장 가까운 거리에 있는 K개의 기존 데이터들의 특성을 참조하여 새로운 데이터를 분류한다.	독립 변수(영향을 주는 요인)와 종속 변수(결과) 사이의 인과관계를 모델링하여 연속적인 숫자 값을 예측한다.
작동원리 및 기술	전체 데이터를 가장 잘 구분하는 질문(특징)을 기준으로 '예/아니오'로 나누는 과정을 반복한다. 이 과정이 나무(Tree) 형태로 시각화된다.	데이터들을 공간상의 좌표로 인식하고, 각 데이터 그룹 간의 간격(Margin)을 최대로 하는 경계선(Hyperplane)을 찾는다. 비선형 데이터 분류를 위해 '커널 트릭'을 사용한다.	새로운 데이터를 기존 데이터 공간에 배치한 후, 유클리드 거리 등 거리 측정 방식을 사용해 가장 가까운 K개의 이웃을 찾고, 다수결 원칙에 따라 해당 데이터의 분류를 결정한다.	데이터 포인트들과의 오차(잔차) 합이 최소가 되는 하나의 함수(주로 직선 또는 곡선)를 찾는다. 대표적으로 선형회귀, 릿지, 라쏘 회귀 등이 있다.
역할	예측 과정이 명확하게 설명되어야 하는 경우, 의사결정의 규칙을 도출하고 시각화하는 역할을 수행한다.	복잡하고 여러 특징(고차원)을 가진 데이터에 대해 높은 정확도의 분류가 필요할 때 강력한 성능을 발휘한다.	별도의 모델 훈련 과정 없이, 실제 데이터에 기반하여 직관적이고 빠른 분류가 필요할 때 유용하다.	부동산 가격, 상가 임대료, 수요량 등과 같이 구체적인 수치를 예측하는 데 핵심적인 역할을 담당한다.

장단점	장점: 결과 해석이 매우 용이하고 직관적이다. 단점: 데이터의 작은 변화에도 구조가 크게 바뀔 수 있으며, 과적합(Overfitting) 발생 가능성이 높다.	장점: 분류 성능이 매우 뛰어나고, 고차원 데이터에 효과적이다. 단점: 계산량이 많아 학습 속도가 느리며, 결과에 대한 직관적 해석이 어렵다.	장점: 알고리즘이 단순하고 구현이 쉽다. 단점: 데이터가 많아지면 예측 속도가 매우 느려진다. K값 설정에 따라 성능이 좌우된다.	장점: 결과 해석이 명확하고, 변수 간의 영향력을 파악하기 용이하다. 단점: 변수 간의 선형 관계를 가정하므로, 복잡한 비선형 관계를 설명하기 어렵다.
도시부동산 마케팅 활용 예시	잠재 고객의 소득, 연령, 자녀 유무 등의 질문을 통해 '30평형대 아파트 구매 가능성 높음/낮음' 그룹으로 분류하는 모델을 생성한다.	고객의 검색 기록, 페이지 체류 시간, 클릭 패턴 등 수십 개의 변수를 분석하여 '단기 계약 이탈 고객'과 '장기 계약 유지 고객'을 분류한다.	신규 고객 A의 프로필(연령, 직업, 소득)과 가장 유사한 기존 고객 5명(K=5) 중 4명이 최근 상가 투자에 관심을 보였다면, A를 '상가 투자 유망 고객'으로 분류한다.	주택 면적, 지하철역까지의 거리, 건축 연도, 학군 등의 변수를 활용하여 특정 아파트의 3개월 후 예상 매매 가격을 구체적인 금액(예: 15억 3천만 원)으로 예측한다.

https://ascendixtech.com/ai-property-search-marketplaces

1.2. "지도학습: 고객의 미래 행동을 예측한다"가상사례

지도학습 가상 사례 1: 주거용 부동산

'생애 첫 주택 구매자'의 최적 분양가 예측 모델

1) **상황**: 부동산 개발회사 '어반드림(Urban Dream)'은 30대 생애 첫 주택 구매자를 타겟으로 하는 새로운 아파트 단지를 기획하고 있다. 성공의 관건은 '최적의 분양가'를 책정하는 것이다. 가격이 너무 높으면 타겟 고객들이 외면할 것이고, 너무 낮으면 기업의 수익성이 악화된다. 시장 평균가에 의존하는 전통적 방식은 고객 개개인의 미묘한 차이를 반영하지 못하는 한계가 있다.

2) **지도학습(회귀 모델)의 적용**: '어반드림'은 고객 개개인이 지불할 의향이 있는 최대 가격을 예측하는 회귀(Regression) 모델을 개발하기로 한다. 회귀 모델은 다양한 변수들이 특정 연속된 숫자 값(여기서는 '가격')에 어떤 영향을 미치는지를 예측하는 데 특화된 지도학습 기법이다.

(1) **학습 데이터(정답이 있는 문제집)**: 과거 수천 건의 아파트 분양 계약 데이터를 활용한다.

- 입력값(X, 문제): 계약자의 연령, 세대 합산 소득, 신용등급, 직업 안정성(근속연수), 기존 부채 규모, 가족 구성원 수, 청약통장 가입 기간 등 수치화된 정보. 또한, '신혼부부 특별공급', '주택담보대출 금리' 등 고객이 검색했던 키워드나 조회했던 금융 상품 정보까지 포함한다.
- 결과값(Y, 정답): 해당 고객이 최종적으로 계약한 아파트의 '실제 분양 가격'.

(2) **모델 학습:** AI 모델은 이 데이터를 학습하며, 소득이 1,000만 원 증가할 때 지불 의향 가격이 평균 얼마만큼 상승하는지, 특정 키워드를 검색한 고객 그룹이 그렇지 않은 그룹보다 평균적으로 얼마를 더 지불했는지 등 각 변수와 최종 가격 사이의 복잡한 상관관계를 수식으로 정립한다.

3) **예측과 전략적 활용:** 새로운 잠재고객 '이하나' 씨가 분양 상담을 신청하며 자신의 정보를 입력한다. '어반드림'의 AI 모델은 이하나 씨의 데이터를 입력받아, 그녀가 지불할 의향이 있는 최대 가격을 '6억 2천만 원'으로 예측해낸다.

영업팀은 이 예측값을 바탕으로 이하나 씨에게 6억 원 초반대의 유닛을 집중적으로 추천하거나, 그녀의 예산에 맞는 최적의 금융 상품을 함께 제안하는 초개인화된 상담을 진행한다. 이는 "얼마까지 생각하고 오셨어요?"라는 막연한 질문을 던지는 대신, "고객님의 조건에 가장 이상적인 6억 2천만 원 가치의 미래를 설계해 드리겠습니다"라는 데이터 기반의 자신감 있는 제안으로 전환된다. 나아가, 수많은 잠재고객들의 예측값을 종합하여 단지 전체의 타입별 분양가를 최적화함으로써, 기업의 수익성과 고객 만족도를 동시에 극대화하는 과학적 가격 정책을 수립하게 된다.

지도학습 가상 사례 2: 상업용 부동산
'성공 가능성 높은 임차인' 판별 모델

1) **상황:** 상업용 부동산 전문기업 '메트로 커머셜'은 최근 유동인구가 늘어나는 신도시에 여러 개의 1층 상가를 보유하고 있다. 공실 위험을 최소화하고 안정적인 임대 수익을 확보하기 위해서는, 장사를 잘해서 오랫동안 임대료를 밀리지 않을 '우량 임차인'을 선별하는 것

이 무엇보다 중요하다. 수많은 임차 희망자들의 사업계획서만으로는 그 성공 가능성을 객관적으로 판단하기 어렵다.

2) **지도학습(분류 모델)의 적용:** '메트로 커머셜'은 새로운 임차 희망자가 미래에 '성공할 것(1)'인지 '실패할 것(0)'인지를 판별하는 분류(Classification) 모델을 개발한다. 분류 모델은 주어진 데이터가 어떤 특정 그룹에 속할지를 예측하는 지도학습 기법이다.

(1) **학습 데이터(정답이 있는 문제집):** 지난 10년간의 모든 임차인 데이터를 활용한다.

- 입력값(X, 문제): 계약 당시 임차인의 동종 업계 경력(년), 제출한 사업계획서의 충실도(전문가 평점), 초기 자본금 규모, 신용 점수, 프랜차이즈 여부 등.
- 결과값(Y, 정답): 계약 2년 후의 실제 결과. 임대료 연체 없이 정상 영업 중이면 '성공(1)', 폐업했거나 명도소송을 진행했다면 '실패(0)'.

(2) **모델 학습:** AI 모델은 이 데이터를 학습하며, 성공한 임차인들과 실패한 임차인들을 가르는 결정적인 특징들을 발견한다. 예를 들어, '동종 업계 경력 3년 이상'과 '초기 자본금 1억 이상'이라는 두 조건을 동시에 만족한 임차인의 성공 확률이 85%에 달한다는 패턴을 학습한다.

3) **예측과 전략적 활용:** 열정은 넘치지만 경력은 부족한 예비 카페 창업자 '박진우' 씨가 임차를 문의한다. '메트로 커머셜'의 담당자는 박 씨의 경력, 사업계획서, 자본금 등의 정보를 AI 모델에 입력한다. 모델은 박 씨의 성공 확률을 '55%'로 예측하며, '경력 부족이 가장 큰 위험 요인'이

라는 분석 결과를 함께 제시한다.

이 예측을 바탕으로, 회사는 박 씨의 임차를 무조건 거절하는 대신 새로운 형태의 제안을 할 수 있다. “박진우 대표님의 아이템은 훌륭하지만, 성공 확률을 80% 이상으로 끌어올리기 위해 저희가 지정한 상권분석 전문가의 컨설팅을 3개월간 받는 조건으로 임대 계약을 체결하는 것은 어떠신가요?” 이처럼 AI의 예측은 단순한 옥석 가리기를 넘어, 잠재력 있는 임차인의 리스크를 관리하고 동반 성장하는 파트너십의 근거 자료가 된다. 이는 임대인의 ‘감’에 의존하던 자의적 결정을 데이터 기반의 객관적이고 합리적인 위험 관리 시스템으로 바꾸는 혁신이다.

종합하면 지도학습은 도시부동산 시장의 불확실성이라는 안개를 걷어내고, 데이터라는 등불로 미래를 밝히는 가장 강력한 도구이다. 회귀와 분류라는 두 날개를 통해, AI는 고객 개개인의 경제적 가치를 예측하고 상업적 성공 가능성을 판별함으로써, 기업이 더 현명하고 정교한 의사결정을 내리도록 돕는다. 인간의 통찰력과 AI의 예측력이 결합될 때, 비로소 우리는 모든 고객과 공간의 잠재력을 온전히 실현시키는 새로운 차원의 부동산 전략을 펼칠 수 있게 될 것이다.

2

머신 러닝의 비지도학습: 숨겨진 도시부동산 고객 그룹을 찾아낸다

2.1. K-평균 군집화(K-Means Clustering), 계층적 군집화(Hierarchical Clustering), 어프라이어리(Apriori), 주성분 분석(PCA: Principal Component Analysis) 별 목표, 작동원리와 기술, 역할, 장단점, 도시부동산 마케팅 활용 예시

2.1.1. 비지도학습은 지도학습과 달리 '정답'이 없는 데이터를 가지고 그 안에 숨겨진 패턴이나 구조를 스스로 찾아내는 방식이다

앞에서 우리는 '정답'이 주어진 문제집을 통해 미래를 예측하는 지도학습의 경이로운 세계를 탐험했다. 그러나 만약 우리에게 문제집은 있지만, 그 누구도 정답을 알려주지 않는다면 어떻게 해야 할까? 고객이라는 수수께끼를 풀어야 하지만, 그들을 분류할 명확한 기준조차 존재하지 않는다면, 우리는 어디서부터 시작해야 하는가? 바로 이 막막한 질문 앞에

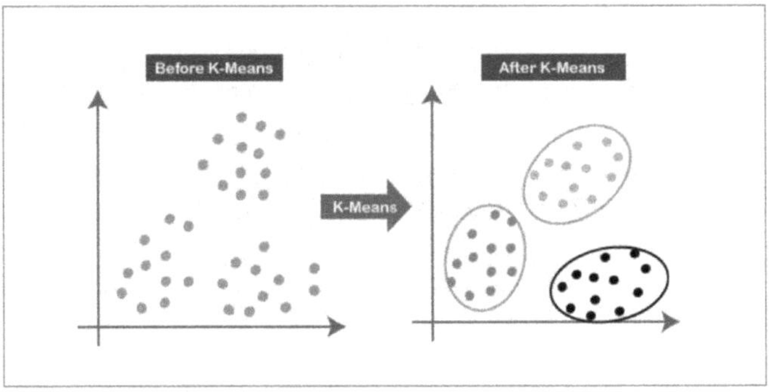

K-Means Clustering, https://www.bombaysoftwares.com

서 '비지도학습(Unsupervised Learning)'이라는 새로운 탐험의 지도가 펼쳐진다.

1) AI는 데이터의 유사성, 연관성 등을 분석하여 데이터를 의미 있는 그룹으로 묶거나(군집화), 데이터의 핵심 특징을 추출(차원 축소)하는 역할을 수행한다

비지도학습은 지도학습과 달리 '정답'이 없는 데이터를 가지고 그 안에 숨겨진 패턴이나 구조를 스스로 찾아내는 방식이다. 이는 마치 정답지 없이 수많은 자료를 탐색하며 스스로 지식 체계를 구축하는 탐험가와 같다. AI는 데이터의 유사성, 연관성 등을 분석하여 데이터를 의미 있는 그룹으로 묶거나(군집화), 데이터의 핵심 특징을 추출(차원 축소)하는 역할을 수행한다. 이를 통해 마케터는 미처 파악하지 못했던 고객 집단의 특성이나 시장의 숨겨진 질서를 발견할 수 있다.

2.1.2. K-평균 군집화, 계층적 군집화, 어프라이어리, 주성분 분석 별 목표, 작동원리와 기술, 역할, 장단점, 도시부동산 마케팅 활용 예시

구분	K-평균 군집화 (K-Means Clustering)	계층적 군집화 (Hierarchical Clustering)	어프라이어리 (Apriori)	주성분 분석 (PCA: Principal Component Analysis)
목표	전체 데이터를 사전에 정의한 K개의 그룹(Cluster)으로 나누어, 각 그룹의 특성을 파악한다.	데이터 간의 거리를 기반으로 나무 형태의 계층 구조(Dendrogram)를 생성하여 데이터의 군집 관계를 시각적으로 파악한다.	대규모 거래 데이터 안에서 상품 또는 행동 간의 연관 규칙(Association Rule)을 발견한다.	데이터에 포함된 여러 변수들의 특성을 최대한 유지하면서, 변수의 개수(차원)를 줄여 데이터를 압축하고 단순화한다.

작동원리 및 기술	임의의 K개 중심점(Centroid)을 설정하고, 모든 데이터는 가장 가까운 중심점에 할당된다. 이후 각 그룹의 중심점을 다시 계산하는 과정을 중심점이 더 이상 변하지 않을 때까지 반복한다.	각 데이터를 하나의 군집으로 보고 가장 가까운 군집끼리 순차적으로 병합해가는 방식(병합형)과, 전체를 하나의 군집으로 보고 점차 분리해나가는 방식(분리형)이 있다.	'지지도(Support)', '신뢰도(Confidence)', '향상도(Lift)'라는 지표를 사용하여 데이터 항목들 간에 'A를 구매하면 B도 구매한다'와 같은 형태의 빈번한 패턴을 찾아낸다.	여러 변수들이 퍼져있는 방향(분산)을 분석하여, 데이터의 특징을 가장 잘 설명하는 새로운 축(주성분)을 찾아낸다. 원본 변수들을 이 주성분 축에 투영시켜 차원을 축소한다.
역할	명확한 고객 세분화(Segmentation)가 필요할 때, 시장을 몇 개의 동질적인 그룹으로 나누는 역할을 수행한다.	군집의 개수를 미리 정하기 어려울 때, 데이터의 구조적, 계층적 관계를 탐색하고 시각적으로 이해시키는 역할을 한다.	고객의 동시 구매 패턴이나 행동 연관성을 파악하여 교차판매(Cross-selling)나 추천 시스템의 기반을 마련한다.	수십, 수백 개의 복잡한 변수를 가진 데이터를 다루기 쉽게 만들고, 모델의 성능을 향상시키기 위한 데이터 전처리(Preprocessing) 역할을 수행한다.
장단점	장점: 알고리즘이 단순하고 계산 속도가 빠르다. 단점: K값을 사전에 지정해야 하며, 초기 중심점 위치에 따라 결과가 달라질 수 있다.	장점: 군집의 수를 미리 정할 필요가 없으며, 결과(덴드로그램)를 통해 구조를 직관적으로 파악할 수 있다. 〈br〉 단점: 계산량이 많아 대용량 데이터에 적용하기 어렵다.	장점: 결과 해석이 직관적이고 이해하기 쉽다. 단점: 데이터의 항목 수가 많아지면 분석에 소요되는 시간이 기하급수적으로 늘어난다.	장점: 데이터의 복잡성을 효과적으로 줄여주며, 시각화에 용이하다. 단점: 변환된 주성분 축이 무엇을 의미하는지 해석하기 어려울 수 있다.

도시부동산 마케팅 활용 예시	부동산 잠재 고객을 라이프스타일, 소득 수준, 선호 지역 등의 변수를 기준으로 '알뜰한 신혼부부', '고소득 전문직', '은퇴 후 전원생활 희망자' 등 3개(K=3)의 그룹으로 군집화한다.	상업용 부동산 임차인 데이터를 분석하여 '대형 프랜차이즈'부터 '개인 카페', '독립 서점'에 이르기까지 상권 내 업종들의 계층적 구조와 관계를 파악한다.	"방 3개 매물을 본 고객은 '초등학교 인접' 조건을 함께 검색할 확률이 70%이다"라는 연관 규칙을 발견하여, 매물 추천 시스템에 활용한다.	'교통 편의성', '교육 환경', '생활 인프라', '자연환경' 등 수십 개의 지역 변수를 '주거 쾌적성 지수'라는 하나의 주성분으로 압축하여 모델링에 활용한다.

2.2. "비지도학습: 숨겨진 도시부동산 고객 그룹을 찾아낸다"의 가상사례

비지도학습 가상 사례 1: 주거용 부동산

'라이프스타일 부족'의 발견과 커뮤니티 설계

1) **상황:** 부동산 개발사 '코어 스페이스(Core Space)'는 서울 외곽 신도시에 대규모 주거 단지 개발을 앞두고 있다. 이들은 '30대 신혼부부', '40대 중산층 가족'과 같은 낡은 인구통계학적 분류로는 현대 도시인들의 복잡하고 다층적인 욕구를 충족시킬 수 없다고 판단했다. 목표

현대건설, 블록형 단독주택 '힐스테이트 양주옥정 파티오포레'
https://weekly.hankooki.com

는 단지 내 커뮤니티 시설과 프로그램을 설계할 때, 실제 거주하게 될 사람들의 '진짜 삶'을 반영하는 것이다.

2) **비지도학습(군집 분석)의 적용**: '코어 스페이스'는 잠재 고객들의 라이프스타일을 분석하여 자연스러운 그룹을 찾아내기 위해 군집 분석(Clustering) 알고리즘을 사용하기로 한다.

(1) **학습 데이터(정답 없는 문제지)**: 특정 지역의 잠재 고객들로부터 비식별화된 방대한 데이터를 수집한다.

- 활동 데이터: 소셜 미디어의 해시태그(#홈트, #반려견산책, #주말등산), 특정 앱(러닝, 명상, 재테크 앱) 사용 기록.
- 소비 데이터: 신용카드 결제 내역을 통해 파악한 소비 패턴(유기농 마켓, 배달 음식, 문화생활, 반려동물 용품 등).
- 이동 데이터: 통신사 기지국 정보를 활용한 주중과 주말의 주요 활동 반경 및 체류 장소(도심, 공원, 쇼핑몰 등).

(2) **모델의 발견(새로운 부족의 출현)**: AI는 이 데이터를 분석하여, 기존의 인구통계학적 기준으로는 절대 발견할 수 없었던 몇 개의 뚜렷한 '라이프스타일 부족'을 발견해낸다.

- 부족 A: '펫-팸(Pet-Family)족': 소득이나 연령과 무관하게, 총소비의 상당 부분을 반려동물 관련 용품과 서비스(병원, 미용, 호텔)에 지출한다. 주말 활동 반경이 대형 공원이나 애견 동반 가능 카페에 집중되어 있다.
- 부족 B: '홈-오피스 프로페셔널': 주중 대부분의 시간을 거주지 근처에서 보내며, 배달 음식과 고사양 전자기기 구매율이 높다. 늦은 밤이나 새벽 시간대 활동량이 많고, 생산성 향상과 관련된 온라인 강의 수강률이 높다.

- 부족 C: '에코-액티비스트': 친환경 제품 구매와 채식 관련 소비 비중이 높으며, 자전거 관련 앱 사용률과 주말 등산/캠핑 관련 활동 기록이 많다. 환경 단체 후원이나 관련 캠페인 참여 흔적이 발견된다.

3) 예측과 전략적 활용: 이 발견은 '코어 스페이스'의 단지 설계에 혁신적인 영감을 제공한다. 이들은 아파트 동 일부를 '펫 특화동'으로 지정하여, 1층에 전용 출입구와 펫 샤워 시설을 설치하고 단지 중앙에 대규모 반려견 놀이터를 조성한다. 또한, 커뮤니티 센터에는 24시간 운영되는 방음 스터디룸과 초고속 인터넷이 완비된 비즈니스 라운지를 마련하여 '홈-오피스 프로페셔널'을 공략한다. 단지 내에는 입주민 전용 주말농장과 재활용 분리수거 포인트를 설치하고, 전기차 충전소를 대폭 확충하여 '에코-액티비스트'의 가치관을 충족시킨다.

이는 단순히 집을 짓는 것을 넘어, 데이터 속에서 발견한 현대 도시의 새로운 부족들이 서로 교류하며 살아갈 수 있는 '삶의 생태계'를 설계하는 것으로, 마케팅의 패러다임을 바꾸는 접근법이다.

비지도학습 가상 사례 2: 상업용 부동산
'보이지 않는 상권'의 발굴과 MD 전략

1) 상황: 자산운용사 '시티큐브 에셋'은 오래되어 활력을 잃은 도심의 한 중소형 빌딩을 매입했다. 빌딩을 리모델링하여 새로운 가치를 창출해야 하지만, 어떤 종류의 상점(MD, Merchandising)으로 채워야 할지 막막하다. 주변 상권을 분석해 봐도 뚜렷한 특징이 없어, 자칫 잘못하면 특색 없는 또 하나의 빌딩이 될 위험이 크다.

2) 비지도학습(연관 규칙 분석)의 적용: '시티큐브 에셋'은 사람들이 어떤 활동들을 함께 하는지를 분석하여, 시너지를 낼 수 있는 MD 조합을 찾기

꼬마빌딩 리모델링 했더니…공간 두 배, 수익도 두 배로 - 매일경제
https://www.mk.co.kr

위해 연관 규칙 분석(Association Rule Mining)을 활용한다. 이는 '장바구니 분석'으로도 알려져 있으며, "A를 구매한 사람이 B도 함께 구매한다"는 규칙을 찾아내는 기법이다.

(1) **학습 데이터(정답 없는 문제지)**: 빌딩 주변 반경 1km 내에서 발생한 수백만 건의 비식별화된 카드 결제 데이터와 소셜 미디어 체크인 데이터를 활용한다.

- 입력값: 한 사람이 특정 시간(예: 3시간) 내에 결제하거나 체크인한 장소들의 '묶음'. 예를 들어, ['필라테스 스튜디오', '샐러드 전문점', '네일샵']은 하나의 묶음 데이터가 된다.

(2) **모델의 발견(숨겨진 욕망의 지도)**: AI는 수많은 데이터 묶음 속에서 강력한 연관성을 가진 규칙들을 발견한다.

- 규칙 1: '심리상담센터'를 방문한 사람들은 높은 확률로 근처의 '조용한 북카페'나 '독립서점'을 방문한다.(정신적 안정과 지적 탐색의 연관성)

- 규칙 2: '퍼스널 트레이닝(PT) 샵'에서 운동한 사람들은 '단백질 보충제 판매점'과 '체형 보정 속옷 가게'를 함께 방문하는 경향이 강하다.(몸매 관리에 대한 집중적 관심)
- 규칙 3(의외의 발견): '와인 전문샵'을 이용한 사람들은 '치즈 전문점'뿐만 아니라, 의외로 'LP 레코드샵'을 함께 방문하는 경향이 발견된다.(아날로그적 취향과 깊이 있는 감상의 연관성)

3) 예측과 전략적 활용: 이 분석 결과는 '시티큐브 에셋'에게 완전히 새로운 MD 전략의 지도를 제공한다. 이들은 빌딩의 컨셉을 '도심 속 마음챙김과 자기관리(Urban Retreat & Self-Care)'로 정한다. 그리고 1층에는 와인샵과 LP 레코드샵을 나란히 입점시켜 새로운 취향 공동체를 공략하고, 2층과 3층에는 PT샵, 필라테스 스튜디오, 샐러드 전문점, 체형 보정 속옷 가게를 한데 모아 '뷰티 & 웰니스' 존을 구성한다. 가장 조용한 위층에는 심리상담센터와 북카페를 유치하여 '마음챙김'을 위한 공간을 완성한다.

이는 개별 상점의 가치를 넘어, 연관 규칙을 통해 발견된 고객들의 '보이지 않는 동선과 욕망'을 기반으로 MD를 구성함으로써, 빌딩 전체를 하나의 강력한 목적지이자 유기적인 상권으로 만드는 고차원적인 전략이다.

종합하면, 비지도학습은 우리가 이미 알고 있는 것을 확인하는 도구가 아니라, 우리가 무엇을 모르고 있었는지를 깨닫게 해주는 발견의 나침반이다. 데이터 속에 숨겨진 고객들의 자발적인 군집과 그들의 행동 규칙을 찾아냄으로써, 우리는 인구통계학의 낡은 지도를 버리고 고객의 실제 삶을 따라 그려진 새로운 보물 지도를 손에 쥘 수 있다. 이 지도를 통해 우리는 더 이상 시장을 예측하는 것을 넘어, 새로운 시장을 창조하고 정의하는 진정한 의미의 '퍼스트 무버(First Mover)'가 될 수 있을 것이다.

3

머신 러닝의 강화학습: 최적의 도시부동산 마케팅 전략을 스스로 학습한다

3.1. 강화학습의 개요

■ 강화학습의 주요 특징

구분	내용
개요	에이전트가 환경과 상호작용하며 시행착오를 통해 보상을 최대화하는 행동 방식을 학습하는 기계 학습의 한 분야이다. 에이전트가 주어진 환경에서 최적의 행동 전략을 스스로 학습하도록 하는 방법이라 할 수 있다.
요소: 에이전트, 환경, 상태, 행동보상	• 에이전트(Agent): 학습하고 행동하는 주체이다. • 환경(Environment): 에이전트가 상호작용하는 외부 세계이다. • 상태(State): 환경의 특정 시점에서의 상황을 나타낸다. • 행동(Action): 에이전트가 취할 수 있는 동작이다. • 보상(Reward): 에이전트의 행동에 대한 환경의 피드백으로, 보상이 클수록 좋은 행동으로 간주된다.
작동 방식	1. 에이전트는 현재 상태를 관찰한다. 2. 관찰된 상태를 기반으로 행동을 선택하여 실행한다. 3. 환경으로부터 보상을 받는다. 4. 받은 보상을 바탕으로 다음에 취할 행동을 개선한다. 5. 위 과정을 반복하며 최적의 행동 전략을 학습한다.
예시	• 로봇이 스스로 물건을 집도록 학습시키거나, 게임에서 최적의 플레이를 하도록 학습시키는 것이 예시가 된다. • 알파고(AlphaGo)가 바둑을 두는 방식 또한 강화학습의 한 예이다.
다른 학습 방법과의 차이점	• 지도 학습: 정답 데이터를 제공하여 학습하는 방법과 달리, 강화학습은 정답 데이터 없이 보상을 통해 학습한다. • 비지도 학습: 데이터에서 패턴을 발견하는 방법과 달리, 강화학습은 환경과의 상호작용을 통해 목표를 달성하는 방법을 학습한다.

장점	• 정답 데이터 없이 학습이 가능하다. • 복잡하고 동적인 환경에서도 효과적으로 학습할 수 있다. • 자율적인 의사결정 능력을 갖춘 시스템 구축에 유용하다.
한계	• 학습 과정에 많은 계산 자원이 필요할 수 있다. • 현실 세계 적용 시 데이터 수집에 어려움이 있을 수 있다. • 학습에 필요한 시간과 자원이 많이 소요될 수 있다.

3.2. 강화 학습은 에이전트(Agent)가 환경(Environment)과 상호작용하며, 보상(Reward)을 최대화하는 방향으로 행동을 학습하는 방식이다

강화 학습은 에이전트(Agent)가 환경(Environment)과 상호작용하며, 보상(Reward)을 최대화하는 방향으로 행동을 학습하는 방식이다. 시행착오를 통해 최적의 행동 정책을 학습하며, 주로 게임, 로봇 제어, 자율 주행 등 순차적인 의사결정이 필요한 문제에 적용된다.

우리는 앞선 장들을 통해 정답이 있는 문제집을 푸는 '지도학습'과, 정답 없이 데이터의 구조를 스스로 발견하는 '비지도학습'의 세계를 탐험했다. 지도학습이 과거의 경험을 통해 미래를 '예측'하는 현자와 같고, 비지도학습이 미지의 대륙에서 새로운 부족을 '발견'하는 탐험가와 같다면, 이제 우리가 마주할 '강화학습(Reinforcement Learning)'은 수많은 시행착오를 통해 최적의 생존 전략을 스스로 터득해 나가는 진화하는 생명체에 가깝다.

1) AI 에이전트(Agent)는 주어진 환경(Environment) 속에서 어떤 행동(Action)을 취하고, 그 결과로 긍정적 보상(예: 수익 증가) 또는 부정적 보상(패널티, 예: 손실 발생)을 받는다.

강화학습은 명확한 정답이나 데이터의 숨겨진 구조를 알려주는 대신, 오직 '보상(Reward)'이라는 단 하나의 신호만을 제공한다. AI 에이전트

(Agent)는 주어진 환경(Environment) 속에서 어떤 행동(Action)을 취하고, 그 결과로 긍정적 보상(예: 수익 증가) 또는 부정적 보상(패널티, 예: 손실 발생)을 받는다.

2) 강화학습에서는 긍정적 보상과 부정적 보상 과정을 수백만, 수천만 번 반복하면서, AI는 어떤 상황에서 어떤 행동을 취하는 것이 장기적으로 가장 큰 누적 보상을 가져가주는지를 스스로 학습하고 최적의 '전략(Policy)'을 구축해 나간다.

이 과정을 수백만, 수천만 번 반복하면서, AI는 어떤 상황에서 어떤 행동을 취하는 것이 장기적으로 가장 큰 누적 보상을 가져가주는지를 스스로 학습하고 최적의 '전략(Policy)'을 구축해 나간다. 이는 마치 아기가 수없이 넘어지고 일어서기를 반복하며 걷는 법을 배우는 과정과도 같다.

강화학습은 지도, 비지도학습과 또 다른 차원의 접근법을 제시한다. 이는 명확한 정답이나 데이터의 숨겨진 구조를 찾는 것을 넘어, 에이전트(Agent)가 특정 환경(Environment) 내에서 보상(Reward)을 최대로 하는 행동(Action)을 스스로 학습해 나가는 방식이다.

마치 강아지가 '앉아'라는 행동을 했을 때 간식을 받는 경험을 반복하며 최적의 행동(앉기)을 학습하는 것과 같다. 부동산 마케팅에서는 동적으로 변하는 시장 상황 속에서 최적의 의사결정 순서, 즉 최상의 전략(Policy)을 수립하는 데 활용될 수 있다.

3.3. 강화학습의 핵심 알고리즘인 Q-러닝(Q-Learning), 심층 Q-네트워크(Deep Q-Network, DQN), 정책 경사(Policy Gradient 별 목표, 작동원리와 기술, 역할, 장단점, 도시부동산 마케팅 활용 예시

구분	Q-러닝 (Q-Learning)	심층 Q-네트워크 (Deep Q-Network, DQN)	정책 경사 (Policy Gradient)
목표	특정 상태(State)에서 특정 행동(Action)을 했을 때 얻게 될 미래 보상의 기댓값, 즉 Q-값(행동가치함수)을 학습하여 최적의 행동 정책을 찾는다.	심층신경망(Deep Neural Network)을 이용해 Q-함수를 근사(Approximate)함으로써, 복잡하고 고차원적인 상태 공간을 가진 문제에서 최적의 행동 정책을 학습한다.	Q-함수를 학습하는 대신, 최적의 행동을 할 확률 분포, 즉 정책(Policy) 자체를 직접적으로 학습하고 최적화한다.
작동원리 및 기술	에이전트가 환경과 상호작용하며 얻는 보상을 바탕으로 Q-테이블(상태-행동 쌍에 대한 Q값을 저장하는 표)을 점진적으로 업데이트한다. 벨만 방정식을 기반으로 현재의 Q값을 미래의 최대 Q값으로 갱신한다.	Q-테이블 대신 신경망을 사용하여 현재 상태를 입력받아 각 행동에 대한 Q-값을 출력한다. '경험 리플레이(Experience Replay)'와 '고정된 타겟 네트워크' 기술을 사용하여 학습의 안정성을 높인다.	에이전트의 정책(신경망)을 파라미터로 표현하고, 보상을 최대로 하는 방향으로 정책의 파라미터를 경사 상승법(Gradient Ascent)을 통해 직접 업데이트한다.
역할	상태와 행동 공간이 비교적 작고 이산적인(Discrete) 문제에서, 최적의 의사결정 순서를 학습하는 역할을 수행한다.	이미지, 센서 데이터 등 고차원의 연속적인 상태 정보를 직접 입력받아 최적의 행동을 결정하는 역할을 한다. Q-러닝의 한계를 극복한다.	연속적인 행동 공간(Continuous Action Space)을 가진 문제나 확률적인 최적 정책이 필요한 상황에서 효과적인 학습을 수행한다.

장단점	장점: 알고리즘이 비교적 단순하고, 모델 없이(Model-free) 환경을 학습할 수 있다. 단점: 상태와 행동의 수가 많아지면 Q-테이블이 너무 커져 메모리 문제와 학습 속도 저하가 발생한다(차원의 저주).	장점: 복잡하고 연속적인 상태 공간을 처리할 수 있으며, 뛰어난 성능을 보인다. 단점: 학습 과정이 불안정할 수 있으며, 많은 양의 데이터와 컴퓨팅 자원을 필요로 한다.	장점: 연속적인 행동을 직접 출력할 수 있으며, 학습 수렴성이 좋다. 단점: 학습 과정에서 분산이 커 불안정할 수 있으며, 지역 최적해(Local Optima)에 빠질 위험이 있다.
도시부동산 마케팅 활용 예시	잠재 고객의 반응(상태: 관심, 무관심, 거부)에 따라 마케터(에이전트)가 취할 다음 행동(행동: 전화, 이메일, 문자)을 결정하여, 최종 계약(최대 보상)에 이를 확률이 가장 높은 순차적 마케팅 전략을 수립한다.	상업용 부동산의 실시간 유동인구, 주변 상점의 매출 변화, 날씨 등 수많은 시각적/수치적 데이터를 입력 받아, 광고판의 콘텐츠를 동적으로 변경하거나 프로모션 강도를 조절하는 등 최적의 실시간 마케팅 전략을 도출한다.	부동산 투자 포트폴리오를 관리하는 AI 에이전트가, 시장 상황(상태)에 따라 각 자산(주거, 상업, 오피스 등)에 대한 투자 비중(연속적인 행동)을 동적으로 조절하여 장기 수익률(보상)을 극대화하는 최적의 자산 배분 정책을 학습한다.

3.4. 강화학습의 핵심 알고리즘 기반 가상사례

강화학습 가상 사례 1: 주거용 부동산
실시간 동적 가격 책정(Dynamic Pricing) AI

1) **상황:** 대규모 아파트 단지를 분양하는 건설사 '넥스트 어반'은 끊임없이 변화하는 시장 상황 속에서 최적의 분양가를 결정해야 하는 고질적인 문제에 직면해 있다. 시장이 뜨거울 때 너무 낮은 가격에 팔면 기회손실이 발생하고, 시장이 차가울 때 너무 높은 가격을 고수하면 장기 미분양이라는 재앙을 맞게 된다. 이들은 각 세대별, 시점별 최적의 가격을 실시간으로 찾아내는 강화학습 에이전트를 개발하기로 한다.

2) **강화학습 모델의 설계:**

(1) **에이전트(Agent):** 분양가 및 프로모션을 결정하는 AI 가격 책정 알고리즘.

(2) **환경(Environment):** 실시간으로 변하는 부동산 시장. 여기에는 경쟁 단지의 분양가, 금리 변동, 정부 정책 발표, 해당 단지에 대한 온라인 검색량, 모델하우스 방문객 수, 고객들의 소득 수준 분포 등 수백 가지 변수가 포함된다.

(3) **행동(Action):** AI 에이전트는 매일, 또는 매주 단위로 각 세대에 대해 ① 가격을 0.1% 인상, ② 가격을 0.1% 인하, ③ 가격 유지, ④ 특정 프로모션(예: 발코니 확장 무료) 제공 등 여러 선택지 중 하나를 결정한다.

(4) **보상(Reward):** 최종 목표는 '총분양 수익의 극대화'와 '최단 기간 내 완판'이다. 따라서 AI가 특정 행동을 취한 후, 해당 세대가 높은 가격에 계약되면 큰 양(+)의 보상을 받는다. 반면, 장기간 계약이 이루어지지 않으면 시간이 지남에 따라 음(-)의 보상(패널티)이 누적된다. 너무 큰 폭의 가격 할인을 통해 계약이 성사되면, 보상의 크기는 줄어든다.

3) **AI의 자율 학습과 전략의 진화:** AI 에이전트는 가상의 시뮬레이션 환경에서 수만 번의 분양 프로젝트를 반복 수행한다. 이 과정에서 AI는 인간이 미처 생각지 못한 복합적인 전략을 스스로 터득한다.

(1) **초기 학습:** 처음에는 무작위로 가격을 올리고 내리며 계속 실패를 맛본다.

(2) **중기 학습:** 점차 '모델하우스 방문객 수가 급증하고, 인근 단지가 완판되면 가격을 소폭 올려도 계약이 성사된다'는 기본적인 패턴을

Gansam Co.,Ltd, http://www.gansam.com

학습한다. 또한, '금리 인상 발표 직후에는 가격을 동결하고, 대신 시스템 에어컨 무료 설치 프로모션을 제공하는 것이 더 효과적이다'라는 미묘한 전략을 발견한다.

(3) **고도화된 전략**: 마침내 AI는 한강 조망이 가능한 로열층은 시장 상황과 무관하게 가격을 견고하게 유지하는 것이 총수익에 유리하며, 저층 세대는 시장이 위축될 조짐을 보일 때 선제적으로 할인하여 초기 계약률을 높이는 것이 전체 분양 속도를 관리하는 데 효과적이라는 고차원적인 포트폴리오 전략을 스스로 구축하게 된다.

결과적으로, 이 AI 에이전트는 시장의 미세한 낌새에 실시간으로 반응하며 수백 세대의 가격을 개별적으로 최적화하는, 마치 수백 명의 유능한 마케터가 24시간 일하는 것과 같은 효과를 낸다.

강화학습 가상 사례 2: 상업용 부동산
스스로 진화하는 쇼핑몰 MD 최적화 AI

1) **상황**: 복합 쇼핑몰 '라이프스타일 팰리스'의 자산관리팀은 항상 최적의 임차인 조합(테넌트 믹스)을 유지해야 하는 과제를 안고 있다.

계약이 만료되거나 중도에 폐업하여 공실이 발생했을 때, 어떤 새로운 브랜드를 입점시켜야 쇼핑몰 전체의 가치를 극대화할 수 있을까? 이는 개별 점포의 임대료뿐만 아니라, 주변 점포와의 시너지 효과까지 고려해야 하는 매우 복잡한 문제이다.

2) 강화학습 모델의 설계:

(1) 에이전트(Agent): 공실에 입점할 브랜드를 결정하는 MD 전략 AI.

(2) 환경(Environment): 쇼핑몰 자체. 현재 입점해 있는 모든 브랜드의 업종, 위치, 매출 데이터, 방문객들의 동선 데이터, 쇼핑몰 주변의 상권 변화 등이 포함된다.

(3) 행동(Action): 3층 푸드 코트의 한식 코너가 공실이 되었을 때, AI 에이전트는 ① 유명 프랜차이즈 햄버거 가게, ② SNS에서 유행하는 디저트 카페, ③ 고급 파인 다이닝 레스토랑, ④ 단기 팝업스토어 등 수십 개의 후보군 중에서 하나를 선택하여 입점시킨다.

(4) 보상(Reward): 최종 목표는 '쇼핑몰 전체 매출 및 자산 가치 극대화'이다. 보상은 단순히 새로 입점한 가게의 월세 수입만이 아니다. AI는 해당 가게의 입점 이후, 인접한 가게들의 매출 변화, 해당 층의 방문객 체류 시간 변화, 쇼핑몰 전체의 신규 방문객 수 변화까지 모두 측정하여 종합적인 보상 점수를 산출한다.

2) AI의 자율 학습과 전략의 진화: AI는 과거 10년간의 데이터를 바탕으로 수십만 번의 가상 입점 시뮬레이션을 진행한다.

(1) 초기 학습: 처음에는 임대료를 가장 높게 제시하는 브랜드를 무작위로 선택하지만, 이로 인해 주변 가게들의 매출이 동반 하락하여 전체적으로는 음(-)의 보상을 받는 경험을 반복한다.

(2) **중기 학습**: 점차 '영화관 옆에는 팝콘 가게보다 캐릭터 굿즈샵을 입점시키는 것이 전체 매출에 더 큰 도움이 된다'거나, '여성 의류 매장들 사이에는 네일샵을 입점시켰을 때 고객 체류 시간이 15% 증가한다'는 식의 시너지 공식을 학습한다.

(3) **고도화된 전략**: 마침내 AI는 계절과 트렌드 변화까지 학습한다. 여름 휴가철을 앞두고는 여행용품 팝업스토어를 유치하고, 연말에는 고급 선물 포장 전문점을 입점시키는 등 시장의 리듬에 맞는 유연한 단기 MD 전략을 구사한다. 더 나아가, 특정 브랜드의 매출이 하락하기 시작하는 징후를 미리 포착하고, 계약 만료 시점에 맞춰 쇼핑몰에 새로운 활력을 불어넣을 차세대 브랜드를 미리 접촉하는 선제적인 리뉴얼 전략까지 스스로 수립하게 된다.

이는 인간 관리자가 자신의 경험과 제한된 정보에 의존해 내리던 결정을, 쇼핑몰 전체를 하나의 유기체로 보고 모든 상호작용을 계산하여 최적의 해답을 찾아내는 시스템으로 전환시키는 것이다.

결론적으로 강화학습은 도시부동산 마케팅에 '자율성'과 '진화'라는 날개를 달아주는 궁극의 기술이다. 예측하고 발견하는 것을 넘어, AI가 스스로 목표를 설정하고, 수많은 실패를 통해 배우며, 인간의 편견을 뛰어넘는 최적의 전략을 창조해 나간다. 미래의 부동산 시장에서 가장 강력한 경쟁력은 가장 많은 데이터를 가진 기업이 아니라, 그 데이터를 기반으로 가장 빠르고 현명하게 학습하며 스스로를 끊임없이 최적화해 나가는 '강화학습 에이전트'를 보유한 기업에서 나올 것이다

■ 딥 러닝과 머신 러닝의 구체적인 차이점

구분	머신 러닝	딥 러닝
정의	데이터에서 패턴을 학습하여 예측이나 결정을 수행하는 알고리즘	인공 신경망을 사용하여 데이터에서 복잡한 패턴을 학습하는 머신러닝의 한 분야
데이터 특징	사람이 직접 데이터의 특징을 추출하여 제공	스스로 데이터의 특징을 학습하고 추출
학습 방식	다양한 알고리즘(결정 트리, SVM, 선형 회귀 등) 사용	여러 층의 인공 신경망을 통해 학습
데이터 규모	비교적 적은 데이터로도 학습 가능	대량의 데이터 필요
계산 복잡도	일반적으로 딥 러닝보다 낮음	머신 러닝보다 높음
성능	데이터 특징 추출에 따라 성능이 크게 좌우됨	대량의 데이터를 통해 높은 성능을 달성 가능
응용 분야	스팸 필터링, 사기 탐지, 추천 시스템 등	이미지 인식, 자연어 처리, 음성 인식 등
예시	스팸 메일 분류, 상품 추천	자율 주행, 의료 진단, 기계 번역

4

머신 러닝의 다양한 알고리즘을 결합하여 성능을 높이는 앙상블 학습(Ensemble Learning): 랜덤 포레스트(Random Forest), 그래디언트 부스팅(Gradient Boosting)

4.1. 앙상블 학습은 여러 개의 개별 모델(약한 학습기, Weak Learner)을 결합하여 단일 모델보다 훨씬 더 강력하고 안정적인 예측 성능을 내는 기법이다.

단일 모델의 예측 능력에는 한계가 있을 수 있다. 앙상블 학습은 여러 개의 개별 모델(약한 학습기, Weak Learner)을 결합하여 단일 모델보다 훨씬 더 강력하고 안정적인 예측 성능을 내는 기법이다.

이는 마치 한 명의 전문가보다 여러 전문가의 의견을 종합할 때 더 나은 결정을 내릴 수 있는 '집단지성'의 원리와 같다. 개별 모델이 가진 오류나 편향을 서로 보완함으로써, 전체 모델의 정확도를 극대화하고 과적합(Overfitting)의 위험을 줄인다.

■ **랜덤 포레스트, 그래디언트 부스팅 별 목표, 작동원리와 기술, 역할, 장단점, 도시부동산 마케팅 활용 예시**

구분	랜덤 포레스트 (Random Forest)	그래디언트 부스팅 (Gradient Boosting)
목표	다수의 결정 트리(Decision Tree)를 독립적으로 학습시킨 후, 그 결과를 종합(투표 또는 평균)하여 예측의 정확성과 안정성을 높인다.	약한 학습기(주로 결정 트리)를 순차적으로 학습시키되, 이전 단계 모델의 오류(잔차)를 다음 단계 모델이 보완해나가는 방식으로 점진적으로 성능을 향상시킨다.

작동원리 및 기술	원본 데이터로부터 무작위로 복원 추출하여 여러 개의 훈련 데이터셋을 만드는 '배깅(Bagging)' 기법을 기반으로 한다. 각 트리를 학습할 때, 전체 특징(Feature) 중 일부만 무작위로 선택하여 다양성을 확보하고 트리 간의 상관관계를 줄인다.	이전 모델이 예측하지 못한 오차에 가중치를 부여하여 다음 모델이 이 오차를 집중적으로 학습하도록 하는 '부스팅(Boosting)' 기법을 사용한다. 손실 함수(Loss Function)를 최소화하기 위해 경사 하강법(Gradient Descent)을 적용하여 점진적으로 모델을 최적화한다.
역할	복잡한 데이터셋에 대해 높은 정확도를 제공하며, 과적합을 효과적으로 방지하는 역할을 한다. 여러 변수 중 어떤 변수가 예측에 중요한 영향을 미치는지(변수 중요도) 파악하는 데 유용하다.	예측 정확도가 매우 중요한 경진대회나 실제 산업 현장에서 최고 수준의 성능을 달성하는 역할을 한다. 미세한 오차까지 보정하여 모델의 정밀도를 극한으로 끌어올린다.
장단점	장점: 분류와 회귀 문제 모두에서 높은 정확도를 보이며, 과적합에 강하다. 〈br〉 단점: 수많은 트리를 생성하므로 메모리 소모가 크고, 학습 속도가 상대적으로 느릴 수 있다.	장점: 현존하는 알고리즘 중 가장 예측 성능이 뛰어난 기법이다. 〈br〉 단점: 파라미터 튜닝에 민감하며, 잘못 조정할 경우 과적합이 발생하기 쉽다. 학습 과정이 순차적이어서 병렬 처리가 어렵다.
도시부동산 마케팅 활용 예시	수백 개의 결정 트리를 생성하여 고객의 구매 여부를 예측한다. 각 트리는 고객의 소득, 나이, 검색 기록 등 무작위로 선택된 변수들을 기반으로 학습하며, 최종적으로 모든 트리의 투표를 통해 해당 고객의 '아파트 구매 가능성'을 90%와 같이 높은 신뢰도로 예측한다.	상업용 부동산의 임대료를 예측하는 모델을 개발한다. 첫 번째 모델이 예측한 임대료와 실제 임대료의 차이(오차)를 계산하고, 두 번째 모델은 이 오차를 예측하도록 학습한다. 이 과정을 수백 번 반복하여 예측 오차를 지속적으로 줄여 나가는 정교한 임대료 예측 모델을 완성한다.

4.2. 앙상블 학습(Ensemble Learning): 더 나은 예측을 위한 전문가 집단의 지혜

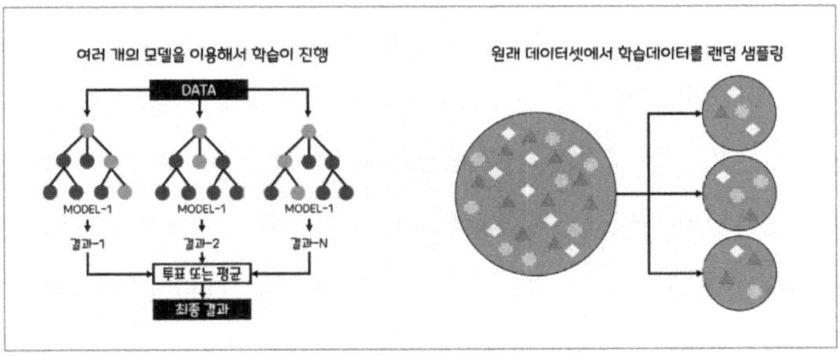

머신러닝의 앙상블(Ensemble)의 기본 개념, https://hyehwi.com

1) 여러 개의 개별적인 학습 모델(Weak Learners)을 결합하여, 하나의 강력하고 종합적인 모델(Strong Learner)을 만들어내는 기법을 '앙상블 학습(Ensemble Learning)'이라 한다

한 명의 뛰어난 전문가가 내리는 판단은 신뢰할 만하다. 그러나 만약, 각기 다른 관점과 지식을 가진 수백 명의 전문가 집단이 모여 하나의 결론을 도출한다면 그 정확성과 안정성은 어떨까? 이처럼 여러 개의 개별적인 학습 모델(Weak Learners)을 결합하여, 하나의 강력하고 종합적인 모델(Strong Learner)을 만들어내는 기법을 '앙상블 학습(Ensemble Learning)'이라 한다. 이는 마치 독주 악기의 아름다움을 넘어, 여러 악기가 조화를 이루어 장엄한 화음을 만들어내는 오케스트라와 같다.

2) 앙상블 학습의 핵심 철학은 '집단 지성'이다. 개별 모델이 가질 수 있는 편향(Bias)이나 특정 데이터에 과도하게 최적화되는 과적합(Overfitting)의 위험을, 여러 모델의 다양한 시각을 종합함으로써 상쇄시킨다.

앙상블 학습의 핵심 철학은 '집단 지성'이다. 개별 모델이 가질 수 있는 편향(Bias)이나 특정 데이터에 과도하게 최적화되는 과적합(Overfitting)의 위험을, 여러 모델의 다양한 시각을 종합함으로써 상쇄시킨다. 이는 마치 한 명의 심판이 놓칠 수 있는 미세한 반칙을, 여러 각도에서 경기를 지켜보는 다수의 부심이 함께 잡아내는 것과 같은 원리이다.

여기서는 이 앙상블 기법의 대표적인 두 거장, '랜덤 포레스트(Random Forest)'와 '그래디언트 부스팅(Gradient Boosting)'이 어떻게 도시부동산이라는 복잡계의 문제를 풀어내는지, 그 작동 원리와 환상적인 가상 사례를 통해 심도 있게 탐구하고자 한다. 이는 단일 알고리즘의 한계를 넘어, 예측의 정확성을 극한까지 끌어올리는 AI의 협력과 진화에 대한 지적인 탐험이 될 것이다.

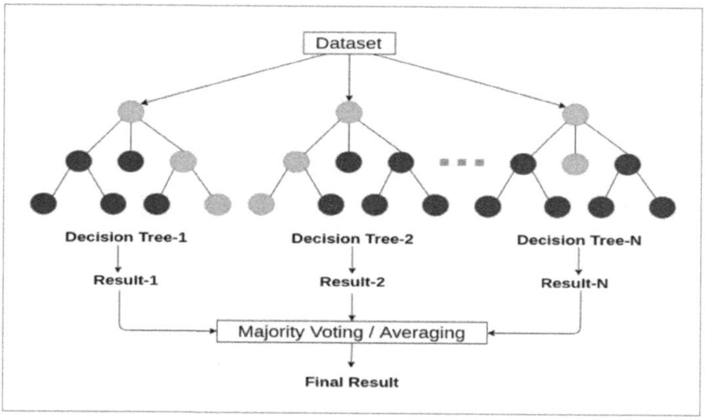

TREE가 모이게 되면 FOREST가 된다. 이전에 공부한 Decision Tree가 '나무' 였다면, 오늘 배울 Random Forest는 숲이다. 나무가 모여 숲이 되듯이 랜덤포레스트는 여러 의사결정나무 모델의 집합체라고 할 수 있다. https://alex-blog.tistory.com

4.2.1. 랜덤 포레스트(Random Forrest): 다양성이 만들어내는 안정적인 지혜

1) 랜덤 포레스트는 이름 그대로 '의사결정 나무(Decision Tree)'들이 모여 이룬 '숲'이다. 수백, 수천 개의 나무가 각각 독립적으로 판단을 내리고, 숲 전체는 이들의 의견을 종합하여 최종 결론을 내린다.

랜덤 포레스트는 이름 그대로 '의사결정 나무(Decision Tree)'들이 모여 이룬 '숲'이다. 수백, 수천 개의 나무가 각각 독립적으로 판단을 내리고, 숲 전체는 이들의 의견을 종합하여 최종 결론을 내린다. 이 기법의 핵심은 '무작위성(Randomness)'을 통해 각각의 나무를 최대한 다르게 만드는 데 있다.

(1) **데이터의 무작위성:** 각각의 나무는 전체 데이터 중 일부만을 무작위로 샘플링하여 학습한다. 이는 마치 각 전문가가 서로 다른 참고 서적을 보고 자신만의 지식을 쌓는 것과 같다.

(2) **특성의 무작위성:** 나무가 가지를 뻗어 나가며 의사결정의 기준을 세울 때, 모든 특성(변수)을 고려하는 대신 일부 특성만을 무작위로 선택하여 최적의 기준을 찾는다. 이는 전문가들이 각자 다른 관점(경제, 사회, 문화 등)에서 문제를 분석하는 것과 유사하다.

이러한 이중의 무작위성은 개별 나무들이 서로 다른 강점과 약점을 가진 '개성 있는 전문가'가 되도록 만든다. 어떤 나무는 A라는 변수를 중요하게 보고, 다른 나무는 B라는 변수를 핵심으로 본다. 이처럼 다양한 나무들의 판단을 모아 다수결로 최종 결정을 내리기 때문에, 하나의 나무가 저지를 수 있는 치명적인 오류를 방지하고 매우 안정적이고 신뢰도 높은 예측 결과를 도출할 수 있다.

랜덤 포레스트 가상 사례

신축 아파트의 '하자 위험' 예측 시스템

"중대 하자 범벅" 신축 아파트 부실공사 논란 [목포MBC 뉴스데스크]

1) **상황:** 대형 건설사 '아키텍(Architech)'은 아파트 입주 전 시행하는 사전 점검에서 발견되는 수많은 하자로 인해 골머리를 앓고 있다. 모든 세대를 동일한 강도로 점검하기에는 시간과 인력이 부족하다. 이들은 하자가 발생할 위험이 높은 세대를 미리 예측하여, 품질 관리(QC) 인력을 효율적으로 집중 투입하는 시스템을 구축하고자 한다.

2) **앙상블 모델의 적용**(랜덤 포레스트 분류 모델):

(1) **목표:** 각 세대를 '하자 고위험군(1)'과 '저위험군(0)'으로 분류(Classification)한다.

(2) **학습 데이터:** 과거 수만 세대의 건축 과정 데이터와 실제 하자 발생 결과를 활용한다.

- 입력값(X, 문제): 시공팀 정보, 공정별 투입 인력, 콘크리트 타설 시의 날씨, 창호/바닥재 등 자재 공급 업체, 세대별 설계 도면의 복잡도, 공사 기간 등 수백 개의 변수.

- 결과값(Y, 정답): 사전 점검 시 실제로 발견된 하자의 건수와 심각도를 기준으로 분류된 '고위험(1)' 또는 '저위험(0)' 레이블.

3) AI의 발견과 전략적 활용: 수백 개의 의사결정 나무로 구성된 랜덤 포레스트 모델은 학습을 통해 개별 나무가 발견하지 못하는 복합적인 하자 발생 패턴을 찾아낸다. 예를 들어, 'A 시공팀이', '비 오는 날', 'B 업체의 자재를 사용해', '설계가 복잡한 세대'를 시공했을 때 하자가 집중적으로 발생한다는 복잡한 규칙들의 조합을 발견한다. 또한, 모델은 어떤 변수가 하자 발생에 가장 큰 영향을 미쳤는지 '변수 중요도(Feature Importance)'를 알려준다.

이를 통해 '시공팀의 숙련도'가 '자재의 브랜드'보다 하자 발생에 훨씬 더 결정적인 요인이라는 객관적인 사실을 파악할 수 있다. 이제 '아키텍'은 공사가 진행 중인 모든 세대에 대해 매일 '하자 위험 점수'를 산출한다.

그리고 점수가 높은 고위험군 세대에 정예 QC 인력을 선제적으로 투입하여 집중 관리함으로써, 전체 단지의 하자 발생률을 획기적으로 낮추고 입주민의 만족도와 브랜드 신뢰도를 동시에 높이는 성과를 거둔다.

4.2.2. 머신 러닝의 그래디언트 부스팅(Gradient Boosting): 실수를 통해 더 강하게 성장하는 전문가 팀

1) 랜덤 포레스트가 다양한 전문가들의 독립적인 의견을 종합하는 방식이라면, 그래디언트 부스팅은 전문가들이 팀을 이루어 순차적으로 학습하며 서로의 실수를 보완해 나가는 방식이다.

랜덤 포레스트가 다양한 전문가들의 독립적인 의견을 종합하는 방식이라면, 그래디언트 부스팅은 전문가들이 팀을 이루어 순차적으로 학습하며 서로의 실수를 보완해 나가는 방식이다.

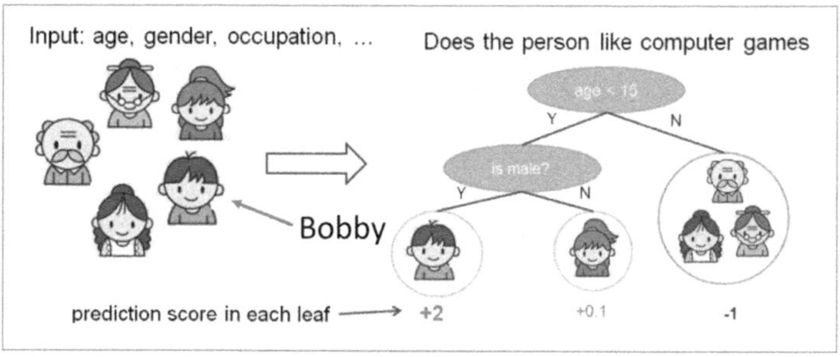

Gabriel Tseng의 [Gradient Boosting and XGBoost], https://medium.com

첫 번째 모델(나무)이 예측을 수행하고 나면, 그 예측이 틀린 부분, 즉 '잔여 오차(Residual Error)'가 발생한다. 그러면 두 번째 모델은 앞선 모델의 예측 결과가 아닌, 이 '잔여 오차'를 예측하고 보완하는 것을 목표로 학습한다. 세 번째 모델은 앞선 두 모델의 예측을 합친 결과의 잔여 오차를 학습한다. 이처럼 모델이 계속 추가되면서 이전 모델들의 실수를 집중적으로 학습하고 바로잡아 나가는 과정을 반복한다. 마치 한 명의 학생이 문제를 푼 뒤, 오답 노트를 작성하여 자신이 틀린 문제 유형을 집중적으로 파고드는 것과 같다. 이 과정을 통해 모델은 점진적으로(Gradient) 성능을 강화(Boosting)시켜 나가며, 매우 정교하고 높은 정확도를 자랑하는 예측 모델로 진화한다.

그래디언트 부스팅 가상 사례

상업용 빌딩의 '미래 임대 수익' 최적화 모델

1) **상황:** 자산운용사 '밸류플러스 캐피탈'은 도심의 상업용 빌딩에 투자할 때, 향후 5년간의 총 임대 수익을 최대한 정확하게 예측해야 한다. 경쟁사보다 더 정밀한 예측은, 더 높은 가격을 제시하면서도 안정적인 수익을 확보할 수 있는 원동력이 되기 때문이다.

자산운용사, ETF 시장 성장에 호실적...하반기 전망도 밝아 - 비즈트리뷴

2) 앙상블 모델의 적용(그래디언트 부스팅 회귀 모델):

(1) **목표**: 빌딩의 '향후 5년 총 임대 수익'이라는 연속된 숫자 값을 예측(Regression)한다.

(2) **학습 데이터**: 과거 수천 건의 상업용 빌딩 투자 데이터와 실제 임대 수익 결과를 활용한다.

- 입력값(X, 문제): 빌딩의 위치(유동인구, 지하철 접근성), 연면적, 층수, 준공 연도, 주요 임차인의 업종 및 신용도, 주변 상권의 성장률 등.
- 결과값(Y, 정답): 실제 발생한 '5년 총 임대 수익'.

(3) **AI의 발견과 전략적 활용**: 그래디언트 부스팅 모델은 순차적 학습을 통해 예측의 정밀도를 극한으로 끌어올린다.

- 첫 번째 나무: 위치와 연면적 등 기본적인 변수만으로 수익을 예측한다. 당연히 오차가 크다.
- 두 번째 나무: 첫 번째 나무의 오차를 학습한다. 그 결과, '지하철역과 가깝지만, 주요 임차인이 신용도 낮은 스타트업일 경우, 첫 예측보다 수익이 낮아진다'는 패턴을 발견하고 오차를 줄인다.

• 세 번째 나무: 앞선 두 나무의 결합된 오차를 또 학습한다. '주변 상권 성장률이 연 5% 이상인 지역에서는, 1층에 유명 카페가 입점했을 경우 예측보다 수익이 훨씬 더 높아진다'는 미세한 시너지 효과까지 잡아내며 오차를 더욱 줄여 나간다. 이 과정을 수백 번 반복한 최종 모델은, 인간의 직관으로는 계산하기 어려운 수많은 변수 간의 상호작용을 모두 반영한 초정밀 예측 결과를 제공한다.

'밸류플러스 캐피탈'은 이 모델을 통해 특정 빌딩의 미래 수익을 소수점 단위까지 예측하고, 이를 기반으로 최적의 투자 포트폴리오를 구성한다. 또한, "만약 공실인 2층에 유명 병원을 유치한다면, 미래 수익이 얼마나 증가할까?"와 같은 'What-if' 시뮬레이션을 통해, 단순 투자를 넘어 빌딩의 가치를 능동적으로 끌어올리는 과학적인 자산 관리 전략을 수립하게 된다.

종합하면, 앙상블 학습은 단일 모델의 명백한 한계를 '협력'과 '경쟁'이라는 집단 지성의 힘으로 극복하는 고차원적인 접근법이다. 랜덤 포레스

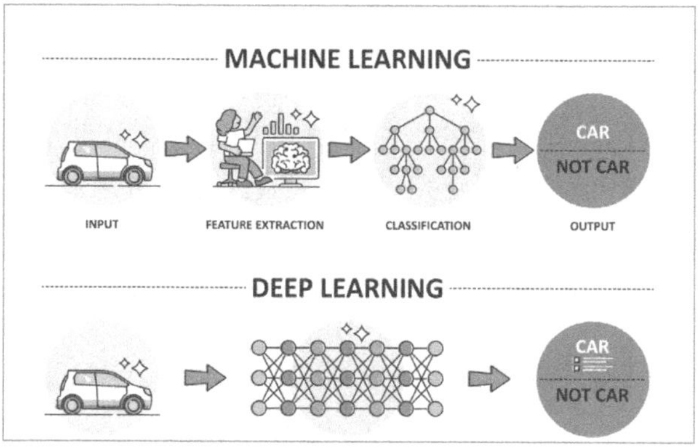

Deep Learning vs Machine Learning, Turing

트가 다양한 전문가들의 투표로 안정성을 확보하는 민주적 방식이라면, 그래디언트 부스팅은 선배의 실수를 교훈 삼아 끊임없이 발전하는 엘리트 전문가 팀을 육성하는 방식이다.

5

딥러닝의 핵심 알고리즘(DNN, CNN, RNN): 도시부동산 분야에서도 인간의 뇌처럼 학습하고 판단한다

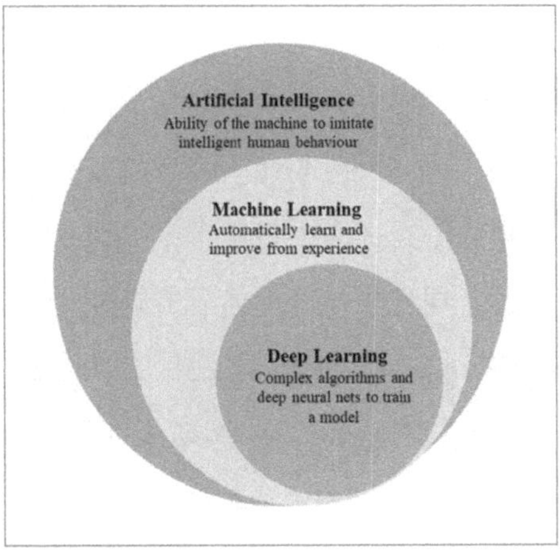

https://www.researchgate.net

[딥러닝(Deep Learning)이 왜 중요한가?]

1) 딥러닝의 중요성

딥러닝은 기존 머신러닝 알고리즘으로는 해결하기 어려웠던 복잡한 문제들을 해결할 수 있는 잠재력을 가지고 있다. 특히 이미지 인식, 음성 인식, 자연어 처리 등의 분야에서 뛰어난 성능을 보이며, 의료, 금융, 제조 등 다양한 분야에서 혁신을 이끌어내고 있다.

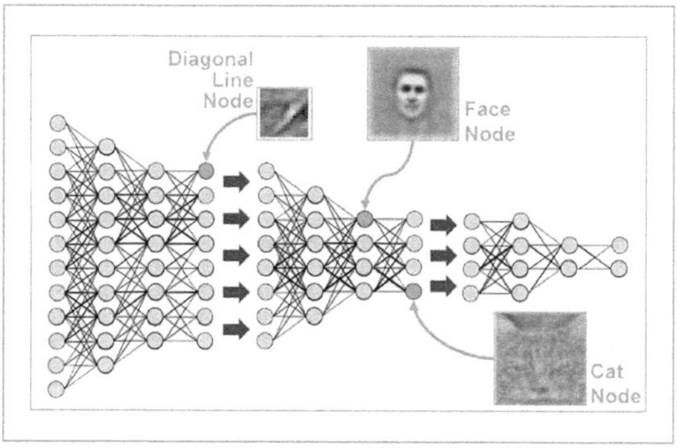

딥 러닝(Deep Learning, DL) 개념 및 주요 알고리즘 소개
https://newitlec.com

[딥러닝의 중요성]

(1) **복잡한 패턴 인식:** 딥러닝은 다층 구조의 인공 신경망을 통해 데이터의 복잡한 패턴을 학습하고 인식할 수 있다. 이는 이미지, 음성, 텍스트 등 비정형 데이터 분석에 매우 효과적이다.

(2) **높은 예측 정확도:** 딥러닝 모델은 대규모 데이터 학습을 통해 높은 예측 정확도를 달성할 수 있다. 이는 의료 진단, 금융 예측, 제품 추천 등 다양한 분야에서 의사결정의 정확성을 높이는 데 기여한다.

(3) **자율 학습:** 딥러닝 모델은 사람의 개입 없이 스스로 데이터를 학습하고 성능을 향상시킬 수 있다. 이는 변화하는 환경에 빠르게 적응하고 최적의 성능을 유지하는 데 중요한 역할을 한다.

2) 딥 러닝 기술은 AI 애플리케이션(예)의 기반이 된다

예컨대 딥 러닝 기술은 다음과 같은 일상적 제품에 사용되는 여러 인공 지능 애플리케이션 사례의 기반이 된다.

(1) 챗봇 및 코드 생성기

(2) 디지털 어시스턴트

(3) 음성 인식 TV 리모컨

(4) 사기 탐지

(5) 자동 얼굴 인식

(6) 자율 주행 자동차,

(7) 가상 현실

등과 같은 기술의 중요한 구성 요소이기도 하다. 기업이나 공공분야에서는 딥 러닝 모델을 사용하여 다양한 애플리케이션에서 데이터를 분석하고 예측할 수 있다

3) 딥러닝의 5가지 알고리즘 및 특징

딥러닝은 다양한 유형의 인공 신경망 구조를 사용하며, 각 구조는 특정 문제 해결에 적합한 특징을 가지고 있다. 대표적인 딥러닝 유형은 다음과 같다.

유형	특징
다층 퍼셉트론 (MLP)	딥러닝의 기본적인 구조로, 여러 층의 뉴런으로 구성된다.
컨볼루션 신경망 (CNN)	이미지 인식에 특화된 구조로, 이미지의 공간적 특징을 효과적으로 추출한다.

순환 신경망 (RNN)	시계열 데이터 분석에 특화된 구조로, 이전 입력 정보를 기억하여 현재 출력에 반영한다.
생성적 적대 신경망 (GAN)	새로운 데이터를 생성하는 데 사용되는 구조로, 두 개의 신경망이 서로 경쟁하며 학습한다.
오토인코더 (Autoencoder)	데이터의 차원을 축소하거나 특징을 추출하는 데 사용되는 구조로, 입력 데이터를 압축하고 복원하는 과정을 통해 학습한다.

5.1. 딥러닝은 정형 데이터 뿐만 아니라 이미지, 텍스트, 음성과 같은 비정형 데이터 분석에 강력한 성능을 발휘하며, AI 기술의 비약적인 발전을 이끌고 있다

딥러닝은 인간의 뇌가 정보를 처리하는 방식에서 영감을 얻은 인공 신경망(Artificial Neural Network)에 기반한 머신러닝의 한 분야이다. 여러 층(Layer)을 깊게 쌓아 올린 구조를 통해, 데이터 속에 숨겨진 복잡하고 추상적인 패턴까지 스스로 학습하는 능력이 탁월하다.

이는 마치 인간이 시각, 청각 등 다양한 감각 정보를 뇌에서 종합하여 상황을 인식하고 판단하는 과정과 유사하다. 딥러닝은 정형 데이터뿐만 아니라 이미지, 텍스트, 음성과 같은 비정형 데이터 분석에 강력한 성능을 발휘하며, AI 기술의 비약적인 발전을 이끌고 있다.

심층 신경망은 딥러닝의 가장 기본적인 구조로, 여러 개의 은닉층을 통해 데이터의 복잡한 비선형 관계를 학습한다. 심층 신경망은 딥러닝의 가장 기본적인 구조이다. 입력층(Input Layer)과 출력층(Output Layer) 사이에 다수의 은닉층(Hidden Layer)을 포함하는 형태로, 층이 깊어질수록 데이터로부터 더욱 복잡하고 정교한 특징을 추출하고 학습할 수 있다.

DNN은 고객의 나이, 소득, 직업, 과거 거래 기록 등과 같이 정형화된 데이터를 분석하여 특정 결과를 예측하는 데 주로 활용된다. 예를 들어,

부동산 VIP 고객의 데이터를 학습하여, 새로운 고객이 미래에 고가의 상업용 부동산을 구매할 가능성이 얼마나 되는지를 예측하는 신용 평가 모델을 개발할 수 있다.

1) 합성곱 신경망은 인간의 시신경이 이미지를 처리하는 방식을 모방한 알고리즘으로, 이미지나 영상 데이터 분석에 매우 효과적이다.

합성곱 신경망은 인간의 시신경이 이미지를 처리하는 방식을 모방한 알고리즘으로, 특히 이미지나 영상 데이터 분석에 특화되어 있다. 데이터의 공간적 특징을 추출하는 '합성곱 필터(Filter)'를 통해 이미지 속의 선, 면, 질감과 같은 저차원 특징부터 객체의 형태와 같은 고차원 특징까지 효과적으로 학습한다.

2) 부동산 마케팅에서는 위성사진이나 드론으로 촬영한 이미지를 분석하여 특정 지역의 건물 밀도, 녹지 비율, 개발 현황 등을 파악하거나, 매물 사진을 학습하여 인테리어 스타일(모던, 클래식 등)을 자동으로 분류하고 태그를 생성하는 데 활용될 수 있다

부동산 마케팅에서는 위성사진이나 드론으로 촬영한 이미지를 분석하여 특정 지역의 건물 밀도, 녹지 비율, 개발 현황 등을 파악하거나, 매물 사진을 학습하여 인테리어 스타일(모던, 클래식 등)을 자동으로 분류하고 태그를 생성하는 데 활용될 수 있다. 이를 통해 고객은 원하는 스타일의 매물을 시각적으로 빠르게 탐색할 수 있다.

(1) 순환 신경망은 순서가 있는 데이터, 즉 시계열(Time-series) 데이터나 자연어(Text)와 같은 순차적 데이터(Sequential Data)를 처리하는 데 강력한 성능을 보인다

순환 신경망은 순서가 있는 데이터, 즉 시계열(Time-series) 데이터나 자연어(Text)와 같은 순차적 데이터(Sequential Data)를 처리하는 데 강력한 성능을 보인다. 이전 단계의 출력이 다음 단계의 입력으로 연결되는 순환 구조를 가져, 과거의 정보를 기억하고 현재의 결과에 반영하는 '기억력'을 가진 것이 특징이다.

(2) 부동산 분야에서는 과거의 부동산 거래 가격, 금리 변화, 인구 이동 데이터 등을 학습하여 미래의 특정 지역 아파트 가격 변동 추이를 예측하는 데 사용될 수 있다.

부동산 분야에서는 과거의 부동산 거래 가격, 금리 변화, 인구 이동 데이터 등을 학습하여 미래의 특정 지역 아파트 가격 변동 추이를 예측하는 데 사용될 수 있다. 또한, 고객의 문의 내용을 순서대로 이해하고 문맥에 맞는 답변을 생성하는 부동산 전문 챗봇(Chatbot)을 개발하거나, 특정 지역에 대한 온라인 뉴스 기사나 소셜미디어의 여론을 분석하여 긍정/부정 감성을 측정하는 데에도 효과적으로 활용된다

5.2. 딥러닝 DNN, CNN, RNN 모델 별 목표, 작동원리와 기술, 역할, 장단점, 도시부동산분야 활용 예시

구분	심층 신경망 (DNN)	합성곱 신경망 (CNN)	순환 신경망 (RNN)
목표	다수의 은닉층(hidden layers)을 통해 데이터 내의 복잡하고 비선형적인 패턴을 학습하여 예측 및 분류 문제를 해결하는 것을 목표로 한다.	이미지나 영상 데이터에서 필터(커널)를 사용하여 공간적인 특징(계층적 패턴, 질감, 형태 등)을 효과적으로 추출하고 인식하는 것을 목표로 한다.	시간의 흐름에 따라 변화하는 순차적인 데이터(시계열 데이터, 텍스트 등)의 패턴과 의존성을 학습하여 미래 값을 예측하거나 시퀀스를 생성하는 것을 목표로 한다.

작동원리 및 기술	입력층, 다수의 은닉층, 출력층으로 구성된다. 각 층의 노드(뉴런)들이 가중치로 연결되어 있으며, 역전파(Back-propagation) 알고리즘을 통해 오차를 최소화하는 방향으로 가중치를 업데이트하며 학습한다.	이미지의 지역적 특징을 추출하는 합성곱층(Convolutional Layer)과 데이터의 차원을 축소하는 풀링층(Pooling Layer)을 반복적으로 거치며 특징맵(Feature Map)을 생성하고, 이를 통해 이미지를 분류하거나 객체를 탐지한다.	이전 단계(time step)의 출력을 현재 단계의 입력으로 사용하는 순환 구조를 가진다. 이를 통해 과거의 정보를 기억하고(은닉 상태, hidden state), 이를 바탕으로 다음 시점의 결과를 예측한다. LSTM, GRU 등 발전된 모델이 장기 의존성 문제를 해결한다.
역할	가격 예측, 고객 신용도 평가, 이탈 가능성 예측 등 정형 데이터(숫자, 범주형 데이터) 기반의 예측 모델링에서 핵심적인 역할을 수행한다.	위성/항공 이미지 분석, 건축물 내/외부 이미지 분류, 인테리어 스타일 인식 등 시각적 데이터 분석 및 정보 추출에서 독보적인 역할을 수행한다.	부동산 시장 시세 예측, 특정 지역의 인구 유입/유출 동향 분석, 고객 문의 챗봇의 대화 흐름 이해 등 시간적 연속성을 가진 데이터 분석에 핵심적인 역할을 한다.
장단점	장점: 복잡한 관계를 모델링하는 데 뛰어나고, 데이터가 충분할 경우 높은 예측 정확도를 보인다. 단점: 데이터의 공간적(CNN) 또는 순차적(RNN) 구조를 고려하지 못한다. 과적합(Overfitting) 위험이 있고, 모델의 판단 근거를 해석하기 어렵다(블랙박스).	장점: 이미지의 위치 불변성(Translation Invariance) 특징을 잘 포착하여 시각 데이터 인식에 매우 강력하다. 단점: 이미지 외의 데이터(예: 시계열, 텍스트) 처리에는 적합하지 않다. 대규모 이미지 데이터셋과 높은 연산 능력이 필요하다.	장점: 시계열 데이터나 텍스트처럼 순서가 중요한 데이터의 맥락을 잘 파악한다. 단점: 순차적으로 처리해야 하므로 계산 속도가 느릴 수 있다. 과거 정보가 멀어질수록 기억하기 어려운 장기 의존성 문제(Vanishing Gradient)가 발생할 수 있다.

도시부동산 마케팅 활용 예시	(초정밀 부동산 가치 예측) 주변 상권, 교통 접근성, 학군, 공원 유무, 인구 통계, 과거 거래 데이터 등 수백 개의 변수를 학습하여 특정 주소지의 3년 후 부동산 가치를 오차 범위 5% 이내로 예측하고, 이를 기반으로 잠재 투자 고객에게 맞춤형 투자 포트폴리오를 제안한다.	(위성 이미지 기반 잠재 가치 분석) 위성 이미지를 분석하여 특정 지역의 녹지 비율, 건물 밀도, 도로망 패턴, 일조량 변화 등을 자동으로 정량화한다. 이를 통해 아직 개발되지 않은 토지의 미래 개발 잠재력이나 특정 주거 단지의 '숲세권' 가치를 객관적인 데이터로 제시하여 마케팅에 활용한다.	(부동산 시장 동향 예측 및 알림) 과거 20년간의 아파트 거래 데이터, 금리 변화, 인구 이동 데이터를 학습하여 특정 지역의 6개월 후 평균 매매가 변동률을 예측한다. 고객이 설정한 조건(예: '강남구 30평대 아파트 가격이 5% 하락 예측 시')에 부합할 경우 자동으로 매수 추천 알림을 발송한다.

5.3. 가상사례: 딥러닝의 핵심 알고리즘: 도시부동산 분야에서도 인간의 뇌처럼 학습하고 판단한다

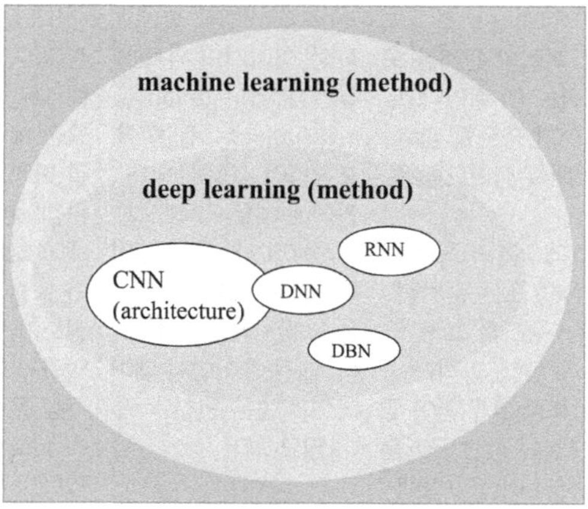

https://www.nature.com

딥러닝의 합성곱 신경망(CNN) 가상 사례

공간의 '아름다움'을 정량적으로 평가하다

[구해줘 홈즈] 속 순환구조가 궁금해? - 자이매거진

1) **상황**: 프롭테크(Prop-tech) 스타트업 '아키-인사이트(Archi-Insight)'는 부동산의 가치가 단순히 면적, 위치, 연식과 같은 숫자로만 결정되지 않는다는 사실에 주목했다. 잘 들어오는 채광, 고급스러운 마감재, 시원하게 트인 조망과 같은 시각적, 감성적 요소가 가격에 미치는 영향을 객관적으로 측정하고 싶었다. 인간의 '안목'을 AI로 구현하는 것이 이들의 목표이다.

2) 딥러닝 모델의 적용(CNN 기반 '미학적 가치' 평가 모델):

(1) **목표**: 부동산 사진을 분석하여, 해당 공간이 주는 시각적 만족도와 잠재적 가치를 '미학 점수(Aesthetic Score)'로 산출한다.

(2) 학습 데이터:

- 입력값(X, 문제): 수십만 장에 달하는 아파트, 주택, 상가의 내·외부 사진 데이터. 거실, 주방, 욕실, 창밖 풍경 등 공간별로 분류된 이미지.

- 결과값(Y, 정답): 해당 부동산의 최종 실거래가에서 위치, 면적 등 정량적 요인의 가치를 제외하고 남은 '가격 프리미엄' 또는 부동산 앱 사용자들이 각 사진에 매긴 '선호도 별점'.

(3) **AI의 발견과 전략적 활용:** 인간의 시신경을 모방한 CNN 모델은 이미지의 픽셀 데이터를 분석하며 스스로 특징을 학습한다. 처음에는 선, 면, 색상과 같은 단순한 특징을 인식하다가, 점차 창문, 문, 가구와 같은 구체적인 사물을 인식한다. 더 깊은 층위에서는 '우물형 천장', '대리석 아일랜드 식탁', '남향의 넓은 통창'과 같이 복합적이고 추상적인 디자인 요소들을 식별해낸다. 마침내 모델은 어떤 시각적 요소의 조합이 높은 가격 프리미엄이나 선호도와 직결되는지를 스스로 깨닫는다. 예를 들어, '한강 조망'과 '미니멀한 인테리어', '밝은 원목 마루'의 조합이 20-30대 구매자에게 가장 높은 점수를 받는다는 패턴을 발견한다. '아키-인사이트'는 이 모델을 활용하여 다음과 같은 혁신적인 서비스를 제공한다.

3) **AI 건축 컨설팅:** 건설사는 아파트 설계 단계에서 3D 렌더링 이미지를 AI에 입력한다. AI는 "거실 창문 크기를 15% 키우고, 주방 상판을 어두운 톤의 인조 대리석으로 변경할 경우, 예상 미학 점수가 7점 상승하며 이는 약 2,500만 원의 가치 상승으로 이어질 것"이라는 구체적인 디자인 개선안을 제시한다.

4) **감성 기반 매물 검색:** 구매자는 이제 "햇살이 잘 들어오는 조용한 서재가 있는 집" 또는 "친구들과 홈파티하기 좋은 개방감 있는 거실을 가진 집"과 같은 추상적인 문장으로 집을 검색할 수 있다. AI는 이 문장의 감성적 키워드를 이해하고, 해당 미학 점수가 높은 매물들을 찾아 추천해준다.

순환 신경망(RNN)(RNN 기반 '고객 서사' 분석 엔진) 가상 사례

고객의 '숨은 의도'를 대화의 맥락 속에서 파악하다

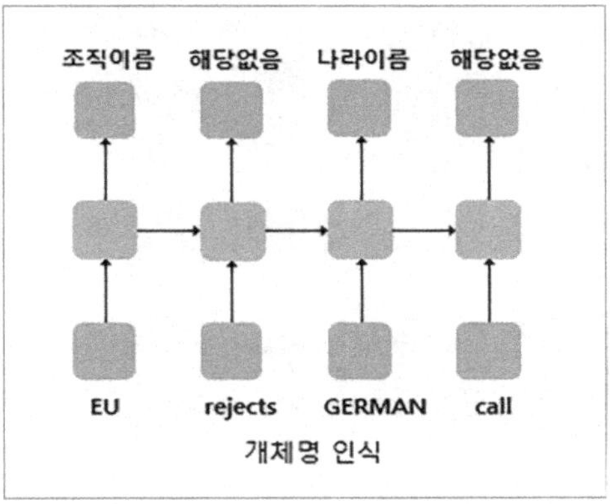

순환 신경망(Recurrent Neural Network, RNN), https://wikidocs.net

1) **상황**: 대형 부동산 중개법인 '트러스트 파트너스'는 매일 챗봇과 이메일로 쏟아지는 수많은 고객 문의를 처리하는 데 어려움을 겪고 있다. 고객의 말은 종종 앞뒤가 맞지 않거나, 진짜 속마음이 숨겨져 있는 경우가 많다. "역세권 소형 오피스텔을 찾아요"라고 말한 고객이, 대화 말미에 "사실 아이가 곧 태어나서요…"라고 덧붙이는 경우, 키워드 기반의 단순한 AI는 그 맥락의 전환을 이해하지 못한다.

2) **딥러닝 모델의 적용**(RNN 기반 '고객 서사' 분석 엔진):

1) **목표**: 시간의 흐름에 따라 진행되는 고객과의 대화 전체를 분석하여, 표면적인 요구사항 너머에 있는 '숨겨진 진짜 의도(True Intent)'와 감정의 변화를 파악한다.

(2) **학습 데이터**:

- 입력값(X, 문제): 수만 건의 익명화된 고객 상담 대화록(상담 시작부터 종료까지의 전체 텍스트 시퀀스).

5,7호선 역세권 소형오피스텔, https://www.realfoods.co.kr

- 결과값(Y, 정답): 해당 상담의 최종 결과(예: '30평대 아파트 계약 완료', '상담 중단', '자금 문제로 보류')와 상담사가 수기로 요약한 '고객 핵심 니즈'.

3) **AI의 발견과 전략적 활용:** 인간의 단기 기억을 모방한 RNN(특히 LSTM, GRU와 같은 발전된 모델)은 단어의 순서와 문장의 맥락을 기억하며 학습한다. AI는 '소형 오피스텔'이라는 초기 단어에만 집중하지 않고, 대화가 진행됨에 따라 '결혼', '아이', '안전', '학군'과 같은 단어들이 등장하는 순서와 빈도를 통해 고객의 상황이 '1인 가구'에서 '자녀를 둔 3인 가구'로 변화하고 있음을 추론한다. 또한, "가격이 좀…"이라는 말 뒤에 긍정적인 이모티콘이 오는지, 아니면 긴 침묵이 이어지는지에 따라 고객의 감정 상태가 '협상 의지'인지 '실망'인지를 구분해낸다. '트러스트 파트너스'는 이 엔진을 다음과 같이 활용한다.

3) 실시간 상담 어시스턴트: 신입 상담사가 고객과 채팅하는 동안, AI 엔진은 대화를 실시간으로 분석하여 모니터 한편에 조언을 띄워준다. "경고: 고객이 '소음' 문제를 세 번 이상 언급했습니다. 방음이 잘되는 아파트를 우선적으로 추천하십시오." 또는 "인사이트: 고객이 '반려견'을 자주 언급합니다. 인근에 대형 공원이 있다는 점을 강조하여 다음 대화를 시작하세요."

4) 자동화된 고객 여정 관리: 고객과의 첫 상담이 끝난 후, AI는 대화의 서사를 분석하여 고객을 '긴급 이사 필요 그룹', '장기 잠재 고객 그룹', '단순 정보 탐색 그룹' 등으로 자동 분류한다. 그리고 각 그룹의 숨은 의도에 맞춰, 한 달 뒤 "고객님, 지난번에 말씀하셨던 아기 방 꾸미기는 잘 되어 가시나요? 마침 인근에 새로운 어린이집이 개원한다는 소식이 있어 전해드립니다"와 같은, 마치 마음을 읽은 듯한 개인화된 후속 메시지를 자동으로 발송하여 지속적인 관계를 형성한다.

종합하면, 딥러닝은 도시부동산 분야에 '지각(Perception)'과 '이해(Understanding)'라는 인간과 유사한 능력을 부여하는 혁명적인 기술이다. 합성곱 신경망(CNN)이 공간의 시각적 가치를 꿰뚫어 보는 '전문가의 눈'을 제공하고, 순환 신경망(RNN)이 고객의 복잡한 이야기 속에서 진심을 헤아리는 '공감하는 귀'를 제공한다. 인간의 전문성과 딥러닝의 통찰력이 결합될 때, 비로소 우리는 모든 공간과 사람의 잠재력을 온전히 이해하고, 예측을 넘어 진정한 의미의 '초개인화된 경험'을 제공하는 새로운 차원의 부동산 전략을 펼칠 수 있게 될 것이다.

6

자연어 처리(NLP: Natural Language Processing)의 핵심 유형

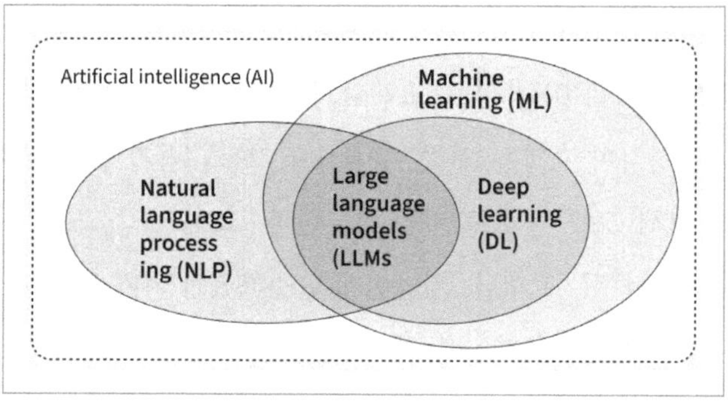

https://www.geeksforgeeks.org

인간의 언어는 단순한 기호의 나열이 아니다. 그 안에는 감정과 의도, 문화와 역사가 얽혀 있으며, 때로는 말하지 않은 행간의 의미가 더 큰 힘을 갖는다. 지금까지 AI가 숫자와 통계라는 정형화된 세계에서 탁월한 분석 능력을 보여주었다면, 이제 인공지능은 인간 고유의 영역으로 여겨졌던 '언어'의 성채에 도전하고 있다. 이 위대한 도전의 중심에 바로 '자연어 처리(NLP: Natural Language Processing)' 기술이 있다.

1) 온라인 부동산 커뮤니티에 쏟아지는 수많은 후기와 불만, 고객이 챗봇에게 건네는 두서없는 질문, 신문 기사에 담긴 시장 전망 등 비정형 텍스트 데이터의 홍수 속에서, NLP는 숨겨진 보석과 같은 인사이트를 캐낸다.

자연어 처리는 기계가 인간의 언어를 이해하고, 해석하며, 생성할 수 있도록 만드는 인공지능의 한 분야이다. 이는 AI에게 인간의 '귀'와 '입'을 달아주는 것과 같다. 온라인 부동산 커뮤니티에 쏟아지는 수많은 후기와 불만, 고객이 챗봇에게 건네는 두서없는 질문, 신문 기사에 담긴 시장 전망 등 비정형 텍스트 데이터의 홍수 속에서, NLP는 숨겨진 보석과 같은 인사이트를 캐내고, 고객의 마음에 가장 와닿는 언어로 말을 건네는 능력을 부여한다.

본 절에서는 자연어 처리의 두 핵심 축인 '자연어 이해(NLU)'와 '자연어 생성(NLG)'이 어떻게 도시부동산 분야에서 인간의 직관을 뛰어넘는 통찰력을 제공하고, 초개인화된 소통을 가능하게 하는지 두 가지 가상 사례를 통해 심층적으로 탐구하고자 한다.

<그림 2>

자연어 처리(NLP)의 절차

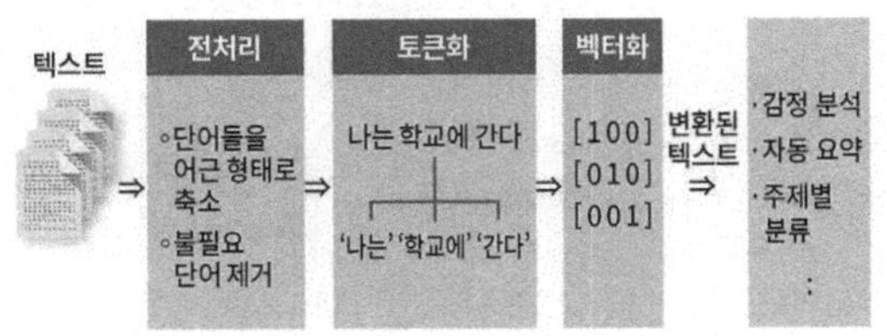

https://www.sisain.co.kr/news

6.1. 자연어 처리는 인간이 사용하는 언어(자연어)를 컴퓨터가 이해하고, 해석하며, 생성할 수 있도록 하는 AI의 한 분야이다

자연어 처리는 인간이 사용하는 언어(자연어)를 컴퓨터가 이해하고, 해석하며, 생성할 수 있도록 하는 AI의 한 분야이다. 텍스트와 음성 데이터 속에 담긴 의미와 맥락을 분석하여, 부동산 시장의 여론을 파악하거나 고객과의 소통을 자동화하는 등 마케팅 전략에 깊이를 더한다.

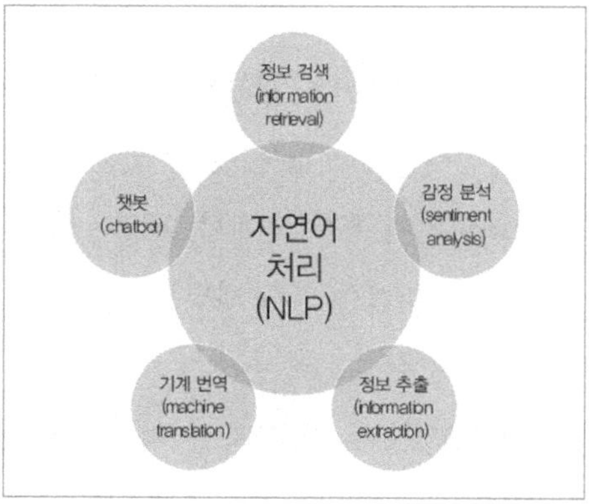

https://velog.io

6.1.1. 자연어 처리(NLP)의 핵심 유형인 텍스트 분류(Text Classification), 감성 분석(Sentiment Analysis), 개체명 인식(NER: Named Entity Recognition), 자연어 생성(NLG: Natural Language Generation)의 목표, 작동원리와 기술, 역할, 장단점, 도시부동산 마케팅 활용 예시

구분	텍스트 분류 (Text Classification)	감성 분석 (Sentiment Analysis)	개체명 인식 (Named Entity Recognition)	자연어 생성 (Natural Language Generation)
목표	주어진 텍스트를 사전에 정의된 카테고리(범주)로 자동 분류하는 것을 목표로 한다. 정보의 체계적인 조직화 및 관리가 핵심이다.	텍스트에 내포된 주관적인 감성, 의견, 태도 등을 식별하여 긍정, 부정, 중립 등 극성을 판별하는 것을 목표로 한다.	텍스트에서 인명, 지명, 기관명, 날짜, 금액 등 고유한 의미를 갖는 개체(Entity)를 자동으로 인식하고 추출 및 분류하는 것을 목표로 한다.	정형 데이터(수치, 표 등)나 키워드를 기반으로 인간이 사용하는 언어와 유사한 자연스러운 문장과 문단을 생성하는 것을 목표로 한다.

작동원리 및 기술	텍스트 데이터를 벡터(숫자)로 변환(TF-IDF, Word2Vec 등)한 후, 기계학습(SVM, Naive Bayes) 또는 딥러닝(CNN, RNN, Transformer) 분류 모델을 통해 특정 카테고리로 할당하는 방식으로 작동된다.	긍정/부정 단어가 포함된 어휘 사전을 이용하거나, 감성 레이블이 부착된 대량의 텍스트 데이터를 딥러닝 모델로 학습시켜 문맥 속의 미묘한 감정까지 파악한다. 텍스트 분류의 하위 분야로 볼 수 있다.	규칙 기반 시스템이나 통계적 모델(CRF), 딥러닝 모델(Bi-LSTM, Transformer)이 문맥 속에서 단어의 패턴을 학습하여 특정 개체명을 식별하고 그 유형을 결정한다.	1) 데이터 분석 및 핵심 정보 결정(Content Determination) 2) 텍스트 구조 설계(Text Structuring) 3) 문법에 맞는 문장 생성(Sentence Realization)의 단계를 거친다. 템플릿 기반 방식과 딥러닝(GPT, T5 등) 기반 방식이 있다.
역할	대량의 비정형 텍스트(고객 문의, 뉴스, 보고서 등)를 자동으로 구조화하고, 정보 처리의 효율성을 극대화하며, 후속 데이터 분석 및 의사결정을 지원하는 역할을 수행한다.	특정 부동산이나 지역에 대한 시장의 반응, 고객 만족도, 여론 동향 등을 정량적으로 파악하여 브랜드 평판 관리 및 마케팅 전략 수립의 근거를 제공하는 역할을 한다.	비정형 텍스트에서 핵심 정보를 구조화된 데이터로 자동 추출한다. 이를 통해 데이터베이스를 구축하고, 정보 검색의 정확도를 높이며, 데이터 간의 관계를 분석하는 기반을 마련한다.	정형화된 부동산 데이터를 고객 맞춤형의 매력적인 설명글, 시장 분석 리포트, 광고 카피 등으로 자동 변환하여 콘텐츠 제작의 효율성과 개인화를 극대화하는 역할을 한다.
장단점	장점: 대용량 데이터 처리 속도가 빠르고 일관성이 높다. 단점: 사전에 정의된 카테고리에만 의존하며, 신조어나 중의적 표현 분류에 한계가 있다. 학습 데이터의 품질에 성능이 크게 좌우된다.	장점: 여론 및 트렌드를 신속하게 파악할 수 있다. 단점: 풍자, 반어법, 비꼬는 표현 등 복합적인 문맥의 감정 파악에 어려움이 있다. 문화적 배경에 따라 감성 표현이 달라 해석이 왜곡될 수 있다.	장점: 수작업 대비 압도적인 정보 추출 속도와 정확성을 보인다. 단점: 학습되지 않은 새로운 유형의 개체나 비정형적 표현을 인식하는 데 한계가 있다. 특정 도메인(예: 법률, 의료)에 고도로 전문화된 모델이 필요하다.	장점: 콘텐츠 생산 자동화로 시간과 비용을 절감하고, 개인화된 콘텐츠를 대량으로 제공할 수 있다. 단점: 생성된 내용이 사실과 다르거나(Hallucination), 창의성 없이 기계적인 느낌을 줄 수 있다.

도시부동산 마케팅 활용 예시	(고객 문의 자동 분류) 고객의 이메일이나 채팅 문의를 '매매 문의', '임대 문의', '하자 보수 요청', '주변 환경 질문' 등으로 자동 분류하여 담당 부서에 실시간으로 연결한다.	(평판 및 여론 분석) 특정 아파트 단지나 신규 상업 시설에 대한 온라인 커뮤니티, 블로그, SNS의 반응을 분석하여 '교통 편의성', '학군', '조망권', '디자인' 등 세부 항목별 긍/부정 여론을 파악하고 마케팅 소구점을 개선한다.	(매물 정보 자동 추출) 부동산 뉴스 기사, 블로그 포스팅, PDF 문서 등에서 '아파트명', '소재지(주소)', '건설사', '가격', '면적', '준공연도' 등의 핵심 정보를 자동으로 추출하여 매물 데이터베이스를 신속하게 구축 및 업데이트한다.	(부동산 매물 소개글 자동 생성) 매물의 기본 데이터(위치, 면적, 가격, 특징 등)를 입력하면, "도심 속 오아시스, OOO 공원을 품은 채광 좋은 남향 34평 아파트. 강남역까지 도보 10분 거리의 편리한 교통은 물론, 단지 내 최첨단 커뮤니티 시설이 당신의 품격을 높여줍니다."와 같은 매력적인 광고 문구를 자동으로 생성한다.

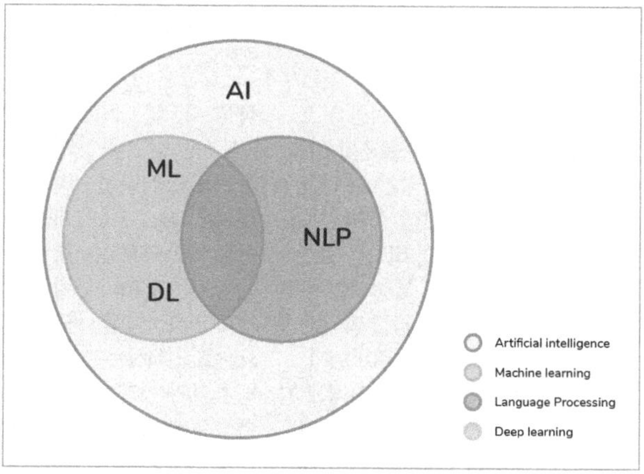

https://blog-ko.superb-ai.com

6.1.2. 자연어 처리(NLP: Natural Language Processing)의 가상사례

자연어 이해(NLU) (NLU 기반 '도시 감성 분석' 시스템)가상 사례

도시의 목소리를 듣고 시장의 감성을 읽다

1) **상황**: 국내 최대 부동산 투자신탁(REITs)인 '코리아 어반 밸류'는 차기 투자 대상 지역 선정을 앞두고 깊은 고민에 빠졌다. 기존의 경제 지표와 실거래가 데이터는 과거의 결과일 뿐, 해당 지역에 사는 사람들의 '삶의 만족도'나 미래에 대한 '기대감'과 같은 살아있는 감성을 담아내지 못했다. 이들은 데이터 이면에 숨겨진 도시의 진짜 목소리를 듣고자 했다.

2) NLP 모델의 적용(NLU 기반 '도시 감성 분석' 시스템):

(1) **목표**: 특정 지역에 대한 온라인상의 여론을 분석하여, 긍정/부정 감성 지수와 핵심 이슈를 도출한다.

(2) **학습 데이터(입력값)**: 지난 1년간 서울의 주요 자치구(예: 마포구, 성동구, 영등포구)와 관련된 모든 온라인 텍스트 데이터를 수집한다. 부동산 커뮤니티 게시글, 지역 맘카페의 수다, 인스타그램의 해시태그, 관련 뉴스 기사와 댓글 등 수백만 건의 데이터가 대상이 된다.

3) **AI의 발견과 전략적 활용**(자연어 이해의 힘): NLU 엔진은 이 방대한 텍스트를 분석하며, 마치 언어학자처럼 단어와 문장의 의미를 이해하기 시작한다.

(1) **감성 분석**(Sentiment Analysis): AI는 "성수동에 새로 생긴 공원 덕분에 삶의 질이 올라갔어요"라는 문장에서 '긍정'의 감성을, "여의도 출퇴근 교통체증 정말 끔찍하네요"라는 문장에서 '부정'의 감성을 추출하여 각 지역별로 감성 점수를 매긴다.

(2) **토픽 모델링**(Topic Modeling) & **개체명 인식**(Named Entity Recognition): AI는

텍스트에서 핵심 주제어들을 자동으로 그룹화한다. 그 결과, 마포구에서는 '#망리단길', '#젊은층', '#상권'이, 성동구에서는 '#서울숲', '#가족나들이', '#재개발'이, 영등포구에서는 '#GTX호재', '#직주근접', '#노후화'가 주요 토픽으로 떠오른다. '코리아 어반 밸류'는 이 분석 결과를 시각화한 대시보드를 통해, 기존 데이터로는 알 수 없었던 놀라운 통찰을 얻는다.

예를 들어, 영등포구는 교통 호재에 대한 기대감(긍정)과 기반 시설 노후화에 대한 불만(부정)이 팽팽하게 맞서고 있음을 발견한다. 반면, 성동구는 재개발에 대한 일부 우려에도 불구하고, '가족 친화적 환경'과 '삶의 질'에 대한 압도적인 긍정 여론이 시장을 주도하고 있음을 파악한다. 결국 이들은 단순히 교통 호재라는 단편적 사실이 아닌, '가족 단위 거주민의 높은 만족도'라는 NLU 기반의 질적 데이터를 근거로 성동구에 대한 투자를 결정한다. 이는 시장을 '이해'하고, 도시의 미래 감성에 투자하는 한 차원 높은 의사결정이다.

자연어 생성(NLG) (NLG 기반 '자동 매물 스토리텔링' 엔진): 가상 사례

AI, 천 개의 매물에 천 개의 스토리를 입히다

1) **상황:** 부동산 중개 플랫폼 '하우스 포엠(House Poem)'은 심각한 비효율 문제에 직면했다. 플랫폼에 등록되는 수많은 매물의 상세 설명을 공인중개사들이 직접 작성해야 하는데, 대부분 "방 3개, 화장실 2개, 남향, 역세권"과 같은 건조한 정보의 나열에 그쳤다. 고객의 마음을 움직일 만한 매력적인 스토리를 모든 매물에 입히는 것은 물리적으로 불가능했다.

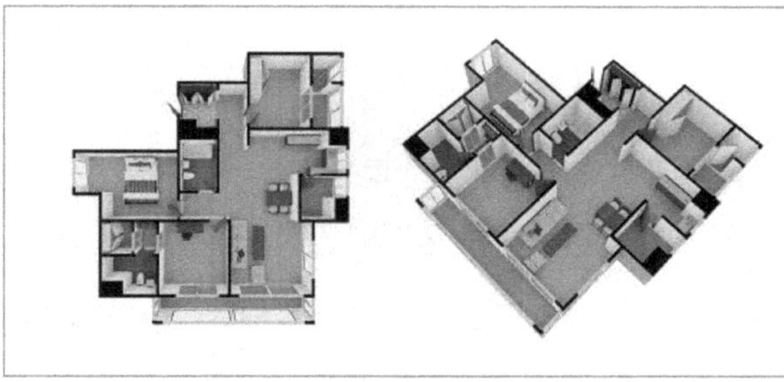

한국가상현실 '네이버 부동산'에 3D 아파트평형 데이터 공급
https://news.nate.com

2) NLP 모델의 적용(NLG 기반 '자동 매물 스토리텔링' 엔진):

(1) 목표: 하나의 매물에 대해, 타겟 고객 페르소나별로 최적화된 여러 버전의 매력적인 소개글을 자동으로 생성한다.

(2) 학습 데이터(입력값):

- 정형 데이터: 매물의 주소, 면적, 가격, 방 개수, 방향, 건축 연도 등.
- 비정형 데이터: 주변 시설 정보(초등학교, 공원, 맛집), 교통 정보, 해당 지역의 라이프스타일 페르소나 데이터(예: '자녀를 둔 30대 부부', '반려동물과 함께 사는 20대 1인 가구').
- 스타일 텍스트: 문학 작품, 잡지 기사, 광고 카피 등 사람의 마음을 움직이는 수만 건의 텍스트를 학습하여 문체와 표현력을 익힌다.

3) AI의 발견과 전략적 활용(자연어 생성의 힘): NLG 엔진은 입력된 데이터를 바탕으로, 마치 소설가처럼 각기 다른 독자를 위한 맞춤형 이야기를 써 내려간다. 예를 들어, '광교 신도시의 84㎡ 아파트'라는 동일한 매물에 대해 다음과 같이 다른 스토리를 생성한다.

(1) 타겟: '자녀를 둔 30대 부부'

- "아이의 웃음소리가 햇살과 함께 거실 가득 퍼지는 집. 단지 앞

OOO초등학교까지 걸어서 5분, 주말에는 광교호수공원에서 자전거를 타며 가족의 소중한 추억을 만드세요. 넉넉한 수납공간과 아이의 눈높이에 맞춘 안전 설계는 엄마의 마음까지 헤아렸습니다."

(2) 타겟: '반려동물과 함께 사는 20대 1인 가구'

- "사랑하는 반려견과 매일 아침 호수공원을 산책하는 로망을 실현하세요. 넉넉한 현관 팬트리는 댕댕이의 유모차와 장난감을 보관하기에 충분하고, 햇살 가득한 거실은 냥이의 완벽한 낮잠 공간이 되어줄 겁니다. 펫 프렌들리 커뮤니티에서 새로운 멍냥 친구들을 만나보세요."

(3) 타겟: '은퇴 후의 여유를 즐기는 60대 부부'

- "복잡한 도심을 벗어나 자연의 고요함 속에서 삶의 두 번째 막을 여세요. 아침에는 새소리를 들으며 일어나고, 저녁에는 호수공원의 노을을 바라보며 산책하는 여유. 병원과 편의시설이 가까워 불편함이 없고, 넉넉한 방은 찾아올 자녀와 손주들을 위한 따뜻한 공간이 됩니다."
- '하우스 포엠' 플랫폼은 이제 사용자의 검색 패턴과 프로필을 분석하여, 가장 적합한 버전의 매물 스토리를 노출한다. 이는 단순한 정보 전달을 넘어, 고객의 라이프스타일을 이해하고 그들이 꿈꾸는 미래를 언어로 그려주는 '공감형 마케팅'으로, 고객의 감성적 연결과 실제 방문율을 극적으로 끌어올리게 된다.

종합하면, 자연어 처리는 AI에게 도시와 사람을 이해하는 '지능'과 소통하는 '감성'을 동시에 부여하는 혁명적 기술이다. 자연어 이해(NLU)가 시장의 소리 없는 아우성을 듣는 귀가 되고, 자연어 생성(NLG)이 고객의 마음에 정확히 꽂히는 메시지를 전하는 입이 될 때, 비로소 도시부동산 마케팅은 차가운 거래의 기술을 넘어 따뜻한 관계의 예술로 승화될 수 있을 것이다.

7

생성형 AI(Generative AI): 마케팅 콘텐츠를 자동으로 창조한다

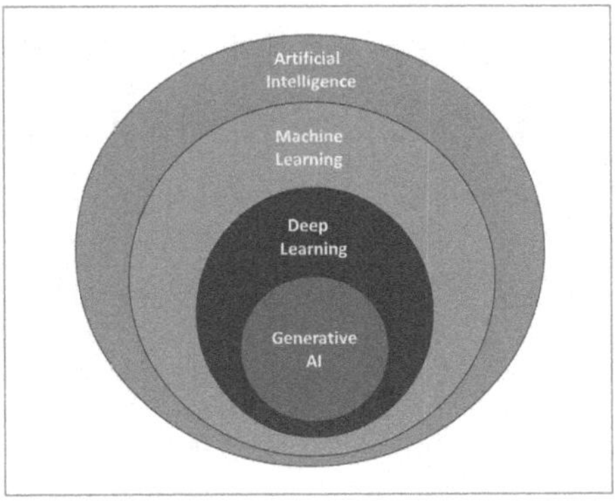

https://medium.com

[생성형 AI의 개요]

생성형 AI는 업무를 자동화하거나 가속화한다. 챗 GPT의 등장 이후 AI서비스는 단순한 도구에서 일상적 파트너로 등장했다. 특히 고객관리, 마케팅, 연구개발 분야에서 생성형AI는 이용자에게 생산성 향상이라는 선물을 제공한다.

1) 생성형 AI란 텍스트, 오디오, 이미지 또는 동영상 형태의 새로운 컨텐츠를 생성하도록 설계된 인공 지능 모델이다

생성형 AI(Generative AI)는 인공 지능(AI)의 일종으로, 기존 데이터를 기반으로 새로운 콘텐츠를 생성할 수 있는 기술이다. 생성형 AI란 텍스트, 오디오, 이미지 또는 동영상 형태의 새로운 컨텐츠를 생성하도록 설계된 인공 지능 모델이다

생성형 AI활용하면 특정 작가의 스타일을 기반으로 단편 소설을 쓰거나, 존재하지 않는 인물의 사실적인 이미지를 생성하거나, 유명 작곡가의 스타일로 교향곡을 작곡하거나, 간단한 텍스트 설명으로 비디오 클립을 만들 수 있다.

생성형 AI는 머신러닝 기술을 활용하여 데이터에서 학습하고 패턴을 모방하여 예측하거나 결정한다. 사용자가 프롬프트를 입력하면, 생성형 AI는 인터넷의 기존 사례에서 학습한 내용을 기반으로 응답을 생성한다.

2) 생성형 AI는 AI개발단계에서 AGI 초기단계에 위치하고 있다고 보아야 할 것이다

생성형 AI는 AI개발단계에서 AGI 초기단계에 위치하고 있다고 보아야 할 것이다.

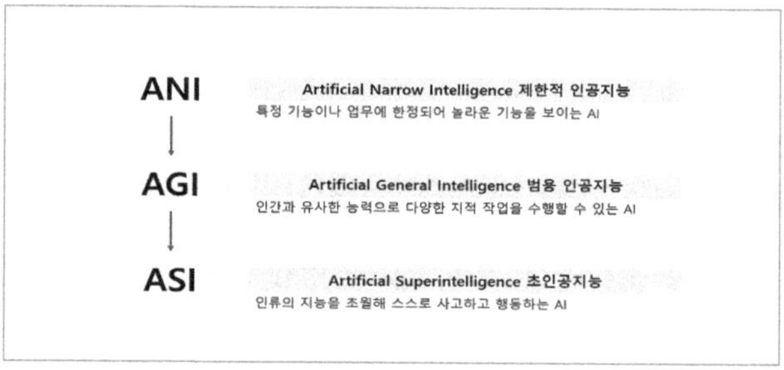

■ **AI 기술 비교: 머신러닝, 딥러닝, 생성형 AI**

구분	머신러닝	딥러닝	생성형 AI
정의	데이터로부터 패턴을 학습하여 예측/분류 수행	다층 신경망을 통해 복잡한 데이터 패턴 및 특징 학습	학습된 데이터를 기반으로 새로운 독창적 콘텐츠 생성
주요 목표	데이터 기반 의사결정 지원, 패턴 인식, 예측 정확도 향상	고차원/비정형 데이터 이해, 특징 자동 추출, 인식/예측 정확도 극대화	창의적 결과물 생성, 복잡한 작업 자동화, 인간과 유사한 상호작용
핵심 기술	지도/비지도/강화 학습 알고리즘(회귀, SVM, 결정 트리, 군집화 등)	CNN, RNN, LSTM, Transformer 등 심층 신경망 아키텍처	GAN, VAE, Transformer(LLM), Diffusion Models 등
부동산 내 역할	초기 AVM, 시장 동향 분석, 리스크 평가, 잠재 고객 분류(리드 스코어링)	이미지/위성사진 분석 기반 가치 평가/도시 변화 탐지, NLP 통한 문서/감성 분석, 정교한 시장 예측	매물 설명/마케팅 콘텐츠 자동 생성, 가상 투어/스테이징, 지능형 챗봇, 설계/계획안 생성 지원, 계약서 초안/요약
장점	데이터 기반 객관적 의사결정, 특정 작업 자동화 및 효율성 증대	높은 예측/인식 정확도, 이미지/텍스트 등 비정형 데이터 처리 능력	창의적 작업 자동화, 고도의 개인화된 경험 제공, 생산성 향상 및 워크플로우 혁신
단점 및 과제	복잡한 비선형 관계/비정형 데이터 처리 한계, 특징 공학(Feature Engineering) 요구	방대한 데이터 및 고성능 컴퓨팅 자원 요구, 모델 해석의 어려움(블랙박스 문제)	생성 결과의 사실성/품질 검증 필요, 데이터 편향성 심화, 저작권 및 오용 위험, 다양한 윤리적 문제
주요 활용 사례	PropTrack AVM(2012), Trulia 리드 생성(2014), 초기 시장 예측 모델	Zillow Neural Zestimate, CityPulse(도시 변화 탐지), 위성 이미지 분석 기반 토지 이용 분류, 문서 감성 분석	ListingAI(설명 생성), Dream Staging AI(가상 스테이징), STAN AI(챗봇), JLL GPT(CRE 특화 LLM), DeepScope(설계 지원)

7.1. 인간의 창의성 영역에 도전하여 세상에 없던 새로운 텍스트, 이미지, 영상, 음악을 '창조'할 수 있다면 어떨까? 이 상상과도 같은 질문에 대한 답이 바로 '생성형 AI'이다.

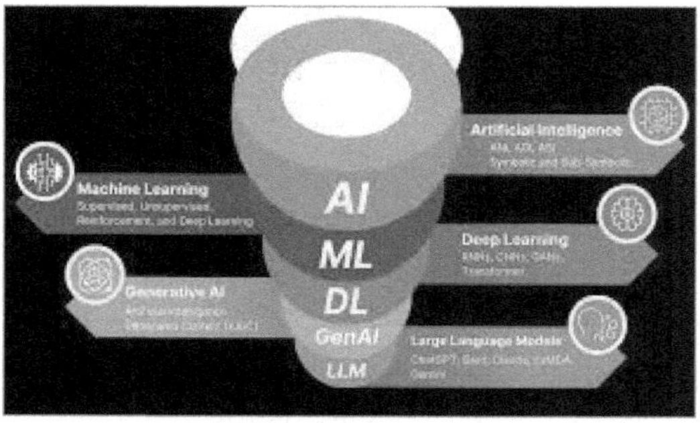

Position of Generative AI, Kevin David Shields

우리는 앞서 기계가 인간의 언어를 이해(NLU)하고, 주어진 데이터에 기반하여 구조화된 언어를 생성(NLG)하는 경이로운 세계를 목격했다. 그러나 만약 AI가 단순히 주어진 정보를 재구성하는 것을 넘어, 인간의 창의성 영역에 도전하여 세상에 없던 새로운 텍스트, 이미지, 영상, 음악을 '창조'할 수 있다면 어떨까? 이 상상과도 같은 질문에 대한 답이 바로 '생성형 AI(Generative AI)'이다.

(1) 생성형 AI는 수만 점의 명화를 학습한 화가가 자신만의 화풍으로 새로운 그림을 그리고, 수천 곡의 클래식을 익힌 작곡가가 독창적인 교향곡을 써내는 과정과 유사하다. AI가 분석가와 조수를 넘어, 이제 창의적인 '작가', '디자이너', '감독'의 역할을 수행하기 시작한 것이다.

생성형 AI는 방대한 데이터를 학습하여 그 안에 내재된 패턴과 스타일을 익힌 뒤, 이를 바탕으로 완전히 새롭고 독창적인 결과물을 만들어내는 인공지능의 최전선이다. 이는 마치 수만 점의 명화를 학습한 화가가 자신만의 화풍으로 새로운 그림을 그리고, 수천 곡의 클래식을 익힌 작곡가가 독창적인 교향곡을 써내는 과정과 유사하다. AI가 분석가와 조수를 넘어, 이제 창의적인 '작가', '디자이너', '감독'의 역할을 수행하기 시작한 것이다.

7.2. 생성형 AI의 GAN, VAE, Transformer, 확산모델 별 비교 및 도시부동산 마케팅 활용 전략

구분	생성적 적대 신경망(GAN)	변이형 오토인코더(VAE)	트랜스포머 (Transformer)	확산 모델 (Diffusion Model)
목표	실제와 구별이 불가능할 정도의 매우 사실적인 가짜 데이터를 생성하는 것을 목표로 한다. '창조'에 가까운 결과물 생성이 핵심이다.	원본 데이터의 핵심 특징을 압축된 잠재 공간(Latent Space)에서 학습하여, 이를 바탕으로 새롭지만 유사한 데이터 변형을 생성하는 것을 목표로 한다.	순차 데이터 내의 장기적인 문맥과 관계를 '어텐션(Attention)' 메커니즘으로 학습하여, 논리적으로 일관되고 의미론적으로 풍부한 시퀀스(주로 텍스트)를 이해하고 생성하는 것을 목표로 한다.	원본 데이터에 노이즈를 추가했다가 다시 제거하는 과정을 학습하여, 완전한 노이즈로부터 매우 정교하고 품질 높은 데이터를 생성해내는 것을 목표로 한다.
작동원리 및 기술	생성자(Generator)와 판별자(Discriminator)라는 두 신경망이 서로 경쟁하며 학습한다. 생성자는 가짜 이미지를 만들고 판별자는 이를 감별하며, 이 과정에서 생성자의 이미지 생성 능력이 고도화된다.	인코더가 입력 데이터를 저차원 잠재 벡터로 압축하고, 디코더가 이 벡터를 다시 원본과 유사한 데이터로 복원하는 과정을 학습한다. 잠재 공간 내 벡터를 조작하여 다양한 결과물을 생성한다.	문장 내 모든 단어 간의 관계 가중치를 계산하는 셀프 어텐션(Self-Attention)을 통해 핵심적인 문맥을 파악한다. 이를 기반으로 다음에 올 단어나 문장을 예측하고 생성한다.	이미지에 점진적으로 노이즈를 추가하는 '확산 과정'과, 노이즈 상태에서 원본 이미지를 복원하는 '역확산 과정'을 학습한다. 생성 시에는 노이즈에서 시작하여 이미지를 완성한다.

역할	세상에 존재하지 않는 건축 디자인, 인테리어 시안, 가상 모델 등 고품질의 시각적 콘텐츠를 생성하여 마케팅의 시각적 매력을 극대화하는 역할을 수행한다.	고객의 요구에 따라 실시간으로 디자인 옵션을 변형하고 제시하는 등, 상호작용 가능한 맞춤형 시각 콘텐츠를 제공하는 역할을 한다.	고객과의 지능적인 대화, 맞춤형 부동산 정보 분석 및 리포트 생성 등 텍스트 기반의 정교한 상호작용과 정보 제공 역할을 담당한다.	텍스트 설명만으로도 극사실적인 건축 투시도나 광고 이미지를 생성하는 등, 인간의 상상력을 시각적 현실로 구현하는 역할을 수행한다.
장단점	장점: 생성되는 이미지의 품질과 사실성이 매우 높다. 단점: 학습 과정이 불안정하여 제어가 어렵고, 원하는 결과물을 얻기까지 많은 시도가 필요하다.	장점: 학습이 안정적이고 생성 결과물의 다양성 제어가 용이하다. 단점: GAN에 비해 생성된 이미지가 다소 흐릿(Blurry)할 수 있다.	장점: 문맥 이해 능력이 뛰어나 논리적이고 일관된 장문 생성에 강하다. 단점: 방대한 데이터와 높은 컴퓨팅 자원을 요구한다.	장점: 현존 모델 중 가장 품질이 뛰어난 고해상도 이미지를 생성한다. 단점: 생성 속도가 상대적으로 느리고 많은 연산량을 필요로 한다.
도시부동산 마케팅 활용 예시	(가상 인테리어/익스테리어 생성) 아직 건설되지 않은 아파트의 내부를 '북유럽 스타일', '미드센추리 모던 스타일' 등 다양한 컨셉으로 즉시 렌더링하여 보여주거나, 건물의 외관을 계절과 시간에 따라 변화하는 모습으로 시뮬레이션하여 제공한다.	(사용자 맞춤형 공간 설계) 고객이 웹사이트에서 '더 큰 창문', '밝은 색 벽지' 등 원하는 조건을 선택하면, VAE가 실시간으로 해당 조건이 반영된 3D 공간 이미지를 변형하여 시각적으로 제시한다.	(AI 부동산 컨설턴트 챗봇) "강남역 근처 신혼부부를 위한 방 2개짜리 전세 매물 중, 초등학교가 가깝고 남향인 곳을 알려주고, 최근 1년간의 시세 변동을 분석해줘"와 같은 복잡한 질문을 이해하고 맞춤형 리포트를 생성하여 답변한다.	(컨셉 기반 광고 이미지 자동 생성) 마케터가 '서울숲이 보이는 통유리창이 있는 미니멀리즘 거실, 해질녘 노을'이라고 텍스트로 입력하면, 이 설명에 부합하는 환상적이고 감성적인 하이퍼리얼리즘 광고 이미지를 즉시 생성하여 마케팅에 활용한다.

7.3. 생성형 AI가상사례

생성형 AI(멀티모달 AI 콘텐츠 생성 시스템) 가상 사례

주거용 부동산 - 초 개인화된 럭셔리 빌라 'AI 콘텐츠 아틀리에'

제주도 노형동, 풀빌라 타운하우스, JS(제이에스)프라이빗타운

1) **상황:** 하이엔드 주거 브랜드 '아르카디아(Arcadia)'는 제주도에 프라이빗 풀빌라 단지 분양을 앞두고 있다. 타겟 고객은 극소수의 영앤리치(Young & Rich)로, 이들은 획일적인 광고에 전혀 반응하지 않으며, 자신의 취향과 가치관을 정확히 반영한 콘텐츠에만 마음을 연다. 문제는 이들 개개인의 취향에 맞춰 마케팅 콘텐츠(블로그 글, 영상, 이미지)를 모두 다르게 제작하는 것은 천문학적인 비용과 시간이 소요된다는 점이다.

2) 생성형 AI 모델의 **적용**(멀티모달 AI 콘텐츠 생성 시스템):

(1) **목표:** 잠재 고객 페르소나별로 최적화된 텍스트, 이미지, 영상, 음성 콘텐츠 풀 패키지를 실시간으로 자동 생성한다.

3) AI의 창조 과정:

(1) **페르소나 분석:** AI가 잠재 고객 '박서준'(가명, 30대 후반, 성공한 IT 스타트업 창업가, 미니멀리즘과 현대 미술 애호가)의 소셜 미디어와 온라인 활동을 분석하여 그의 라이프스타일 페르소나를 정의한다.

(2) **텍스트 생성**(Generative Text): AI는 박서준 씨를 위한 맞춤형 블로그 포스팅을 생성한다.

- (생성된 텍스트 예시): "성공의 정점에서 당신이 찾는 것은 화려함이 아닌, 본질에 집중하는 시간이 아닐까요? 아르카디아의 미니멀한 공간은 당신의 치열했던 시간을 위로하고, 제주의 자연과 김환기 화백의 작품에서 영감을 받은 건축은 새로운 아이디어를 위한 완벽한 캔버스가 되어줄 것입니다."

(3) **이미지 생성**(Generative Image): AI는 빌라의 기본 3D 도면 위에, 박서준 씨의 취향을 반영한 가상 인테리어 이미지를 수십 장 생성한다. 거실 벽에는 그가 '좋아요'를 눌렀던 이우환 작가의 작품이 걸려 있고, 서재에는 그가 사용하는 것과 동일한 브랜드의 의자가 놓여 있다. 심지어 창밖으로는 그가 선호하는 시간대인 '해질녘 노을'이 비치는 풍경까지 완벽하게 구현한다.

(4) **영상 및 음성 생성**(Generative Video & Audio): AI는 생성된 이미지들을 바탕으로 30초 분량의 짧은 홍보 영상을 만든다. 영상의 나레이션은 신뢰감을 주는 차분한 톤의 AI 성우 목소리로 생성되며, 배경음악 역시 '미니멀하고 명상적인' 분위기의 피아노 연주곡을 AI가 직접 작곡하여 삽입한다.

4) **전략적 활용**: '아르카디아'는 이렇게 생성된 '박서준 커스텀 에디션' 콘텐츠 패키지를 그에게만 전달되는 프라이빗 이메일과 타겟 광고를 통해 노출한다. 박서준 씨는 마치 자신의 취향을 완벽하게 읽어낸 듯한 콘텐츠에 깊은 인상을 받고, 이는 즉각적인 VIP 투어 예약으로 이어진다. 생성형 AI는 마케팅을 불특정 다수를 향한 외침에서, 단 한 사람을 위한 지적인 속삭임으로 바꾸어 놓은 것이다.

생성형 AI ('가상 공간 기획 및 제안서' 자동 생성 시스템) 가상 사례

상업용 부동산 – 잠재 임차인을 위한 'AI 비전 프로포절' 시스템 (Vision Proposal System)

판교 오피스빌딩 투자 전망은? … 유망 업종 '000' - 머니S

1) **상황:** 자산운용사 '스페이스 솔루션즈'는 판교 테크노밸리에 위치한 대형 오피스 빌딩의 공실을 채워야 하는 과제를 안고 있다. 수많은 IT 기업들이 잠재 임차인이지만, 텅 빈 사무 공간의 사진만으로는 이 공간이 자신들의 기업 문화와 어떻게 어우러질지 상상하기 어렵다. 임차 의향을 보인 기업마다 매번 다른 3D 시안과 제안서를 만드는 것은 비효율적이다.

2) 생성형 AI 모델의 적용('가상 공간 기획 및 제안서' 자동 생성 시스템):

(1) **목표:** 잠재 임차 기업의 정체성과 요구사항을 입력받아, 맞춤형 공간 디자인 시안과 비전 제안서를 몇 분 안에 자동으로 생성한다.

(2) AI의 창조 과정:

- 요구사항 입력: 임차를 고려 중인 게임 개발사 '원더랜드 게임즈'의 담당자가 웹사이트에 접속하여 자사의 핵심 가치를 키워드로 입력한다. (예: '창의성', '자유로운 소통', '즐거움', '휴식')

- 가상 공간 디자인 생성: 생성형 AI는 텅 빈 사무실의 도면 데이터를 기반으로, 입력된 키워드에 맞춰 여러 버전의 3D 인테리어 디자인 시안과 가상 투어 영상을 즉시 생성한다.
  - A안(창의성 강조): 곳곳에 아이디어를 적을 수 있는 화이트보드 벽, 자유롭게 변형 가능한 모듈형 가구, 게임 캐릭터 피규어로 장식된 공간.
  - B안(휴식 강조): 사무실 중앙에 조성된 실내 정원과 해먹, 수면 캡슐, 다양한 간식이 구비된 카페테리아 스타일의 라운지.

(3) **비전 제안서 생성:** AI는 각 디자인 시안에 맞춰, 설득력 있는 텍스트로 구성된 제안서를 자동으로 작성한다.

- (생성된 제안서 텍스트 예시): "원더랜드 게임즈의 '창의성'이라는 핵심 가치를 실현하기 위해, 저희는 'A안'을 제안합니다. 연구에 따르면, 자유로운 아이디어 교류가 가능한 개방형 공간은 개발자들의 생산성을 15% 향상시킬 수 있습니다. 특히 모듈형 가구 배치는 프로젝트 단위의 빠른 팀 구성과 해체를 지원하여, 귀사의 애자일(Agile) 업무 프로세스를 가속화할 것입니다."

3) **전략적 활용:** '스페이스 솔루션즈'의 영업 담당자는 이제 첫 미팅 자리에서 '원더랜드 게임즈'의 요구사항을 듣고, 노트북으로 즉석에서 여러 개의 맞춤형 비전 프로포절을 생성하여 보여준다. 임차 담당자는 자신들의 미래 사무실을 눈으로 직접 확인하며 구체적인 논의를 시작할 수 있다. 이는 공실을 보여주는 수동적인 임대 활동을 넘어, 고객의 미래 비전을 함께 설계하고 제안하는 능동적인 가치 창출 활동으로 전환되며, 계약 결정 시간을 획기적으로 단축시킨다.

종합하면 생성형 AI는 도시부동산 마케팅의 '규모의 경제'와 '범위의 경제'를 동시에 달성하는 혁명적인 엔진이다. 과거에는 상상할 수 없었던 수준의 초개인화된 콘텐츠를, 거의 제로에 가까운 한계비용으로 무한히 생산해낸다. AI가 창조의 영역에 발을 들인 지금, 미래의 부동산 마케터는 콘텐츠 제작자가 아닌, AI라는 창의적인 파트너에게 어떤 영감을 불어넣고, 그 결과물을 어떻게 전략적으로 활용할지를 결정하는 '컨셉터(Conceptor)'이자 '큐레이터(Curator)'로 진화하게 될 것이다.

주제 4

AI 마케팅의 연료, 부동산 빅데이터

1

빅데이터의 정의, 특징(3V, 4V, 5V)과 데이터의 종류(정형, 반정형, 비정형)를 알아보자

1) AI에게 원재료이자, 세상을 이해하는 창이며, 미래를 예측하는 근원이 되는 것, 그것이 바로 '빅데이터(Big Data)'이다.

우리가 지금까지 탐험한 인공지능의 경이로운 알고리즘들은 과연 무엇을 먹고 성장하는가? 아무리 뛰어난 지능이라도 원재료 없이는 아무것도 만들어낼 수 없다. AI에게 원재료이자, 세상을 이해하는 창이며, 미래를 예측하는 근원이 되는 것, 그것이 바로 '빅데이터(Big Data)'이다. 빅데이터는 단순히 '많은 양의 데이터'를 의미하는 것을 넘어, 현대 도시의 모든 활동과 욕망이 실시간으로 기록되는 거대한 디지털 신경계와 같다.

과거의 데이터가 잘 정돈된 도서관의 장서 목록과 같았다면, 빅데이터는 도시 전체의 모든 소음과 속삭임, 빛과 그림자, 발걸음과 심장박동을 한순간도 놓치지 않고 수집하는 거대한 감각 기관에 비유할 수 있다. 이

감각 기관이 수집한 방대한 정보가 있기에, 비로소 AI는 도시의 숨겨진 패턴을 읽고, 사람들의 미래 행동을 예측하며, 우리가 앞서 살펴본 환상적인 전략들을 구현할 수 있게 된다.

1.1. 빅데이터(Big Data)의 정의와 특징

빅데이터란 기존의 데이터 처리 방식으로는 수집, 저장, 관리, 분석하기 어려울 정도로 방대한 양의 데이터를 의미한다. 단순히 데이터의 크기가 큰 것뿐만 아니라, 복잡성과 생성 속도 등 다양한 측면을 포괄하는 개념이다. 빅데이터의 특징은 전통적으로 3V로 설명되었으나, 점차 그 중요성이 확장되어 4V, 5V로 발전하였다.

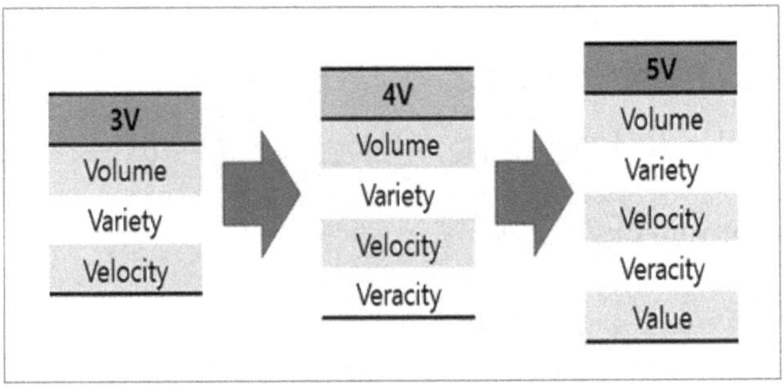

1) 3V (전통적 특징)

(1) 크기(Volume): 데이터의 물리적인 양을 의미한다. 과거 기가바이트(GB) 단위를 넘어 테라바이트(TB), 페타바이트(PB) 수준의 방대한 데이터 규모를 가진다.

(2) 속도(Velocity): 데이터가 생성되고 처리되는 속도를 의미한다. 사물인터넷(IoT) 센서, 소셜 미디어 등에서 실시간으로 데이터가 끊임없이 생성되는 특징을 포함한다.

(3) 다양성(Variety): 데이터의 형태와 종류가 다양함을 의미한다. 정형, 반정형, 비정형 데이터를 모두 포함하며, 텍스트, 이미지, 영상, 로그 파일 등 다양한 형식을 가진다.

2) 4V (확장된 특징)

- 정확성 (Veracity): 데이터의 신뢰성과 정확성을 의미한다. 데이터에 포함될 수 있는 노이즈, 편향, 불일치성을 제거하고 분석에 활용할 수 있는 깨끗한 데이터를 확보하는 것이 중요해지면서 추가된 개념이다.

3) 5V (궁극적 목표)

- 가치 (Value): 빅데이터 분석의 궁극적인 목표로, 데이터로부터 의미 있는 통찰과 가치를 창출하는 것을 의미한다. 방대한 데이터를 분석하여 비즈니스 의사결정, 사회 문제 해결 등에 기여할 수 있는 유의미한 결과를 도출하는 것이 핵심이다.

■ **빅데이터의 3V의 내용과 사례**

빅데이터의 3V	내용	사례
규모 (Volume)	페타바이트(PB) 혹은 제타바이트(ZB)에 달하는 엄청난 양의 데이터	소셜 미디어 데이터, 금융 거래 데이터
속도 (Velocity)	실시간으로 빠르게 생성되고 처리되는 데이터의 속도	스트리밍 데이터, 센서 데이터
다양성 (Variety)	정형 데이터(숫자, 문자)뿐만 아니라 비정형 데이터(이미지, 영상, 소셜 미디어 게시글 등)까지 다양한 형태의 데이터	텍스트, 이미지, 영상, 음성 데이터

1.2. 데이터의 종류

데이터는 구조화 수준에 따라 크게 정형, 반정형, 비정형 데이터로 분류된다.

(1) **정형 데이터(Structured Data)**: 고정된 필드에 저장된 데이터로, 행과 열로 구성된 명확한 스키마(Schema)를 가진다. 관계형 데이터베이스(RDBMS)의 테이블이나 스프레드시트가 대표적인 예이다. 데이터 처리가 용이하고 분석이 명확하지만, 사전에 정의된 형식에만 국한되는 한계가 있다.

- 예시: 부동산 매매 거래 기록, 고객 인적사항 데이터베이스, 아파트 단지별 세대수 통계 등

(2) **반정형 데이터(Semi-structured Data)**: 정형 데이터처럼 명확한 스키마를 가지고 있지는 않지만, 데이터 내에 XML 태그나 JSON의 키(Key)와 값(Value)처럼 데이터의 구조를 파악할 수 있는 메타데이터를 포함하고 있다. 정형 데이터보다는 유연하고, 비정형 데이터보다는 분석이 용이하다.

- 예시: XML 문서, JSON 파일, 웹 로그 데이터 등

(3) **비정형 데이터(Unstructured Data)**: 정해진 구조나 형태가 없는 데이터로, 전체 데이터의 약 80% 이상을 차지한다. 텍스트 문서, 이미지, 동영상, 음성 파일, 소셜 미디어 게시글 등이 이에 해당한다. 데이터 자체만으로는 분석이 어렵지만, 자연어 처리(NLP)나 이미지 인식 같은 AI 기술을 통해 가치 있는 정보를 추출할 수 있다.

- 예시: 부동산 관련 뉴스 기사, 온라인 커뮤니티의 지역 평가 글, 아파트 조망을 촬영한 사진, 모델하우스 홍보 영상 등

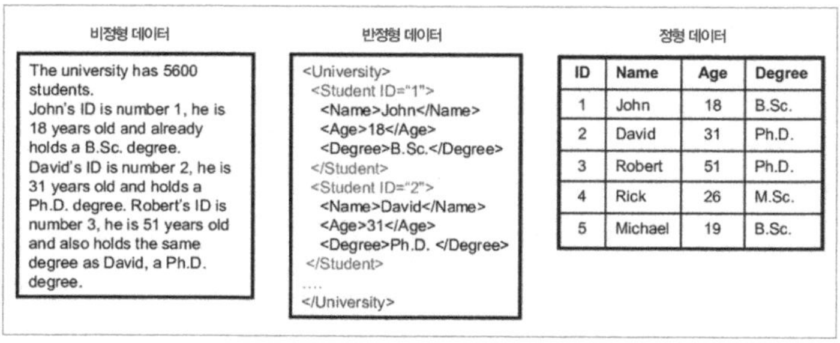

Semantic web technologies and ebusiness, Idea Group

1.3. 빅데이터의 종류인 정형, 반정형, 비정형 별 개념, 목표, 작동원리와 기술, 역할, 장단점, 도시부동산분야 활용 예시

구분	정형 데이터 (Structured Data)	반정형 데이터 (Semi-structured Data)	비정형 데이터 (Unstructured Data)
개념	행과 열로 구성된 명확한 스키마(Schema)에 따라 고정된 필드에 저장되는 데이터이다.	고정된 스키마는 없지만, 데이터 내에 태그(Tag)나 키-값(Key-Value) 쌍과 같이 데이터의 구조를 파악할 수 있는 메타데이터를 포함하는 데이터이다.	정해진 구조나 형태가 없이 텍스트, 이미지, 영상, 음성 등의 형태로 존재하는 데이터이다. 전체 빅데이터의 대부분을 차지한다.
목표	데이터의 일관성을 유지하며, 빠르고 정확한 통계 분석 및 정량적 예측 모델링을 수행하는 것을 목표로 한다.	데이터 구조의 유연성을 확보하면서, 내용 기반의 검색과 데이터 간의 계층적 관계를 분석하는 것을 목표로 한다.	데이터에 내재된 비정형적 패턴, 의미, 감성 등을 발견하여 정성적 분석과 심층적 통찰(Insight)을 도출하는 것을 목표로 한다.
작동원리 및 기술	관계형 데이터베이스 관리 시스템(RDBMS)에 저장되며, SQL(Structured Query Language)을 사용하여 데이터를 조회, 추가, 수정, 삭제하는 방식으로 처리된다.	XML 파서(Parser)나 JSON 라이브러리를 사용하여 데이터를 읽고, NoSQL 데이터베이스(예: MongoDB, Cassandra) 등을 통해 유연하게 관리된다.	자연어 처리(NLP), 텍스트 마이닝, 컴퓨터 비전(Computer Vision) 등의 인공지능 기술을 적용하여 텍스트의 의미나 이미지 속 객체를 인식하고 분석한다.

역할	시스템의 핵심적인 거래 기록, 고객 정보 등을 관리하며 모든 분석의 기초가 되는 기준 데이터(Ground Truth) 역할을 수행한다.	시스템 간 데이터 교환의 표준 형식으로 사용되거나, 웹 로그 분석, 센서 데이터 수집 등에서 중간 데이터 처리 및 저장 역할을 한다.	시장의 트렌드, 고객의 숨겨진 니즈, 브랜드 평판 등 정량화 하기 어려운 질적 정보를 파악하는 핵심 원천 데이터 역할을 수행한다.
장단점	장점: 데이터의 의미가 명확하고, 처리 및 분석이 용이하며 속도가 빠르다. 단점: 사전에 정의된 형식에만 데이터를 저장할 수 있어 유연성이 부족하다.	장점: 데이터 구조의 변경 및 확장이 유연하여 다양한 형태의 데이터를 포용할 수 있다. 단점: 정형 데이터에 비해 분석 및 처리의 복잡도가 높다.	장점: 방대한 양의 정보를 담고 있어 잠재적 가치가 매우 높다. 단점: 분석을 위해 고도의 AI 기술과 많은 컴퓨팅 자원이 필요하며, 처리 비용이 높다.
도시부동산 분야 활용 예시	(DB화된 데이터) 국토교통부 실거래가 공개 시스템의 거래 기록, 건축물대장 정보, 인구주택총조사 통계, 토지이용계획 정보 등.	(API 및 웹 데이터) 부동산 포털 사이트의 매물 정보(JSON), 공공데이터포털에서 API 형태로 제공하는 주택 통계(XML), 웹사이트의 로그 데이터 등.	(멀티미디어 및 텍스트) 부동산 관련 뉴스 기사, 온라인 커뮤니티의 지역 거주 후기, 유튜브 임장(현장답사) 영상, 위성사진, 드론 촬영 이미지, 건축 도면(CAD) 파일 등.

1.4. "빅데이터의 정의, 특징(3V, 4V, 5V), 데이터의 종류(정형, 반정형, 비정형)"의 가상사례

빅데이터의 활용(Volume, Velocity, Variety)가상 사례

주거용 부동산 – 빅데이터 기반 '도시 생활환경 지수' 개발

1) **상황:** 프롭테크 기업 '라이프맵(LifeMap)'은 기존의 부동산 가격 정보만으로는 실제 '삶의 질'을 보여줄 수 없다고 판단했다. 이들은 교통, 교육, 안전, 여가 등 도시 생활의 모든 측면을 아우르는 종합적인 '생활환경 지수'를 개발하여, 고객들에게 새로운 주거 선택 기준을 제시하고자 한다.

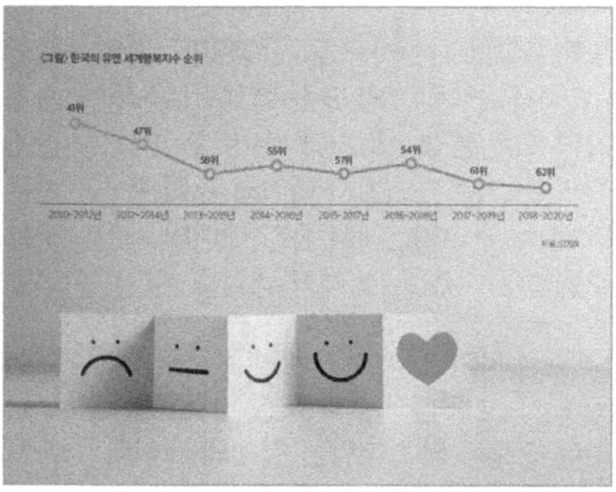

경제·사회 간 균형이 공동체의 행복 높이는 길 | 나라경제 | KDI

2) 빅데이터의 활용(Volume, Velocity, Variety):

(1) 정형 데이터: 국토교통부의 아파트 실거래가, 각 지역별 인구통계(연령, 소득), 학교 및 병원 현황, 범죄율 통계 등을 수집한다.

(2) 반정형 데이터: 자사의 부동산 앱 사용자들이 특정 지역을 검색하거나 특정 필터(예: '공세권', '초품아')를 사용하는 로그 데이터를 실시간(Velocity)으로 수집하여, 잠재 수요의 변화를 추적한다.

(3) 비정형 데이터:

- 텍스트: 지역 커뮤니티와 SNS에서 '소음', '주차', '학원', '맛집' 등 키워드가 포함된 게시글 수십만 건을 수집하여 긍/부정 감성 분석을 시행한다.
- 이미지/영상: 위성사진과 로드뷰 이미지를 분석하여 녹지 비율, 도로 혼잡도, 건물의 노후도를 측정한다.

3) 가치 창출: '라이프맵'은 이 모든 종류(Variety)의 방대한(Volume) 데이터를 종합하여, 서울시 모든 행정동 단위의 '생활환경 지수'를 개발한다. 고객은 이제 "강남구에서 교육 점수가 가장 높으면서, 20대의 여가 점수도 높은 동네는 어디인가요?"와 같은 다차원적인 질문에 대한 답을

지수와 지도를 통해 직관적으로 얻을 수 있다. 이는 빅데이터를 통해 도시의 복잡한 특성을 객관적인 가치로 전환시킨 혁신적인 사례가 된다.

빅데이터의 활용(Veracity, Value) 가상 사례

상업용 부동산 – 'Z세대 타겟' 신규 F&B 브랜드 입점 전략

1) **상황**: 리테일 컨설팅사 '트렌드 로케이터(Trend Locator)'는 해외에서 이제 막 인기를 얻기 시작한 신규 F&B 브랜드의 국내 1호점 입지 선정을 의뢰 받았다. 주 타겟은 Z세대이며, 이들의 변덕스러운 취향을 정확히 예측하는 것이 성공의 관건이다.

2) 빅데이터의 **활용**(Veracity, Value):

(1) **데이터 수집**: Z세대의 라이프스타일을 파악하기 위해 인스타그램, 틱톡, 유튜브의 해시태그와 체크인 데이터, 패션/음식 관련 앱의 리뷰 데이터, 통신사의 유동인구 데이터 등을 수집한다.

(2) **정확성**(Veracity) **확보**: 이 데이터에는 허위 계정의 어뷰징, 마케팅 목적의 과장된 리뷰 등 '오염된' 정보가 많다. AI 알고리즘을 이용해 비정상적인 패턴을 보이는 데이터를 걸러내고, 신뢰도 높은 인플루언서나 실제 소비자의 리뷰에 가중치를 부여하여 데이터의 정확성을 확보하는 정제 과정을 거친다.

(3) **가치**(Value) **창출**: 정제된 데이터를 분석한 결과, Z세대는 단순히 유동인구가 많은 강남역이나 홍대입구보다, '성수동의 특정 골목'이나 '연남동의 편집샵 근처'와 같이 자신들의 취향과 맞는 다른 브랜드와의 '맥락적 연결'을 더 중시한다는 사실을 발견한다. 또한, 이들은 '사진이 잘 나오는' 인테리어와 '친환경' 가치를 중시한다는 인사이트를 얻는다.

3) 전략적 의사결정: '트렌드 로케이터'는 이 분석 결과를 바탕으로, 높은 임대료의 A급 상권 대신, Z세대의 실제 문화적 동선에 위치한 성수동의 한 골목을 1호점 입지로 최종 추천한다. 또한, 인테리어 컨셉과 마케팅 메시지 역시 데이터에서 발견된 Z세대의 가치관에 맞춰 제안한다. 이는 빅데이터의 정확성을 확보하고 숨겨진 가치를 발견함으로써, 막연한 추측이 아닌 데이터 기반의 성공적인 상업 공간 전략을 수립한 사례가 된다.

2

도시부동산 분야의 정형 데이터와 비정형 데이터에는 어떤 것들이 있는가?(실거래가, 건축물대장, 소셜미디어, 리뷰 등)

21세기의 도시부동산 분석 및 마케팅 전략은 단순히 수치화된 정보를 넘어, 시장의 생생한 목소리와 잠재적 가치까지 포착할 수 있는 다양한 형태의 데이터를 활용하는 데서 출발한다. 이러한 데이터는 그 구조적 특징에 따라 정형, 반정형, 비정형 데이터로 구분되며, 각각의 데이터는 고유한 역할과 가치를 지닌다.

2.1. 도시부동산 분야의 데이터 유형 별 특징

2.1.1. 도시부동산 분야의 정형 데이터(Structured Data): 분석의 뼈대

정형 데이터는 사전에 정의된 명확한 구조에 따라 행과 열로 구성된 테이블 형태로 저장되는 데이터를 의미한다. 도시부동산 분석에 있어 가장 기초적이고 핵심적인 역할을 수행하며, 객관적인 사실에 기반한 정량

분석의 근간이 된다.

(1) **국토교통부 실거래가 데이터**: 특정 부동산이 언제, 어디서, 얼마에, 어떤 면적으로 거래되었는지를 기록한 가장 대표적인 정형 데이터이다. 시장 가격의 기준점을 제시하고 시계열 분석을 통한 가격 추세 예측의 핵심 기반이 된다.

(2) **건축물대장**: 건물의 주소, 지번, 용도, 구조, 면적, 층수, 소유자 현황 등 물리적·법적 상태를 명확하게 기록한 데이터이다. 부동산의 기본적인 특성을 정의하는 데 사용된다.

(3) **인구주택총조사 데이터**: 특정 지역의 인구 구성, 가구 형태, 주택 소유 현황 등을 담고 있어 배후 수요를 분석하고 미래 수요를 예측하는 데 필수적이다.

(4) **토지이용계획 및 지적도 데이터**: 특정 필지의 용도지역, 지구 등 법적 규제사항과 지리적 형태를 정의하며, 개발 잠재력을 평가하는 기준이 된다.

2.1.2. 반정형 데이터(Semi-structured Data): 유연한 연결고리

반정형 데이터는 정형 데이터처럼 고정된 스키마는 없지만, 데이터 내에 JSON의 키-값(Key-Value) 쌍이나 XML 태그와 같이 데이터의 구조를 파악할 수 있는 메타데이터를 포함하는 데이터이다. 주로 시스템 간의 데이터 교환이나 실시간 정보 수집에 활용된다.

(1) **부동산 포털 매물 정보(API)**: 네이버 부동산, 직방 등에서 제공하는 매물 정보는 API를 통해 JSON이나 XML 형태로 제공되는 경우가 많다. 각 매물의 가격, 위치, 특징, 중개사 정보 등이 태그로 구분되어 있어 실시간 시장 동향을 파악하는 데 유용하다.

(2) **웹사이트 로그 데이터**: 사용자가 부동산 웹사이트나 앱에서 어떤 매물을 검색하고, 얼마나 머물렀는지 등의 행동 패턴을 기록한 데이터로, 고객의 관심사를 파악하는 데 활용된다.

2.1.3. 비정형 데이터(Unstructured Data): 숨겨진 가치의 보고

비정형 데이터는 정해진 구조가 없는 데이터로, 텍스트, 이미지, 영상, 음성 등의 형태로 존재한다. 데이터의 양이 가장 방대하며, 정량화하기 어려운 시장의 분위기, 고객의 감성, 미래 트렌드 등 심층적인 통찰을 발견할 수 있는 가치의 보고이다.

(1) **소셜 미디어 데이터 및 온라인 리뷰**: 특정 지역이나 아파트 단지에 대한 블로그 포스팅, 인스타그램 게시물, 온라인 커뮤니티의 거주 후기 등은 교통, 학군, 편의시설, 소음, 이웃 관계 등 숫자로 표현되지 않는 생생한 정보를 담고 있다. 감성 분석을 통해 지역 평판을 정량화할 수 있다.

(2) **부동산 뉴스 기사 및 전문가 칼럼**: 정부의 새로운 부동산 정책, 특정 지역의 개발 호재, 시장 전망 등에 대한 텍스트 데이터는 향후 시장 변화를 예측하는 중요한 단서가 된다.

(3) **위성사진 및 드론 촬영 이미지**: 특정 지역의 녹지 비율, 건물 밀도, 개발 진행 상황, 조망권, 일조량 등을 시각적으로 분석할 수 있는 핵심 데이터이다. 컴퓨터 비전 기술을 통해 '숲세권', '공세권'의 가치를 객관적으로 측정할 수 있다.

(4) **유튜브 임장(현장답사) 영상**: 전문가나 인플루언서가 특정 지역을 직접 방문하여 촬영한 영상은 동네의 분위기, 보행 환경, 실제 매물의 상태 등 사진만으로는 알기 어려운 현장감 있는 정보를 제공한다.

종합하면, 성공적인 AI 기반 도시부동산 마케팅은 신뢰도 높은 정형 데이터로 분석의 기틀을 잡고, 유연한 반정형 데이터로 실시간 정보를 연계하며, 잠재가치가 풍부한 비정형 데이터에서 시장의 숨겨진 맥락과 기회를 발견하는 통합적인 접근을 통해 이루어진다.

3

도시부동산 분야의 데이터 수집의 원천: 공공데이터, 민간데이터, 소셜 데이터

3.1. 도시를 읽는 세 개의 렌즈: 데이터의 원천

1) 공공데이터(Public Data): 도시의 공식적인 청사진 정부 및 공공기관이 법적 절차에 따라 수집하고 대중에게 공개하는 데이터이다. 높은 신뢰도와 포괄적인 범위를 자랑하며, 도시의 물리적, 행정적 골격을 이해하는 데 필수적이다. 국토교통부의 부동산 실거래가, 통계청의 인구주택총조사, 각 지자체의 건축물대장 및 토지이용계획, 대중교통 노선 및 운행 정보 등이 여기에 속한다. 이는 도시 분석의 가장 기본이 되는 '뼈대' 역할을 한다.

2) 민간데이터(Private Data): 도시의 실제 혈류와 신진대사 기업이 자사의 서비스를 통해 수집하고 소유하는 데이터이다. 고객의 구체적인 행동 패턴을 담고 있어 상업적 가치가 매우 높다. 카드사의 결제 데이터, 통신사의 유동인구 데이터, 내비게이션 앱의 이동 경로 데이터, 부동산 플랫폼의 사용자 로그 데이터 등이 대표적이다. 이는 도시 안에서 사람들이

실제로 어디로 이동하고, 무엇을 소비하며, 어떻게 시간을 보내는지를 보여주는 '혈류'와 같다.

3) **소셜 데이터**(Social Data): 도시의 집단적 목소리와 감성 개인들이 소셜 미디어, 블로그, 온라인 커뮤니티 등에 자발적으로 생성하는 데이터이다. 정제되지 않은 날것의 형태이지만, 특정 장소나 사건에 대한 사람들의 생생한 감정과 의견, 최신 트렌드를 가장 빠르게 포착할 수 있다. 인스타그램의 위치 태그, 네이버 블로그의 지역 맛집 리뷰, 부동산 커뮤니티의 아파트 거주 후기 등이 여기에 해당한다. 이는 도시의 곳곳에서 터져 나오는 '속삭임과 함성'을 담아내는 역할을 한다.

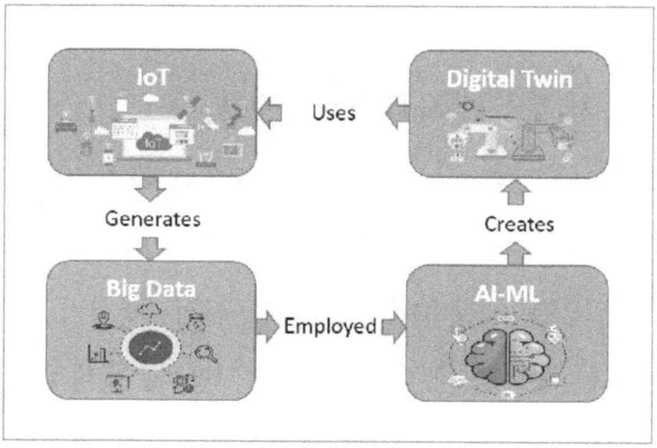

Relationship between IoT, big data, AI-ML, and digital twins, ResearchGate

3.2. 데이터 수집의 원천인 공공데이터, 민간데이터, 소셜 데이터(Social Data) 별 개념, 목표, 작동원리와 기술, 역할, 장단점, 도시부동산분야 활용 예시

구분	공공데이터 (Public Data)	민간데이터 (Private Data)	소셜 데이터 (Social Data)
개념	정부, 지방자치단체, 공공기관이 법률에 따라 생성 또는 관리하며 국민에게 공개하는 데이터이다.	기업이 영업 활동을 통해 수집, 생성, 가공한 데이터로, 해당 기업이 소유권을 가지며 자산으로 관리된다.	블로그, 소셜 미디어(SNS), 온라인 커뮤니티 등 사용자들이 자발적으로 생성하고 공유하는 공개된 데이터이다.
목표	국민의 알 권리를 보장하고, 데이터 기반의 투명한 행정 및 공공의 이익과 신산업 창출을 지원하는 것을 목표로 한다.	경영 효율화, 고객 맞춤형 서비스 제공, 새로운 비즈니스 모델 개발 등 기업의 이윤 추구와 경쟁력 강화를 목표로 한다.	대중의 의견, 감성, 관심사, 문화적 트렌드 등 정성적인 정보를 실시간으로 파악하여 시장의 생생한 목소리를 듣는 것을 목표로 한다.
작동원리 및 기술	공공데이터포털(data.go.kr) 등을 통해 오픈 API, 파일 다운로드(CSV, XML, JSON) 등 표준화된 방식으로 제공된다.	기업 내부 데이터베이스(DB), 고객관계관리(CRM), 전사적자원관리(ERP), 결제 시스템(POS) 등에 저장되며, 데이터 거래소나 제휴를 통해 제한적으로 유통된다.	웹 크롤링(Web Crawling) 및 스크레이핑(Scraping) 기술로 데이터를 수집하고, 자연어 처리(NLP), 텍스트 마이닝, 감성 분석 기술로 의미를 분석한다.
역할	시장 분석의 객관성과 신뢰도를 담보하는 기준점(Benchmark) 역할을 하며, 거시적 시장 분석의 기초 자료로 활용된다.	시장의 실제 소비 패턴과 고객 행동을 가장 정확하게 반영하여, 미시적 시장 분석 및 정밀 타겟 마케팅을 가능하게 하는 역할을 한다.	정량적 데이터로는 알 수 없는 특정 지역이나 부동산에 대한 사람들의 생생한 인식과 평판을 파악하여 마케팅 전략의 방향성을 설정하는 역할을 한다.

장단점	장점: 신뢰도가 높고 무료로 접근 가능하다. 데이터의 일관성과 연속성이 보장된다. 단점: 데이터 갱신 주기가 상대적으로 길며, 민간 데이터에 비해 세분화 수준이나 다양성이 부족할 수 있다.	장점: 데이터의 최신성과 구체성이 매우 높다. 상업적 활용 가치가 크다. 단점: 데이터 접근이 어렵고 비용이 많이 든다. 개인정보보호 등 법적 제약이 따른다.	장점: 데이터의 양이 방대하고 실시간 트렌드 파악에 용이하다. 소비자의 날것 그a대로의 의견을 얻을 수 있다. 단점: 데이터의 신뢰성을 검증하기 어렵고(가짜 뉴스, 편향된 의견), 정제되지 않아 분석이 까다롭다.
도시부동산 분야 활용 예시	국토교통부 실거래가, 건축물대장, 토지이용계획, 인구통계 데이터를 활용하여 특정 지역의 부동산 시장 동향 및 미래 가치를 분석한다.	카드사의 특정 상권 내 업종별 매출 데이터, 통신사의 유동인구 데이터, 부동산 플랫폼의 사용자 검색 로그 데이터를 분석하여 상업용 부동산의 입지를 선정하거나 타겟 광고를 집행한다.	특정 아파트 단지에 대한 온라인 커뮤니티의 거주 후기(층간소음, 커뮤니티 시설 등)를 분석하여 평판을 관리하거나, 인스타그램에서 특정 '핫플레이스' 상권의 성장 과정을 분석하여 신규 출점 전략에 활용한다.

3.3. 데이터 융합 전략 가상사례

데이터 융합 전략 가상 사례 1

주거용 부동산 – 데이터 융합 기반 '아이 키우기 좋은 동네' 지수 개발

1) **상황:** 건설사 '키즈웰(KidsWell)'은 신혼부부와 어린 자녀를 둔 가족을 위한 특화 아파트 단지를 개발하고자 한다. 이들은 단순히 '초등학교가 가깝다'는 1차원적인 접근을 넘어, 실제 부모와 아이들의 생활 패턴과 만족도를 깊이 있게 반영한 입지를 선정하고 단지를 설계하고 싶다.

2) 데이터 융합 전략:

(1) **공공데이터 활용:** 교육부의 학교 알리미 정보(학급당 학생 수, 교사 수), 행정안전부의 어린이 공원 및 도서관 위치 데이터, 경찰청의

요즘 신혼집은 왜 이렇게 아늑해. 18평 소형 아파트 인테리어, https://v.daum.net

아동 대상 범죄율 통계를 수집하여 '교육 및 안전 인프라'의 기본 골격을 구성한다.

(2) **민간데이터 활용:** 특정 카드사의 결제 데이터를 분석하여, '키즈카페', '소아과', '장난감 가게', '가족 단위 외식' 관련 업종에서의 소비가 높은 지역을 파악한다. 또한, 통신사 데이터를 통해 주말에 어린 자녀를 동반한 가족 단위 유동인구가 오래 머무는 지역을 찾아낸다.

(3) **소셜데이터 활용:** 지역 기반 '맘카페'와 인스타그램에서 '#육아일기', '#등하굣길', '#유모차산책' 등의 키워드를 분석한다. 이를 통해 "유모차를 끌고 다니기 보도가 너무 좁아요", "믿고 맡길 만한 시간제 보육 시설이 부족해요"와 같은 실제 부모들의 구체적인 불만과 요구사항(Pain Point)을 추출한다.

3) **가치 창출:** '키즈웰'은 이 세 가지 데이터를 융합하여 독자적인 '아이 키우기 좋은 동네(Family-Friendly Index)' 지수를 개발한다. 이 지수는 공공 인프라의 유무 뿐만 아니라, 실제 가족들의 소비가 활발하고, 온라인

상에서의 만족도가 높은 지역에 높은 점수를 부여한다. 분석 결과, 공식적인 학군 평가는 다소 낮지만 실제로는 부모들의 커뮤니티가 활성화되어 있고 관련 소비가 집중되는 '숨겨진 육아 명당'을 발견하게 된다. '키즈웰'은 이 지역에 아파트 단지를 개발하기로 결정하고, 소셜 데이터에서 발견한 요구사항을 반영하여 단지 내에 시간제 보육 시설과 넓은 보행로를 설계에 최우선으로 반영한다.

데이터 융합 전략 가상 사례 2

상업용 부동산 – 쇠락한 골목상권의 '문화 DNA' 분석을 통한 부활

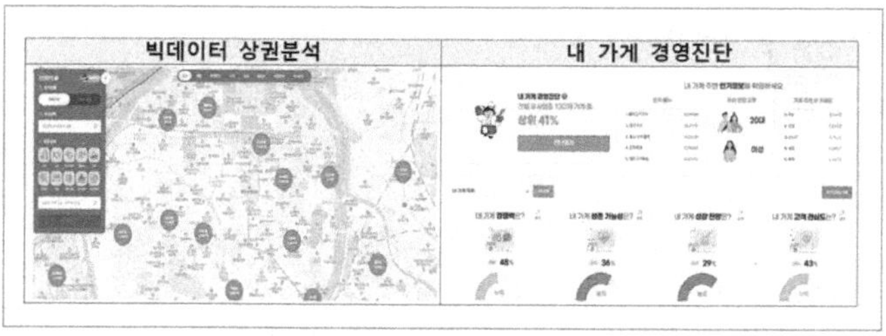

중기부, 데이터 기반 소상공인 경영 지원 플랫폼 중소벤처기업부의 상권정보시스템

1) **상황:** 자산운용사 '리바이탈라이즈 파트너스'는 서울의 한때 힙스터들의 성지였으나 지금은 활력을 잃은 골목상권의 상업 빌딩들을 매입했다. 이들은 이 골목의 정체성을 되찾고 새로운 방문객을 유치할 수 있는 차별화된 리뉴얼 컨셉을 찾고 있다.

2) 데이터 융합 전략:

(1) **공공데이터 활용:** 중소벤처기업부의 상권정보시스템을 통해 해당 지역의 업종별 점포 수 변화, 공실률, 창업 및 폐업률 등 상권의 기본적인 '건강 상태'를 진단한다.

(2) **민간데이터 활용:** 내비게이션 앱의 목적지 데이터를 분석하여, 방문객들이 어떤 경로로 이 골목에 도착하는지, 그리고 어떤 다른 지역과 함께 방문하는지(예: 연남동 방문 후 이 골목으로 이동)를 파악하여 문화적 연결고리를 찾는다.

(3) **소셜데이터 활용:** 인스타그램과 블로그에서 해당 골목의 과거(5년 전)와 현재의 게시물을 비교 분석한다. AI 이미지 분석을 통해 과거 사진에는 '#빈티지', '#수제맥주', '#독립서점'과 같은 키워드와 함께 개성 있는 인테리어의 가게들이 많았으나, 현재는 '#프랜차이즈', '#임대문의'와 같은 키워드만 남았음을 확인한다. 텍스트 감성 분석 결과, 과거의 '설렘', '발견의 기쁨'이라는 감정이 현재는 '아쉬움', '실망'으로 바뀐 것을 정량적으로 파악한다.

3) **가치 창출:** 이 융합 분석을 통해, '리바이탈라이즈 파트너스'는 해당 골목의 핵심 '문화 DNA'가 '대량생산에 반하는 개인의 취향과 장인정신'에 있었음을 정의한다. 이들은 단순히 임대료를 낮추는 대신, 소셜데이터에서 긍정적 반응을 얻고 있는 소규모 독립 브랜드, 수제 공방, 개성 있는 개인 카페 운영자들을 직접 접촉하여 파격적인 조건의 임대를 제안하는 '큐레이팅' 전략을 펼친다.

이는 공공데이터의 객관적 사실, 민간데이터의 행동 패턴, 소셜데이터의 문화적 맥락을 결합하여 쇠락한 상권의 본질적인 매력을 되살리고, 지속 가능한 상업적 가치를 창출한 성공적인 사례가 된다.

정리하면, 도시부동산 분야에서 AI의 진정한 힘은 단일 데이터 소스가 아닌, 서로 다른 관점을 가진 데이터들의 '융합'과 '해석'에서 나온다. 공공데이터가 도시의 뼈대를 보여주고, 민간데이터가 그 안의 혈류를 추적하며, 소셜데이터가 그 영혼의 목소리를 들려줄 때, 비로소 우리는 도시와 그 안의 사람들을 총체적으로 이해하고 미래를 위한 가장 현명한 의사결정을 내릴 수 있게 될 것이다.

4

도시부동산 분야의 데이터: 수집부터 활용까지

1) 다양한 원천에서 수집된 원시 데이터(Raw Data)는 그 자체만으로는 가치를 가지기 어렵다. AI 기반의 성공적인 도시부동산 분석을 위해서는 데이터를 체계적으로 수집, 정제, 분석하여 유의미한 통찰을 도출하는 일련의 과정, 즉 데이터 파이프라인(Data Pipeline)을 구축하는 것이 필수적이다.

인공지능이라는 강력한 엔진을 구동 시키는 연료, 빅데이터는 과연 어디에서 와서 어떻게 전략으로 완성되는가? AI가 도시의 미래를 예측하고 개인의 욕망을 읽어내기 위해서는, 데이터를 단순히 모으는 것을 넘어, 이를 정제하고 분석하여 실행 가능한 통찰력으로 전환시키는 체계적인 과정이 필수적이다. 이는 마치 광산에서 원석을 캐내고(수집), 불순물을 제거하며(처리), 숙련된 장인이 세공하여(분석) 마침내 눈부신 보석(전략)으로 만들어내는 여정과 같다.

다양한 원천에서 수집된 원시 데이터(Raw Data)는 그 자체만으로는 가치를 가지기 어렵다. AI 기반의 성공적인 도시부동산 분석을 위해서는 데이터를 체계적으로 수집, 정제, 분석하여 유의미한 통찰을 도출하는 일련의 과정, 즉 데이터 파이프라인(Data Pipeline)을 구축하는 것이 필수적이다. 이 과정은 일반적으로 5단계로 구성된다.

4.1. 도시부동산 데이터: 수집부터 활용까지 전 과정

1단계: 데이터 수집(Data Collection)

분석에 필요한 데이터를 다양한 원천으로부터 확보하는 첫 단계이다. 도시부동산 분야에서는 공공, 민간, 소셜 데이터를 통합적으로 수집하여 분석의 깊이와 폭을 더하는 것이 중요하다.

(1) **공공데이터**: 오픈 API나 파일 다운로드 방식을 통해 국토교통부 실거래가, 건축물대장, 토지이용계획 등 신뢰도 높은 정형 데이터를 확보한다.

(2) **민간데이터**: 기업 내부 DB에 접근하거나, 데이터 거래소를 통해 카드사 매출 데이터, 통신사 유동인구 데이터 등 상업적 가치가 높은 데이터를 구매 또는 제휴를 통해 수집한다.

(3) **소셜 데이터**: 웹 크롤링(Crawling) 및 스크레이핑(Scraping) 기술을 이용하여 온라인 커뮤니티, 블로그, SNS 등에서 특정 지역이나 부동산에 대한 사용자들의 생생한 비정형 데이터를 수집한다.

2단계: 데이터 저장(Data Storage)

수집한 대용량의 다양한 데이터를 효율적으로 저장하고 관리하는 단계이다. 데이터의 특성에 따라 적합한 저장소를 선택해야 한다.

(1) **데이터 레이크(Data Lake)**: 정형, 반정형, 비정형 등 모든 형태의 원시 데이터를 변환 없이 그대로 저장하는 공간이다. 데이터 손실 없이 모든 정보를 보관할 수 있는 장점이 있다.

(2) **데이터 웨어하우스(Data Warehouse)**: 분석 목적에 맞게 정제되고 구조화된 데이터만을 저장하는 공간이다. 주로 정형 데이터를 저장하며, 빠르고 효율적인 분석 및 리포팅에 최적화되어 있다.

3. 데이터 처리 및 정제(Data Processing & Cleansing)

저장된 원시 데이터를 분석에 적합한 형태로 가공하고 정제하는, 데이터 파이프라인에서 가장 중요하고 많은 시간이 소요되는 단계이다.

(1) **추출 및 파싱(Extraction & Parsing)**: 원시 데이터에서 필요한 정보를 추출하고(예: HTML 문서에서 특정 텍스트 추출), 분석 가능한 형식으로 변환한다.

(2) **정제(Cleansing)**: 결측치(Missing Value)를 채우거나 제거하고, 이상치(Outlier)를 탐지하여 처리하며, 중복된 데이터를 제거하여 데이터의 품질을 높인다.

(3) **변환 및 통합(Transformation & Integration)**: 데이터의 단위를 통일하고(예: 평 → ㎡), 형식을 표준화한다. 주소나 좌표를 기준으로 공공, 민간, 소셜 데이터를 하나의 테이블로 결합하여 통합된 분석 데이터셋을 구축한다.

4단계: 데이터 분석 및 모델링(Data Analysis & Modeling)

정제된 데이터를 바탕으로 통계 분석, 머신러닝, 딥러닝 등의 기법을 적용하여 유의미한 패턴을 발견하고 예측 모델을 구축하는 단계이다.

(1) **탐색적 데이터 분석(EDA)**: 데이터의 분포, 변수 간의 관계 등을 시각화하여 데이터에 대한 기본적인 통찰을 얻는다.

(2) **모델링**: 회귀 분석을 이용한 부동산 가격 예측, 군집 분석을 통한 상권 유형 분류, 자연어 처리를 통한 리뷰 텍스트의 감성 분석 등

분석 목표에 맞는 AI 알고리즘을 적용하여 모델을 개발한다.

5단계: 시각화 및 활용(Visualization & Utilization)

분석 결과를 사용자가 쉽게 이해하고 의사결정에 활용할 수 있도록 전달하는 마지막 단계이다.

(1) **시각화:** 분석 결과를 대시보드, 리포트, 인터랙티브 차트 등의 형태로 시각화하여 직관적인 이해를 돕는다.

(2) **활용:** 분석된 통찰을 기반으로 맞춤형 부동산 매물을 추천하거나, 특정 지역의 미래 가치를 예측하여 투자 전략을 수립하고, 타겟 고객을 대상으로 정밀한 마케팅 캠페인을 실행한다.

■ **도시부동산 데이터: 수집부터 활용까지 전 과정**

구분	개요	세부내용
1단계: 데이터 수집	분석에 필요한 데이터를 다양한 원천으로부터 확보하는 단계이다. 공공, 민간, 소셜 데이터를 통합적으로 수집하여 분석의 깊이와 폭을 더하는 것이 중요하다.	공공데이터: 국토교통부 실거래가, 건축물대장 등 신뢰도 높은 정형 데이터를 확보한다. 민간데이터: 카드사 매출, 통신사 유동인구 등 상업적 가치가 높은 데이터를 수집한다. 소셜데이터: 웹 크롤링을 통해 온라인 커뮤니티, SNS 등에서 비정형 데이터를 수집한다.
2단계: 데이터 저장	수집한 대용량의 데이터를 효율적으로 저장하고 관리하는 단계이다. 데이터의 특성에 따라 적합한 저장소를 선택해야 한다.	데이터 레이크: 모든 형태의 원시 데이터를 변환 없이 그대로 저장한다. 데이터 웨어하우스: 분석 목적에 맞게 정제되고 구조화된 정형 데이터를 저장하여 빠른 분석을 지원한다.
3단계: 데이터 처리 및 정제	저장된 원시 데이터를 분석에 적합하게 가공 및 정제하는 단계로, 데이터 파이프라인에서 가장 중요하며 많은 시간이 소요된다.	추출 및 파싱: 원시 데이터에서 필요한 정보를 추출하고 분석 가능한 형식으로 변환한다. 정제: 결측치, 이상치를 처리하고 중복 데이터를 제거하여 데이터의 품질을 높인다. 변환 및 통합: 데이터의 단위와 형식을 표준화하고, 여러 데이터를 하나의 테이블로 결합한다.

4단계: 데이터 분석 및 모델링	정제된 데이터를 바탕으로 통계, 머신러닝 기법 등을 적용하여 유의미한 패턴을 발견하고 예측 모델을 구축하는 단계이다.	탐색적 데이터 분석(EDA): 데이터의 분포, 변수 간 관계 등을 시각화하여 기본적인 통찰을 얻는다. 모델링: 회귀 분석, 군집 분석 등 분석 목표에 맞는 AI 알고리즘을 적용하여 모델을 개발한다.
5단계: 시각화 및 활용	분석 결과를 사용자가 쉽게 이해하고 의사결정에 활용하도록 전달하는 마지막 단계이다.	시각화: 분석 결과를 대시보드, 리포트 등의 형태로 시각화하여 직관적인 이해를 돕는다. 활용: 분석 결과를 기반으로 맞춤형 매물 추천, 미래 가치 예측, 정밀 마케팅 등에 활용한다.

4.2. "데이터 수집부터 활용까지"가상 사례

[데이터 수집부터 활용까지] 가상 사례 1

주거용 부동산 – 데이터 기반 '아이 키우기 좋은 동네' 지수 개발

1) **상황:** 건설사 '키즈웰(KidsWell)'은 신혼부부와 어린 자녀를 둔 가족을 위한 특화 아파트 단지를 개발하고자 한다. 이들은 실제 부모와 아이들의 생활 패턴과 만족도를 깊이 있게 반영한 입지를 선정하고 단지를 설계하고 싶다.

2) 데이터 수집부터 활용까지:

(1) **데이터 수집:** '교육 및 안전 인프라'의 골격을 파악하기 위해 교육부의 학교 알리미, 행정안전부의 공원 위치 등 공공데이터를 수집한다. 실제 가족들의 소비 패턴을 파악하기 위해 카드사의 키즈카페, 소아과 등 결제 내역과 통신사의 주말 유동인구 등 민간데이터를 확보한다. 마지막으로, 지역 '맘카페'와 인스타그램에서 '#유모차산책' 등 키워드를 분석하여 실제 부모들의 요구사항(Pain Point)을 담은 소셜데이터를 수집한다.

(2) **데이터 처리 및 분석:** 수집된 소셜데이터 텍스트에 자연어 처리 기술을 적용하여 긍/부정 감성 점수를 추출하고, "유모차 보도가 좁다"와 같은 핵심 불만 사항을 토픽으로 모델링한다. 각기 다른 출처의 데이터를 동일한 지역 단위(행정동)로 결합하고 표준화하여, 공공 인프라, 실제 소비, 온라인 만족도를 종합한 독자적인 '아이 키우기 좋은 동네(Family-Friendly Index)' 모델을 개발한다.

3) **가치 창출 및 활용:** 분석 결과, 공식적인 학군 평가는 다소 낮지만 실제로는 부모들의 커뮤니티가 활성화되어 있고 관련 소비가 집중되는 '숨겨진 육아 명당'을 발견하게 된다. '키즈웰'은 이 데이터를 근거로 해당 지역에 아파트 단지를 개발하기로 결정한다. 더 나아가, 소셜데이터 분석에서 발견한 '넓은 보행로'와 '시간제 보육 시설'에 대한 요구를 설계에 최우선으로 반영하여, 데이터 기반의 고객 중심적 상품을 시장에 선보인다.

[데이터 수집부터 활용까지] 가상 사례 2

상업용 부동산 – 쇠락한 골목상권의 '문화 DNA' 분석을 통한 부활

1) **상황:** 자산운용사 '리바이탈라이즈 파트너스'는 서울의 한때 힙스터들의 성지였으나 지금은 활력을 잃은 골목상권의 상업 빌딩들을 매입했다.

서울 가볼만한 곳 BEST, https://www.kkday.com

이들은 이 골목의 정체성을 되찾고 새로운 방문객을 유치할 수 있는 차별화된 리뉴얼 컨셉을 찾고 있다.

2) 데이터 수집부터 활용까지:

(1) **데이터 수집:** 상권의 기본적인 '건강 상태'를 진단하기 위해 중소벤처기업부의 창업/폐업률 등 공공데이터를 확보한다. 방문객들의 문화적 연결고리를 찾기 위해 내비게이션 앱의 목적지 데이터 등 민간데이터를 분석한다. 마지막으로, 해당 골목의 과거와 현재에 대한 인스타그램, 블로그 게시물 등 소셜데이터를 수집하여 시간의 흐름에 따른 변화를 추적한다.

(2) **데이터 처리 및 분석:** AI 이미지 분석 기술로 소셜데이터의 과거 사진 속 '#빈티지', '#독립서점'과 같은 키워드를 추출하고, 텍스트 감성 분석을 통해 과거의 '설렘'이라는 감정이 현재의 '아쉬움'으로 변화한 것을 정량적으로 파악한다. 이 분석을 통해 해당 골목의 핵심 '문화 DNA'가 '대량생산에 반하는 개인의 취향과 장인정신'에 있었음을 정의한다.

3) **가치 창출 및 활용:** 이들은 단순히 임대료를 낮추는 대신, 분석된 '문화 DNA'에 부합하는 소규모 독립 브랜드, 수제 공방 운영자들을 직접 접촉하여 파격적인 조건의 임대를 제안하는 '큐레이팅' 전략을 펼친다. 이는 데이터의 수집, 처리, 분석을 통해 쇠락한 상권의 본질적인 매력을 되살리고, 지속 가능한 상업적 가치를 창출하는 고차원적인 활용 사례가 된다.

종합하면, 도시부동산 분야에서 AI의 진정한 힘은 데이터의 단순한 보유가 아닌, 수집부터 처리, 분석, 최종 활용에 이르는 전 과정을 유기적으로 설계하고 실행하는 능력에서 나온다. 공공, 민간, 소셜데이터라는 각기 다른 원석을 세공하여 도시와 사람을 총체적으로 이해하고, 이를 통해 미래를 위한 가장 현명한 전략이라는 보석을 만들어내는 것, 이 것 이야말로 데이터 시대의 부동산 마케팅의 핵심이라 할 수 있다.

5

도시부동산 데이터 전처리: '쓰레기'를 '보석'으로 바꾸는 연금술 과정

1) 원본 데이터 안에는 결측치(Missing Values), 이상치(Outliers), 노이즈(Noise) 등 수많은 '쓰레기'가 포함되어 있기 때문이다.

우리가 앞서 살펴본 공공, 민간, 소셜데이터라는 원천들은 AI라는 엔진을 구동시키는 원유와 같다. 그러나 시추 현장에서 막 퍼 올린 원유를 자동차에 바로 주입할 수 없듯, 수집된 날것의 데이터(Raw Data)는 그 자체로 바로 활용될 수 없다. 원유 속에 뒤섞인 흙, 모래, 수분과 같은 불순물처럼, 원본 데이터 안에는 결측치(Missing Values), 이상치(Outliers), 노이즈(Noise) 등 수많은 '쓰레기'가 포함되어 있기 때문이다.

"쓰레기가 들어가면, 쓰레기가 나온다(Garbage In, Garbage Out)."라는 말은 데이터 분석 세계의 제1원칙이다. 아무리 뛰어난 AI 알고리즘이라도 품질이 낮은 데이터를 사용하면 결코 좋은 결과를 낼 수 없다. 따라서 수집된 원시 데이터(Raw Data)에 숨겨진 잡음과 오류를 제거하고, 분석에 적합한 형태로 변환하는 데이터 전처리(Data Preprocessing) 과정은 분석의 성패를 좌우하는 가장 중요한 단계이다. 이는 마치 돌멩이와 흙이 뒤섞인 원석을 세공하여 빛나는 보석으로 만드는 연금술과 같다.

5.1. 데이터 전처리는 크게 데이터 정제, 통합, 변환, 축소의 4단계로 진행된다.

데이터 전처리는 크게 데이터 정제, 통합, 변환, 축소의 4단계로 진행된다.

5.1.1. 데이터 정제(Data Cleansing): 불순물 제거하기

데이터에 포함된 불완전하고, 부정확하며, 일관성 없는 부분을 식별하고 수정하는 과정이다.

1) **결측치(Missing Value) 처리**: 비어 있는 값을 처리한다.

(1) **단순 제거**: 해당 데이터 행 전체를 삭제한다. 간단하지만 중요한 정보를 잃을 수 있다.

(2) **대체(Imputation)**: 평균, 중앙값, 최빈값 등 통계적 대표값으로 채우거나, 다른 변수와의 관계를 이용한 예측 모델로 추정하여 채워 넣는다. 예를 들어, 일부 누락된 아파트 거래 가격을 같은 단지, 같은 평형의 평균 거래가로 대체할 수 있다.

2) **이상치(Outlier) 처리**: 다른 데이터와 극단적으로 동떨어진 값을 찾아 처리한다.

(1) **탐지**: 통계적 기법(사분위수 범위 등)이나 시각화를 통해 정상 범위를 벗어난 값을 식별한다. 예를 들어, 서울 강남의 30평 아파트가 1만 원에 거래된 기록은 명백한 이상치이다.

(2) **처리**: 해당 데이터를 제거하거나, 상한/하한 값을 설정하여 대체한다.

3) **노이즈(Noise) 제거**: 데이터의 무작위적인 오류나 불일치를 제거한다.

예를 들어, '강남구', '강남', 'gangnam' 등으로 다르게 표기된 지역명을 '강남구'로 통일하는 작업이 포함된다.

5.1.2. 데이터 통합(Data Integration): 흩어진 보석 모으기

서로 다른 데이터 원천의 정보를 하나로 결합하여 통합된 데이터셋을 구축하는 과정이다.

(1) **스키마 통합**: 데이터 소스마다 다른 속성명이나 단위를 통일한다. 예를 들어, A 데이터에서는 '거래금액(만 원)', B 데이터에서는 'Price(원)'로 표기된 속성을 '가격(원)'으로 통일하고 단위를 맞춘다.

(2) **중복 제거**: 서로 다른 데이터 소스에서 동일한 개체(예: 동일 주소의 아파트)가 중복으로 포함된 경우, 이를 식별하여 하나로 통합한다.

5.1.3. 데이터 변환(Data Transformation): 원석 다듬기

데이터를 분석 모델에 더 적합한 형태로 변환하는 과정이다. 모델의 성능을 극대화하는 핵심 단계이다.

(1) **정규화(Normalization) 및 표준화(Standardization)**: 변수마다 다른 값의 범위(Scale)를 일정한 수준으로 맞춘다. 아파트 면적(0~200)과 층수(1~50)처럼 단위와 범위가 다른 변수들을 동일한 스케일로 조정하여 모델이 특정 변수에 과도하게 영향을 받는 것을 방지한다.

(2) **범주형 데이터 변환**: '강남구', '서초구'와 같은 문자형 데이터를 모델이 이해할 수 있는 숫자형으로 변환한다(예: 원-핫 인코딩, 레이블 인코딩).

(3) **파생변수 생성(Feature Engineering)**: 기존 변수를 조합하여 새로운 의미를 갖는 변수를 만든다. 예를 들어, '총 주차 대수'와 '총 세대수' 변수를 이용하여 '세대당 주차 대수'라는, 주거 만족도에 더 큰 영향을 미치는 파생변수를 생성할 수 있다.

5.1.4. 데이터 축소(Data Reduction): 핵심만 남기기

데이터의 양(Volume)이나 차원(Dimension)을 줄여 분석의 효율성을 높이는 과정이다. 데이터의 본질적인 정보는 최대한 유지해야 한다.

(1) **차원 축소**: 서로 상관관계가 높은 여러 변수를 대표하는 소수의 새로운 변수(주성분)로 압축한다(예: 주성분 분석, PCA).

(2) **수량 축소**: 전체 데이터의 특성을 잘 나타내는 일부 데이터만 샘플링하여 분석에 사용함으로써 계산 시간을 단축한다.

이처럼 체계적인 데이터 전처리 과정은 단순한 기술적 작업을 넘어, 데이터에 대한 깊은 이해를 바탕으로 '쓰레기' 속에 숨겨진 '보석'의 가치를 발견해내는 창의적인 과정이라 할 수 있다

■ **데이터 전처리 4단계의 데이터 정제, 통합, 변환, 축소의 4 단계 별 목표, 역할, 장단점, 도시부동산 활용예시**

구분	데이터 정제 (Data Cleansing)	데이터 통합 (Data Integration)	데이터 변환 (Data Transformation)	데이터 축소 (Data Reduction)
목표	불완전하고 부정확하며 일관성 없는 데이터를 식별하고 수정하여 데이터의 신뢰도를 높인다.	서로 다른 데이터 소스의 정보를 결합하여 통합된 단일 데이터셋을 구축한다.	데이터를 분석 모델에 더 적합한 형태로 가공하여 모델의 성능을 극대화한다.	데이터의 양이나 차원을 줄여 분석의 효율성을 높이되, 정보 손실은 최소화한다.
역할	- 결측치 처리(제거, 대체) - 이상치 처리(탐지, 제거/대체) - 노이즈 제거(표기법 통일 등)	- 스키마 통합(속성명, 단위 통일) - 중복 데이터 제거	- 정규화/표준화(변수 스케일 조정) - 범주형 데이터의 숫자형 변환 - 파생변수 생성(Feature Engineering)	- 차원 축소(주성분 분석 등) - 수량 축소(샘플링)

장단점	장점: 데이터 품질 및 분석 결과의 정확성 향상 단점: 단순 제거 시 중요 정보가 손실될 수 있음	장점: 다양한 관점의 데이터를 종합하여 풍부한 분석이 가능함 단점: 데이터 간 스키마가 달라 통합 과정이 복잡할 수 있음	장점: 모델의 예측 성능과 안정성을 향상시킴 단점: 부적절한 변환은 오히려 성능을 저하시킬 수 있음	장점: 분석 시간 단축 및 계산 효율성 증대 단점: 데이터 축소 과정에서 정보 손실이 발생할 수 있음
도시 부동산 활용 예시	누락된 아파트 거래 가격을 동일 평형의 평균가로 대체하거나, '강남', 'gangnam' 등 다른 지역명을 '강남구'로 통일한다.	A기관의 '거래금액(만 원)' 데이터와 B기관의 'Price(원)' 데이터를 '가격(원)'으로 속성을 통일하고 통합 데이터셋을 만든다.	아파트 면적(0~200㎡)과 층수(1~50층)의 단위를 표준화하고, '총 주차 대수'를 '총 세대수'로 나눠 '세대당 주차 대수'라는 새로운 변수를 생성한다.	서로 상관성이 높은 '교통 편의성', '학군 점수', '편의시설 수' 등의 변수들을 '주거환경 지수'라는 하나의 변수로 압축하여 분석한다.

5.2. 데이터 전처리 과정(쓰레기 → 보석) 가상사례

데이터 전처리 과정(쓰레기 → 보석) 가상 사례 1

주거용 부동산 – '아파트 가격 예측' 모델의 정확도를 높이는 연금술

1) **상황:** 부동산 빅데이터 기업 '데이터노믹스'는 과거 실거래가 데이터를 학습하여 특정 아파트의 미래 가격을 예측하는 AI 모델을 개발하고자 한다. 이들은 수만 건의 아파트 거래 데이터를 수집했지만, 그 안에는 수많은 함정이 숨어 있었다.

2) 데이터 전처리 과정(쓰레기 → 보석):

(1) 쓰레기(원본 데이터의 문제점):

- 결측치: '건축 연도'나 '주차 가능 대수' 정보가 누락된 데이터가 다수 발견된다.

- 단위 불일치: '면적' 정보가 어떤 행은 '평'으로, 다른 행은 제곱미터(㎡)로 혼재되어 있다.
- 이상치: 한 아파트의 거래 가격이 '10만 원'으로 잘못 입력되어 있다. 이는 명백한 입력 오류이다.
- 텍스트 노이즈: '주소' 데이터에 "OO아파트 101동"과 "OO apt 101dong"처럼 표기법이 제 각각이다.

(2) 연금술(전처리 기법 적용):

- 결측치 처리: 건축 연도가 누락된 경우, 같은 단지 다른 세대의 정보를 가져와 채워 넣고(보간법), 주차 대수 정보가 없는 오래된 아파트는 통계적으로 가장 가능성 높은 평균값으로 대체한다.
- 단위 표준화: 모든 '평' 단위를 제곱미터(㎡)로 일괄 변환하여 단위를 통일시킨다.
- 이상치 탐지 및 제거: 통계적 기법(예: IQR)을 사용하여 정상 범위를 현저히 벗어나는 '10만 원' 거래 기록을 이상치로 판별하고 분석에서 제외시킨다.
- 텍스트 정규화: 주소 데이터에서 'apt', 'dong'과 같은 영문/축약어를 '아파트', '동'으로 표준화하고, 불필요한 동, 호수 정보를 제거하여 '시/구/동/단지명'으로 구조를 통일시킨다.
- 특성 공학(Feature Engineering): 한 단계 더 나아가, 기존 데이터를 조합하여 새로운 의미를 가진 변수(특성)를 창조한다. '건축 연도' 데이터로부터 '건물 연식(Age)'이라는 새로운 특성을 생성하고, '주소' 데이터와 지하철역 위치 데이터를 결합하여 '가장 가까운 지하철역까지의 도보 거리(m)'라는 매우 중요한 파생 변수를 만들어낸다.

3) **보석(활용 가능한 데이터)**: 이 모든 연금술 과정을 거쳐, '데이터노믹스'는 마침내 결측치와 오류가 없고, 모든 단위와 구조가 통일되었으며, 예측에 도움이 되는 새로운 특성까지 추가된 깨끗하고 정제된 데이터셋을 확보하게 된다. 이 '보석'과도 같은 데이터를 학습한 AI 모델은 이전과는 비교할 수 없는 수준의 정확도로 아파트 가격을 예측하게 되며, 이는 고객들에게 높은 신뢰를 주는 핵심 경쟁력이 된다.

데이터 전처리 과정(쓰레기 → 보석) 가상 사례 2

상업용 부동산 - '온라인 리뷰'에서 진짜 상권 인사이트를 캐내는 연금술

https://www.instagram.com

1) **상황**: 리테일 컨설팅사 '어반 인사이트'는 특정 상권에 대한 소셜 미디어 리뷰를 분석하여, 방문객들의 진짜 만족도와 불만 요인을 파악하고자 한다. 이들은 수십만 건의 블로그와 인스타그램 게시물을 수집했지만, 이는 의미를 알 수 없는 문자와 이모티콘이 뒤섞인 혼돈의 덩어리였다.

2) 데이터 전처리 과정(쓰레기 → 보석):

(1) 쓰레기(원본 데이터의 문제점):

- 텍스트 노이즈: "여기 존맛탱.. #일상 #데일리" 와 같이 분석에 불필요한 신조어, 이모티콘, 특수문자, 무의미한 해시태그가 가득하다.

- 의미의 모호성: "가격은 좀 사악한데, 맛은 천국"처럼 하나의 문장 안에 긍정과 부정이 혼재되어 있다.
- 불용어(Stopwords): '이/가', '은/는', '여기', '정말' 등 문장의 구조를 위해서는 필요하지만, 핵심 의미 파악에는 도움이 되지 않는 단어들이 너무 많다.

(2) **연금술**(자연어 전처리 기법 적용):

- 텍스트 정제: 정규표현식(Regular Expression)을 사용하여 이모티콘, 특수문자, 불필요한 해시태그를 모두 제거한다. "존맛탱"과 같은 신조어는 사전을 구축하여 "아주 맛있다"와 같은 표준어로 변환한다.
- 문장 분리 및 감성 분석: 긍/부정이 혼재된 문장을 '가격은 좀 사악하다'와 '맛은 천국이다'로 분리한다. 그리고 각 문장에 대해 개별적으로 감성 분석을 실행하여, '가격'에 대해서는 부정, '맛'에 대해서는 긍정으로 평가를 분리하여 저장한다.
- 토큰화 및 불용어 제거: 모든 문장을 최소 의미 단위인 단어(토큰)로 나눈다. 그리고 사전에 정의된 불용어 목록을 사용하여 분석에 불필요한 단어들을 모두 제거함으로써, '가격', '맛', '분위기', '주차', '서비스'와 같은 핵심 키워드만 남긴다.
- 어근 추출(Stemming/Lemmatization): '맛있다', '맛있고', '맛있어서' 등 형태가 다른 단어들을 '맛있다'라는 동일한 어근으로 통일시켜, 단어의 빈도 분석 시 동일한 의미로 집계되도록 한다.

3) **보석**(활용 가능한 데이터): 이 복잡한 언어 연금술을 통해, '어반 인사이트'는 비로소 정량적 분석이 가능한 구조화된 데이터셋을 얻게 된다. 분석 결과, 해당 상권은 '맛'과 '분위기'에서는 높은 긍정 평가를 받지만,

'가격'과 '주차' 항목에서는 압도적인 부정 평가를 받고 있음을 명확한 수치로 파악한다.

이 '보석' 같은 인사이트는 "이 상권에 새로 입점할 브랜드는 가성비를 높이고, 주차 문제를 해결할 방안(예: 발렛파킹 제휴)을 반드시 마련해야 한다"는 구체적이고 실행 가능한 컨설팅 전략의 핵심 근거가 된다.

결론적으로 데이터 전처리는 AI 프로젝트의 성패를 좌우하는, 보이지 않는 영웅과도 같은 과정이다. 도시가 쏟아내는 혼돈과도 같은 원본 데이터 속에서 불순물을 걸러내고, 숨겨진 패턴을 드러내며, 새로운 가치를 조각해내는 이 연금술의 과정 없이는, 그 어떤 화려한 AI 알고리즘도 빛을 발할 수 없다.

6

도시부동산 분야의 데이터 시각화: 복잡한 데이터를 한눈에 파악하는 기술

6.1. 데이터 시각화는 숫자와 텍스트의 행렬 속에 숨겨진 패턴, 추세, 상관관계를 인간의 뇌가 가장 직관적으로 받아들일 수 있는 시각 언어로 전환하는 예술이자 과학이다.

우리는 앞선 여정을 통해 도시의 모든 것을 기록한 빅데이터를 수집하고, 그 안의 불순물을 걸러내는 데이터 전처리라는 연금술을 거쳐, 마침내 AI가 학습할 수 있는 순도 높은 보석을 손에 쥐었다. 그러나 이 눈부신 보석이 가진 진정한 가치는 그것을 알아보는 사람에게만 드러나는 법이다. 수백만 건의 데이터와 복잡한 AI 모델의 분석 결과는 그 자체로는

https://www.lgcns.com

여전히 전문가만 해독할 수 있는 암호에 가깝다.

이 암호를 모든 사람이 즉시 이해할 수 있는 '그림'과 '지도'로 번역하는 과정, 이것이 바로 '데이터 시각화(Data Visualization)'의 힘이다. 데이터 시각화는 숫자와 텍스트의 행렬 속에 숨겨진 패턴, 추세, 상관관계를 인간의 뇌가 가장 직관적으로 받아들일 수 있는 시각 언어로 전환하는 예술이자 과학이다. 이는 마치 위대한 지휘자가 복잡한 악보를 해석하여 청중의 가슴을 울리는 장엄한 교향곡으로 바꾸어 내는 과정과 같다.

6.2. 데이터 시각화의 개념, 목표, 작동원리와 기술, 역할, 장단점, 도시부동산 분야 활용 예시

구분	내용
개념	데이터를 차트, 그래프, 맵 등 시각적 요소로 변환하여 정보를 명확하고 효과적으로 전달하는 과정 및 기술을 의미한다.
목표	복잡한 데이터 세트 속에 숨겨진 패턴, 추세, 상관관계 등을 직관적으로 파악하고, 데이터 기반의 신속하고 정확한 의사결정을 지원하는 것을 목표로 한다.
작동원리	1. 데이터 수집 및 정제: 원본 데이터를 수집하고 분석 목적에 맞게 정제 및 가공한다. 2. 시각적 매핑(Visual Mapping): 데이터의 속성(크기, 범주, 관계 등)을 색상, 모양, 크기, 위치 등 시각적 속성으로 변환한다. 3. 렌더링 및 상호작용: 그래픽 엔진을 통해 시각적 결과물을 생성하고, 사용자가 필터링, 확대/축소 등과 같이 상호작용하며 데이터를 탐색할 수 있도록 구현한다.

주요 기술	• BI(Business Intelligence) 도구: 태블로(Tableau), 마이크로소프트 파워 BI(Power BI) 등 • 프로그래밍 라이브러리: D3.js, Chart.js(웹 기반), Matplotlib, Seaborn(Python), ggplot2(R) 등 • 지리정보시스템(GIS): ArcGIS, QGIS 등 공간 데이터 시각화 전문 도구
역할	• 정보 전달: 복잡한 정보를 이해하기 쉬운 형태로 요약하여 전달한다. • 데이터 탐색: 데이터 속에 잠재된 인사이트나 이상치(Outlier)를 발견하도록 돕는다. • 설득 및 스토리텔링: 데이터를 근거로 특정 주장을 뒷받침하거나 스토리를 전달하는 데 활용된다. • 의사결정 지원: 데이터 분석 결과를 바탕으로 더 합리적이고 신속한 의사결정을 가능하게 한다.
장단점	• 장점: - 정보의 신속한 파악 및 직관적 이해 증진 - 패턴, 추세, 상관관계 발견 용이 - 설득력 있고 기억에 남는 정보 전달 • 단점: - 제작자의 의도에 따른 시각적 왜곡 및 오해 유발 가능성 - 데이터 품질에 대한 높은 의존도 - 정보의 과도한 단순화로 인한 중요 정보 누락 위험
도시· 부동산 분야 활용 예시	• 히트맵(Heatmap) 활용: 도시 내 지역별 부동산 평균 매매가, 전세가율, 임대수익률 분포를 색상의 농도로 표현하여 투자 유망 지역과 위험 지역을 한눈에 파악한다. • GIS 기반 입지 분석: 지도 위에 지하철 노선, 학군, 상권, 공원, 범죄율 등 다양한 데이터를 중첩(Overlay)하여 특정 부동산의 입지적 가치를 종합적으로 평가하고 시각화 한다. • 인터랙티브 대시보드 개발: 시간에 따른 지역별 아파트 가격 변화 추이, 거래량, 미분양 물량 등을 차트와 지도에 연동하여 다각도로 분석하고, 향후 시장을 예측하는 데 활용한다.

6.3. 데이터 시각화 전략 가상사례

데이터 시각화 전략(GIS 기반 인터랙티브 대시보드) 가상 사례

주거용 부동산 – '도시 주거 불균형' 해소를 위한 인터랙티브 대시보드

1) **상황:** 서울시 도시계획 담당 부서는 주택 가격, 교육 환경, 교통 접근성의 복잡한 상호작용이 만들어내는 '주거 불균형' 문제를 해결하기 위한 과학적 근거를 찾고 있다. 이들은 정책 결정자들이 여러 데이터를 동시에 비교하며, 정책 시뮬레이션의 결과를 직관적으로 파악할 수 있는 통합 시각화 시스템을 구축하고자 한다.

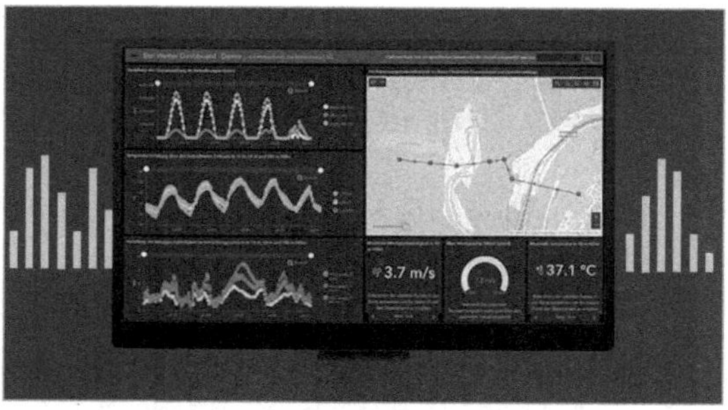

ArcGIS Dashboards | 데이터 대시보드, https://www.esri.com/ko-kr

2) 데이터 시각화 전략(GIS 기반 인터랙티브 대시보드):

(1) **목표:** 서울시 전역의 주거 관련 핵심 데이터를 하나의 지도 위에 중첩(Overlay)하여 보여주고, 사용자의 상호작용에 따라 동적으로 변화하는 시각화 대시보드를 개발한다.

(2) **시각화 구성 요소:**

지리 정보 시스템(GIS) 지도:

- 기본 레이어: 서울시 행정동 경계 지도.

- 채우기 색상(Choropleth): 각 행정동의 평균 아파트 매매가를 색상의 농도로 표현한다. 붉은색이 짙을수록 가격이 높음을 의미한다.
- 포인트 데이터: 초·중·고등학교의 위치를 점으로 표시하되, 학업 성취도 평가 등급에 따라 점의 색상과 크기를 다르게 표현한다.
- 선 데이터: 지하철 노선을 각 호선별로 다른 색상의 선으로 표시한다.

인터랙티브 컨트롤:

- 필터: 사용자가 특정 자치구나 가격대, 학교 등급을 선택하면, 지도에 해당 조건의 데이터만 표시된다.
- 타임 슬라이더: 시간 축을 2010년부터 현재까지 움직이면, 그에 따라 각 동의 주택 가격과 인구 구성 변화가 지도 위에 동적으로 시각화 된다.

(3) **연동 차트:** 지도에서 특정 동을 클릭하면, 화면 한편에 해당 동의 지난 10년간 가격 변동 추이 그래프, 연령대별 인구 분포 파이 차트, 주요 편의시설 접근성 레이더 차트가 나타난다.

3) **통찰력의 발견과 정책 활용:** 정책 결정자들은 이 대시보드를 통해, 과거에는 수많은 보고서를 뒤져야만 어렴풋이 파악할 수 있었던 복잡한 관계를 한눈에 파악한다. 예를 들어, 특정 지하철 노선 개통 이후 주변 지역의 집값이 급등하면서, 기존에 거주하던 젊은 층 인구가 급격히 감소하는 '젠트리피케이션' 현상을 시계열 분석으로 명확히 확인한다.

또한, 우수 학군으로 평가받는 지역과 그렇지 않은 지역 간의 주택 가격 격차가 시간이 지남에 따라 어떻게 벌어지는지를 시각적으로 인지하고, 주거 안정 정책이 시급한 '정책 사각지대'를 정확히 식별해낸다.

나아가, "만약 이 지역에 새로운 공공임대주택 1,000세대를 공급한다면, 주변 지역의 주택 가격 안정에 어떤 영향을 미칠까?"와 같은 정책 시뮬레이션 결과를 지도 위에 예측된 가격 변화 색상으로 미리 시각화하여, 정책의 효과와 부작용을 사전에 검토하는 과학적인 행정을 구현하게 된다.

데이터 시각화 전략(다차원 분석 대시보드) 가상 사례

상업용 부동산 – '최적 입지' 선정을 위한 다차원 시각화 분석

1) 상황: 글로벌 커피 브랜드 '아로마 랩(Aroma Lab)'은 한국 시장에 새로운 컨셉의 플래그십 스토어 1호점을 내려 한다. 이들의 타겟은 '20-30대, 비건 및 친환경 라이프스타일에 관심이 많은 여성'이다. 이들은 단순 유동인구가 아닌, 이 특정 타겟 고객의 동선과 문화적 맥락이 응집된 최적의 입지를 찾아내야 한다.

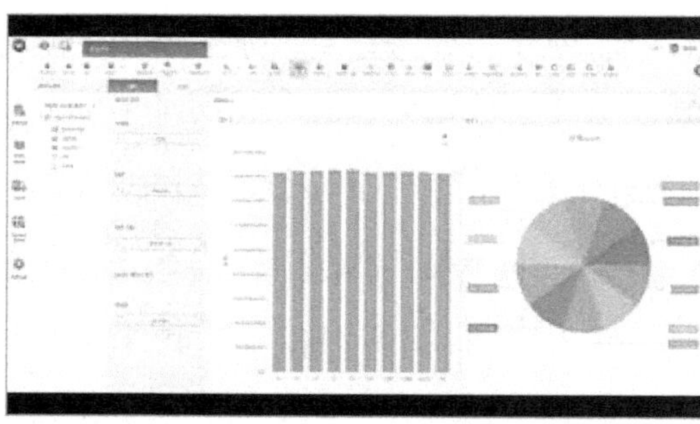

다차원분석 시각화 도구 WiseIntelligence 대시보드 분석

2) 데이터 시각화 전략(다차원 분석 대시보드):

(1) **목표:** 타겟 고객의 행동, 소비, 관심사를 종합적으로 분석하여, 잠재 후보지들의 매력도를 다각도로 비교할 수 있는 시각화 대시보드를 구축한다.

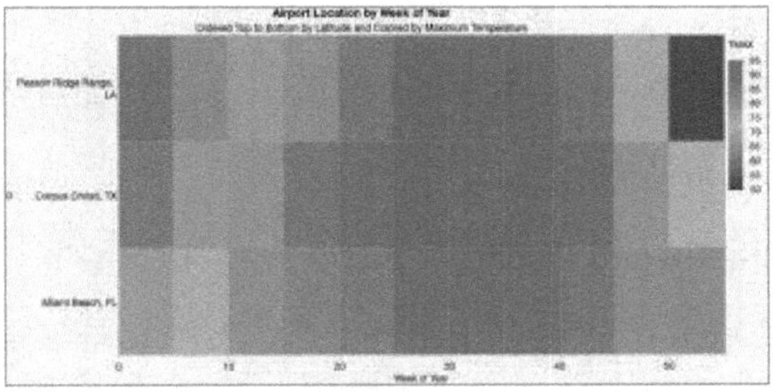

히트맵 차트 시각화는 어떻게 빠르게 만들까? 열 지도 예시
https://www.finereport.com/kr

(2) 시각화 구성 요소:

- 히트맵(Heatmap): 통신사 유동인구 데이터와 카드사 결제 데이터를 결합하여, 타겟 고객 그룹이 주중 낮(업무 시간)과 주말 오후(여가 시간)에 서울의 어느 지역에 가장 밀집해 있는지를 붉은색의 농도로 시각 화한다.
- 네트워크 그래프(Network Graph): 소셜 미디어 데이터를 분석하여, 타겟 고객들이 '아로마 랩'과 함께 언급하거나 방문하는 다른 브랜드(예: 특정 요가 스튜디오, 비건 레스토랑, 독립서점, 패션 편집샵)와의

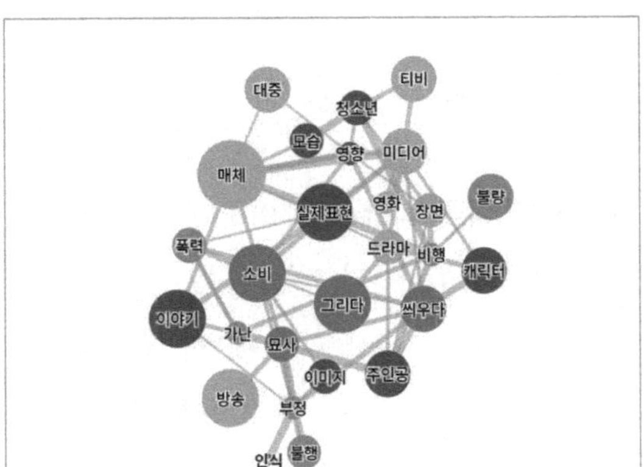

network chart(graph), https://clamwell.github.io/blog

연결 관계를 선으로 표현한다. 노드의 크기는 언급량의 크기를 나타낸다. 이를 통해 어떤 브랜드와 함께 있을 때 시너지가 나는지를 한눈에 파악한다.

(3) 워드 클라우드(Word Cloud): 후보 지역들에 대한 온라인 리뷰와 블로그 포스팅을 분석하여, '분위기', '가성비', '힙스터', '골목' 등 핵심 키워드를 추출하고 그 빈도에 따라 글자의 크기를 다르게 표시한다. 이를 통해 각 지역의 '이미지'와 '정체성'을 직관적으로 비교한다.

https://wordcloud.kr

3) 통찰력의 발견과 전략적 의사결정: '아로마 랩'의 의사결정팀은 이 대시보드를 통해, 단순히 유동인구가 가장 많은 강남역이나 홍대입구보다, 히트맵 상에서는 밀집도가 다소 낮지만 네트워크 그래프에서 타겟 고객이 선호하는 다른 브랜드들과 강력한 연결고리를 형성하고 있는 '성수동의 특정 골목'이 더 유망하다는 사실을 발견한다.

또한, 워드 클라우드를 통해 해당 지역이 '창의성', '장인정신'이라는 긍정적 이미지를 가지고 있어, 자사 브랜드 컨셉과 완벽하게 부합함을 확인한다. 결과적으로 이들은 임대료는 더 비싸지만 피상적인 데이터만 보여주는 A급 상권을 포기하고, 데이터 시각화를 통해 발견한 '문화적 맥락의 중심지'에 1호점을 열기로 결정한다.

이는 복잡한 데이터를 아름답고 직관적인 시각 언어로 번역함으로써, 더 깊이 있고 확신에 찬 비즈니스 결정을 내리게 된 성공적인 사례이다.

종합하면, 데이터 시각화는 AI 시대의 탐험가들이 그려낸 복잡한 보물지도를, 모든 의사결정자가 이해하고 활용할 수 있도록 만드는 최종 번역 과정이다. 데이터의 숲속에서 길을 잃지 않고, 가장 중요한 통찰력을 한눈에 발견하게 만드는 이 강력한 도구를 통해, 비로소 도시부동산 전략은 소수 전문가의 직관을 넘어 모든 구성원이 공유하고 공감하는 과학적 의사결정의 단계로 진입하게 될 것이다.

주제5

고객의 디지털 여정(Digital Journey) 지도 그리기

1

잠재고객은 어디에서 도시부동산 정보를 얻는가: 검색엔진, 부동산 앱, 유튜브

1) 이제 잠재고객의 손안에 있는 스마트폰이 가장 유능한 부동산 정보 분석가이자 가이드가 되는 시대이다.

우리가 '내 집' 또는 '나의 가게'를 찾기 위해 가장 먼저 하는 행동은 무엇인가? 불과 20년 전만 하더라도 사람들은 동네 어귀의 공인중개사 사

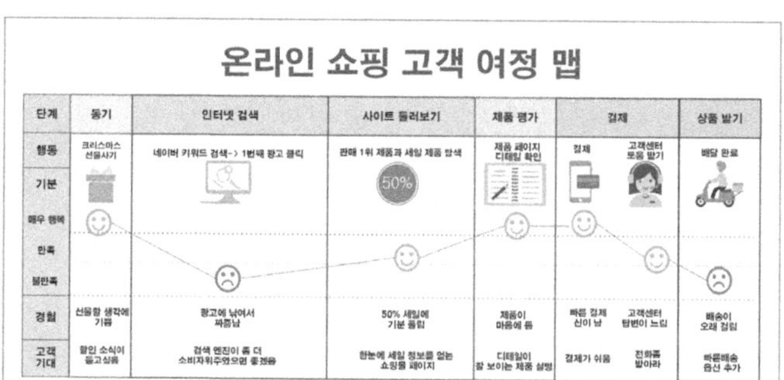

https://www.edrawsoft.com

무소 창문에 붙은 매물 정보에 의지하거나, 벼룩시장과 같은 생활정보지를 샅샅이 뒤져야만 했다.

발품을 팔아 얻어낸 제한된 정보는 종종 비대칭성을 낳았고, 이는 합리적인 의사결정을 가로막는 가장 큰 장벽이 되었다. 그러나 오늘날, 도시부동산 정보를 얻는 방식은 가히 혁명적으로 변화하였다.

이제 잠재고객의 손안에 있는 스마트폰이 가장 유능한 부동산 정보 분석가이자 가이드가 되는 시대이다. 본 절에서는 현대의 잠재고객이 어떠한 경로를 통해 도시부동산 정보를 탐색하고 소비하는지, 그리고 그 과정 속에서 인공지능(AI) 알고리즘이 어떻게 작동하며 마케팅의 지형도를 바꾸고 있는지를 심도 있게 분석하고자 한다.

1.1. 모든 탐색의 시작점, 검색엔진: 욕망을 입력하는 디지털 광장

도시부동산에 대한 잠재적 수요가 발생하는 순간, 대부분의 사람들은 가장 보편적인 정보 탐색 도구인 검색엔진의 흰 화면을 마주하게 된다. '강남역 역세권 투룸 전세', '홍대입구 상가 임대', '판교 신혼부부 아파트'와 같은 검색어는 단순한 단어의 조합이 아니다. 이는 잠재고객의 욕망, 예산, 희망 지역, 삶의 방식이 응축된 매우 정밀한 데이터이다.

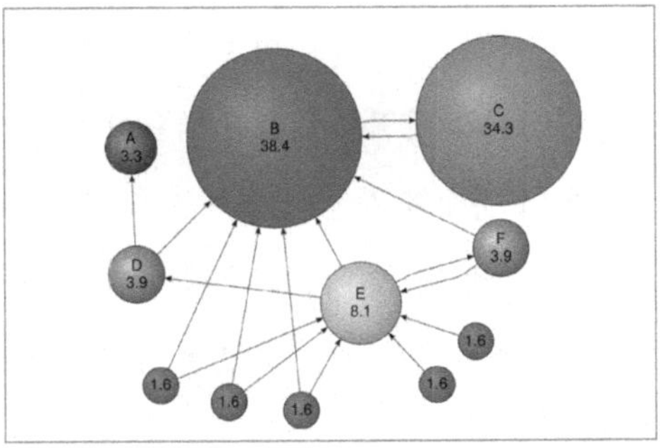

구글의 페이지랭크(PageRank), https://sungmooncho.com

1) 구글의 '페이지랭크(PageRank)'나 네이버의 'C-Rank', 'D.I.A 로직'과 같은 알고리즘은 단순히 검색어의 일치 여부만을 따지지 않는다. 사용자가 얼마나 해당 페이지에 오래 머물렀는지(체류 시간), 얼마나 많은 다른 사용자들이 신뢰하고 링크를 공유했는지(백링크), 그리고 얼마나 최신의 정보를 담고 있는지 등을 종합적으로 판단하여 검색 결과의 순위를 결정한다.

검색엔진은 이러한 데이터를 기반으로 잠재고객에게 가장 관련성 높은 정보를 제공하기 위해 고도의 알고리즘을 사용한다. 특히 구글의 '페이지랭크(PageRank)'나 네이버의 'C-Rank', 'D.I.A 로직'과 같은 알고리즘은 단순히 검색어의 일치 여부만을 따지지 않는다. 사용자가 얼마나 해당 페이지에 오래 머물렀는지(체류 시간), 얼마나 많은 다른 사용자들이 신뢰하고 링크를 공유했는지(백링크), 그리고 얼마나 최신의 정보를 담고 있는지 등을 종합적으로 판단하여 검색 결과의 순위를 결정한다.

바로 이 지점에서 AI 기반 마케팅의 첫 번째 격전지가 형성된다. 부동산 개발사나 중개 플랫폼은 자사의 매물이 검색 결과 상위에 노출되도록 하기 위해 검색엔진 최적화(SEO: Search Engine Optimization)에 막대한 노력을 기울인다.

예를 들어, 잠재고객이 '서울숲 공세권 아파트'를 검색했을 때, 단순히 매물 정보만 나열하는 웹사이트보다 서울숲 공원을 즐기는 다양한 방법, 주변 맛집과 카페 정보, 실제 거주민의 만족도 인터뷰 등 풍부하고 매력적인 콘텐츠를 담은 페이지가 상위에 노출될 확률이 높다.

AI는 이러한 콘텐츠의 품질과 사용자 반응을 학습하여 순위를 조정하며, 마케터들은 다시 AI의 평가 기준에 맞추어 더 정교한 콘텐츠를 생산해내는 것이다. 이는 마치 AI라는 보이지 않는 심판과 마케터가 벌이는 한 판의 지적인 게임과도 같다.

1.2. 손안의 부동산, 앱(App): 개인화된 정보 큐레이터의 등장

1) 검색엔진이 광활한 정보의 바다라면, '직방', '다방', '호갱노노', '네이버부동산'과 같은 부동산 전문 애플리케이션(이하 앱)은 잘 정돈된 거대한 도서관에 비유할 수 있다.

검색엔진이 광활한 정보의 바다라면, '직방', '다방', '호갱노노', '네이버부동산'과 같은 부동산 전문 애플리케이션(이하 앱)은 잘 정돈된 거대한 도서관에 비유할 수 있다. 사용자들은 이 도서관에서 자신이 원하는 조건—지역, 가격, 면적, 주거 형태 등—을 필터로 설정하여 수많은 서가(매물) 중에서 원하는 책(정보)을 정확하게 찾아낸다.

부동산 앱의 핵심 경쟁력은 바로 AI 기반의 '추천 알고리즘'에 있다. 앱은 사용자의 단순한 필터 설정값만 기록하지 않는다. 사용자가 어떤 매물을 클릭했는지, 어떤 사진을 확대해서 보았는지, 어떤 매물을 얼마나 오래 보았는지, 심지어 어떤 시간대에 주로 앱을 사용하는 여부 등 모든 행동 데이터를 수집하고 분석한다.

이러한 데이터를 바탕으로 AI는 사용자 개개인의 숨겨진 취향을 파악하기 시작한다. 예를 들어, 한 사용자가 유독 '남향', '시스템에어컨 완비', '초등학교 인접' 매물을 자주 조회한다면, AI는 이 사용자를 '어린 자녀를

https://feel5ny.github.io

둔, 채광과 편의성을 중시하는 잠재고객'으로 프로파일링한다.

그리고 다음 접속 시, 굳이 필터링하지 않아도 해당 조건을 만족하는 새로운 매물을 '오늘의 추천 매물'이나 'OO 님을 위한 맞춤 매물'과 같은 형태로 먼저 제시한다. 이는 마치 경험 많은 중개사가 고객의 말하지 않은 니즈까지 파악하여 최적의 매물을 추천해주는 것과 같은 경험을 디지털 환경에서 구현하는 것이다.

상업용 부동산의 경우 이는 더욱 정교해 진다. 특정 프랜차이즈 본사의 개발 담당자가 앱에서 '20대 유동인구가 많은 대학가', '전용면적 20평 이상', '코너 상가' 등의 조건을 자주 검색했다면, AI는 해당 조건을 만족하는 새로운 상가 매물이 등록되었을 때 가장 먼저 푸시 알림을 보낸다. 이는 수동적인 정보 탐색을 능동적인 정보 수신으로 전환시키는, 마케팅의 패러다임을 바꾸는 혁신이라 할 수 있다.

1.3. 경험을 소비하는 채널, 유튜브: 살아있는 공간을 체험하다

텍스트와 사진만으로는 전달할 수 없는 공간의 '느낌'과 '경험'은 어떻게 전달할 수 있을까? 이 질문에 대한 가장 강력한 해답을 유튜브(YouTube)가 제시하고 있다. '랜선 집들이', '상가 임장 브이로그'와 같은 영상 콘텐츠는 이제 도시부동산 정보를 얻는 매우 중요한 채널로 자리 잡았다.

유튜브의 추천 알고리즘은 사용자의 시청 기록, '좋아요' 표시, 구독 채널 등을 기반으로 작동한다. 만약 한 사용자가 '신축 아파트 인테리어' 영상을 여러 개 시청했다면, 유튜브 AI는 이 사용자를 '새로운 주거 공간에 대한 관심이 매우 높은' 잠재고객으로 판단하고, 관련 부동산 채널의 '신축 아파트 분양 현장 투어'나 '모델하우스 상세 리뷰' 영상을 추천 목록에 띄운다.

1) 아침 햇살이 거실을 가득 채우는 모습, 창밖으로 보이는 공원의 사계절 풍경, 상가 주변의 활기찬 저녁 분위기 등을 생생하게 보여줌으로써 잠재고객이 마치 그 공간에 직접 가 있는 듯한 환상적인 경험을 선사한다.

이러한 영상 콘텐츠의 가장 큰 힘은 '간접 체험'을 통한 감성적 연결에 있다. 전문 크리에이터가 촬영한 영상은 단순히 공간을 비추는 것을 넘어선다. 아침 햇살이 거실을 가득 채우는 모습, 창밖으로 보이는 공원의 사계절 풍경, 상가 주변의 활기찬 저녁 분위기 등을 생생하게 보여줌으로써 잠재고객이 마치 그 공간에 직접 가 있는 듯한 환상적인 경험을 선사한다. 이는 이성적 판단(가격, 면적 등)을 넘어 '이곳에서 살고 싶다', '여기서 장사하고 싶다'는 강력한 감성적 동기를 부여한다.

2) 도시부동산 마케터들은 이제 단순한 매물 광고 영상을 만드는 것을 넘어, 한 편의 짧은 영화와 같은 '스토리텔링형 콘텐츠'를 제작한다.

도시부동산 마케터들은 이제 단순한 매물 광고 영상을 만드는 것을 넘어, 한 편의 짧은 영화와 같은 '스토리텔링형 콘텐츠'를 제작한다. 예를 들어, 한 상업용 부동산을 홍보하기 위해, 해당 공간에 입주한 카페 사장님의 성공 스토리를 담은 다큐멘터리 형식의 영상을 제작하여 신뢰와 공감을 얻는 방식이다. AI는 이러한 콘텐츠에 긍정적으로 반응하는 시청자 그룹을 식별하고, 유사한 특성을 가진 다른 잠재고객들에게 영상을 확산시키는 역할을 수행한다.

AI를 활용한 도시부동산 고객 여정 단계별 분석 (인지-고려-구매-충성도)

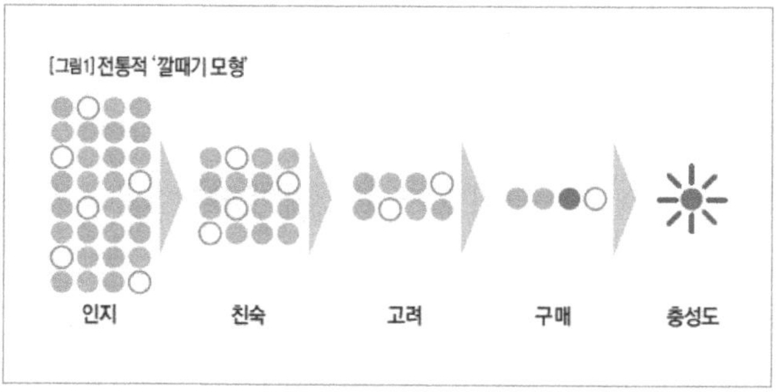

McKinsey Quarterly: 'The Consumer Decision Journey
https://blog.naver.com

과거의 도시부동산 고객 여정(Customer Journey)이 잘 닦인 직선 도로 위를 순서대로 달리는 자동차와 같았다면, 오늘날의 여정은 수많은 갈림길과 지름길, 예상치 못한 만남이 가득한 복잡한 현대 도시를 탐험하는 것과 유사하다. 그리고 이 여정의 모든 순간을 기록하고, 최적의 경로를 안내하며, 때로는 우리가 미처 생각지 못한 목적지를 추천하는 보이지 않는 동반자가 존재한다. 그것이 바로 인공지능(AI) 알고리즘이다.

본 절에서는 잠재고객이 하나의 부동산을 발견하고 최종적으로 선택하며, 나아가 그 브랜드의 충성 고객이 되기까지의 전 과정을 '인지-고려-구매-충성도'의 4단계로 나누어, 각 단계에서 AI가 어떠한 혁신적인 역할을 수행하는지를 심층적으로 분석하고자 한다. 이는 단순한 기술의 나열을 넘어, 데이터가 어떻게 인간의 욕망과 상호작용하며 새로운 시장의 규칙을 만들어내는가에 대한 지적인 탐구가 될 것이다.

2.1. 인지(Awareness) 단계: 보이지 않는 수요를 발견하는 AI의 예지력

인지 단계는 잠재고객이 특정 부동산이나 개발 프로젝트의 존재를 처음으로 알게 되는 시점이다. 전통적인 마케팅이 불특정 다수를 향해 신문광고를 내거나 전단지를 배포하는 방식이었다면, AI 시대의 인지 단계는 거의 '예지'에 가까운 정밀 타겟팅으로 이루어진다.

1) **AI는 소셜 미디어상의 특정 키워드(예: '결혼 준비', '신생아 용품'), 검색 기록(예: '대출 금리 비교', '초등학교 순위'), 온라인 쇼핑 내역(예: '대형 가구 구매') 등 파편화된 디지털 발자국(Digital Footprint)을 수집하고 분석하여 '생애주기 이벤트(Life-cycle Event)'를 예측하는 모델을 구축한다.**

그렇다면 AI는 어떻게 당신이 곧 이사를 고민하게 될 것이라는 사실을 먼저 알아채는 것일까? AI는 소셜 미디어상의 특정 키워드(예: '결혼 준비', '신생아 용품'), 검색 기록(예: '대출 금리 비교', '초등학교 순위'), 온라인 쇼핑 내역(예: '대형 가구 구매') 등 파편화된 디지털 발자국(Digital Footprint)을 수집하고 분석하여 '생애주기 이벤트(Life-cycle Event)'를 예측하는 모델을 구축한다.

이 예측 모델을 기반으로, AI는 이제 막 주거 공간의 변화를 고민하기 시작한 잠재고객에게만 선별적으로 광고를 노출한다. 예를 들어, 신혼부부 커뮤니티에서 활동하는 사용자에게는 신축 소형 아파트 광고를, 자녀의 초등학교 입학을 앞둔 부모의 SNS 피드에는 우수 학군 인근의 주거용 오피스텔 분양 정보를 자동으로 제시하는 것이다.

2) 이는 마케팅의 패러다임을 '수요에 대한 반응'에서 '수요의 예측과 창출'로 전환시키는 결정적 계기가 된다.

이는 마케팅의 패러다임을 '수요에 대한 반응'에서 '수요의 예측과 창출'로 전환시키는 결정적 계기가 된다. 고객이 스스로를 '잠재고객'이라 인지하기 전에, AI가 먼저 그를 잠재고객으로 발견하고 가장 필요한 순간에 가장 적절한 정보를 제시하는 것, 이것이 AI 시대 부동산 마케팅의 환상적인 첫 장면이다.

2.2. 고려(Consideration) 단계: 개인화된 가상 비서, AI 챗봇과 추천 엔진

특정 부동산에 대한 존재를 인지한 잠재고객은 이제 적극적으로 정보를 탐색하는 고려 단계에 진입한다. 이 단계에서 고객은 수많은 질문과 고민에 직면한다. '남향인가?', '주차는 몇 대까지 가능한가?', '관리비는 얼마인가?', '이 가격이 합리적인가?' 등 쏟아지는 질문에 과거에는 공인중개사나 분양사무소 직원만이 답을 줄 수 있었다.

하지만 이제 24시간 지치지 않는 AI 챗봇(Chatbot)이 그 역할을 대신한다. AI 챗봇은 단순히 정해진 답변만 반복하는 수준을 넘어, 자연어 처리(NLP) 기술을 통해 고객의 복잡한 질문 의도를 파악하고, 방대한 데이터베이스에서 실시간으로 정확한 답변을 찾아 제공한다. 심지어 고객과의 대화 내용을 학습하여 다음 고객에게는 더욱 정교한 답변을 제공하도록 스스로 진화한다.

더 나아가, 부동산 앱이나 웹사이트에 탑재된 AI 추천 엔진은 이 단계의 핵심적인 역할을 수행한다. AI는 고객이 클릭한 매물의 특징, 머문 시간, 가격대, 선호 지역 등의 행동 데이터를 실시간으로 분석하여 개인의 숨겨진 취향을 입체적으로 프로파일링한다. 이를 통해 'A 고객은 조망권을 중시하지만, B 고객은 교통 편의성을 최우선으로 고려한다'는 식의 정밀한 분석이 가능해진다. 분석이 끝나면, AI는 수만 개의 매물 중에서 해당 고객이 가장 만족할 만한 매물만을 선별하여 '당신만을 위한 추천 매물'이라는 이름으로 제시한다.

2.3. 구매(Purchase) 단계: 데이터 기반의 객관적 의사결정 지원

구매는 고객 여정에서 가장 신중하고 복잡한 단계이다. 특히 도시부동산과 같은 고관여 상품의 경우, 주관적 감정이나 불완전한 정보에 기댄 결정은 큰 후회로 이어질 수 있다. AI는 이 결정적인 순간에 데이터라는 가장 객관적인 조언을 제공함으로써 고객의 합리적 의사결정을 돕는다.

대표적인 기술이 바로 '자동평가모델(AVM: Automated Valuation Model)'

Automated Valuation Model - Matrixian
https://matrixian.com/

이다. AVM은 해당 부동산의 실거래가, 공시지가, 면적, 층수와 같은 기본적인 정보뿐만 아니라, 주변 상권의 변화, 교통망 확충 계획, 인구 유입률, 심지어 위성사진을 분석한 일조량과 녹지 비율까지 수백, 수천 개의 변수를 종합하여 적정 가치를 산출한다. 이를 통해 고객은 '감'이 아닌 데이터에 기반하여 가격 협상에 임하고, 구매 결정의 확신을 가질 수 있게 된다.

측면	AVM	전통적 평가
시간	몇 초 또는 몇 분 내에 결과를 제공합니다	완료하는 데 며칠이 걸립니다
비용 효율성	비용이 저렴하고, 직접 방문할 필요가 없습니다.	감정사 수수료로 인해 비용이 더 많이 듭니다.
능률	매우 빠르고 효율적입니다	시간이 많이 걸리고 비용이 많이 듭니다

AVM - 부동산 자동가치평가 시스템, https://www.klv.kr/tech_avm

상업용 부동산의 경우, AI의 역할은 더욱 극대화된다. AI는 특정 지역의 유동인구 데이터, 시간대별 인구 구성(성별, 연령), 경쟁 점포의 분포 및 매출 데이터 등을 분석하여 해당 입지의 '미래 예상 매출'을 시뮬레이션 해준다. 이는 '이곳에 카페를 열면 성공할 수 있을까?'라는 예비 창업자의 막연한 질문에 대해 가장 과학적인 답변을 제시하는 것이다. 즉, AI는 단순한 중개자를 넘어 고객의 성공적인 투자를 돕는 데이터 분석 파트너로 기능한다.

2.4. 충성도(Loyalty) 단계: 일회성 고객을 평생의 팬으로

과거의 부동산 비즈니스에서 고객과의 관계는 대부분 잔금을 치르는 구매 단계에서 종료되었다. 그러나 AI 시대의 마케팅은 구매를 끝이 아닌 새로운 시작으로 정의한다.

1) 주거용 부동산의 경우, 건설사나 임대관리회사는 입주민 전용 AI 기반 스마트홈 플랫폼을 제공할 수 있다.

주거용 부동산의 경우, 건설사나 임대관리회사는 입주민 전용 AI 기반 스마트홈 플랫폼을 제공할 수 있다. 이 플랫폼은 입주민의 생활 패턴을 학습하여 스스로 에너지 사용량을 최적화하고, 소모품 교체 시기나 정기 시설 점검 일정을 미리 알려준다. 또한, 커뮤니티 내의 다른 입주민들과

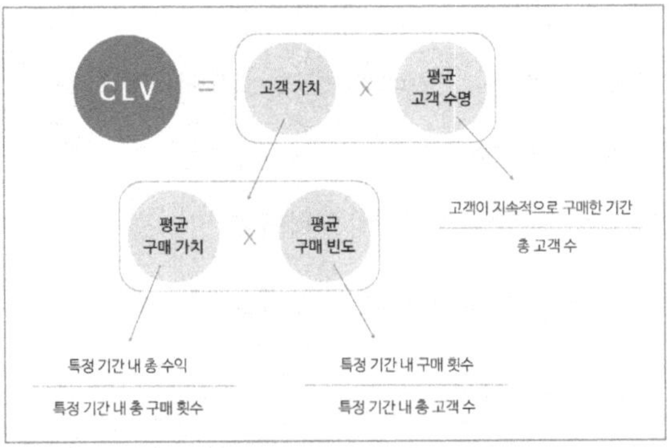

고객 생애 가치 | 그루비, https://groobee.net/blog

관심사 기반의 소모임을 연결해주거나, 단지 주변의 할인 정보를 제공하는 등 주거 경험의 질을 지속적으로 높인다. 이러한 긍정적 경험은 자연스럽게 브랜드에 대한 높은 충성도로 이어진다.

2) 더 나아가, AI는 고객 생애 가치(LTV: Customer Lifetime Value)를 극대화하는 전략을 구사한다.

더 나아가, AI는 고객 생애 가치(LTV: Customer Lifetime Value)를 극대화하는 전략을 구사한다. 예를 들어, 한 고객이 20평대 신혼집 아파트에 입주한 지 5년이 지났고, 자녀 교육 관련 검색량이 늘어난다는 데이터가 포착되면, AI는 이 고객이 더 넓은 평수의 집으로 이사할 시점이 임박했음을 예측한다. 이때 해당 건설사의 새로운 30평대 분양 정보를 적절한 시점에 제공함으로써, 일회성 고객을 평생에 걸쳐 자사의 브랜드를 소비하는 '충성 고객'이자 '팬'으로 전환시킬 수 있다.

종합하면 AI 알고리즘은 도시부동산 고객 여정의 전 단계에 깊숙이 관여하며, 과거에는 상상할 수 없었던 수준의 정밀함과 개인화를 구현하고 있다. 이제 마케터와 도시계획가, 부동산 개발자는 단순히 건물을 짓고 파는 것을 넘어, 고객의 전체 여정을 설계하고 데이터로 그 경험을 풍요롭게 만드는 '경험 설계자'가 되어야 한다. AI라는 환상적인 도구를 통해 고객의 마음을 읽고 한발 앞서 움직이는 것, 이것이 미래 도시부동산 시장의 가장 중요한 성공 방정식이 될 것이다.

■ **도시부동산 고객 여정 단계별 AI기반 목표, 작동원리, 역할, 장단점, 도시부동산 활용예시**

구분	인지 (Awareness)	고려 (Consideration)	구매 (Purchase)	충성도 (Loyalty)
목표	잠재고객의 디지털 발자국을 분석하여 미래의 수요를 예측하고, 적절한 대상에게 부동산 정보를 선별적으로 노출하여 인지도를 확보한다.	개인화된 정보 제공과 실시간 소통을 통해 잠재고객의 적극적인 정보 탐색을 돕고, 구매 고려를 심화시킨다.	데이터 기반의 객관적인 정보를 제공하여 고객의 복잡한 의사결정 과정을 지원하고, 합리적인 구매 결정을 유도한다.	구매 이후에도 지속적인 가치를 제공하여 고객 만족도를 높이고, 일회성 고객을 장기적인 충성 고객으로 전환하여 생애 가치를 극대화한다.
작동원리	소셜 미디어 키워드, 검색 기록 등 파편화된 데이터를 수집하여 '생애주기 이벤트' 예측 모델을 구축하고, 이를 통해 잠재고객을 타겟팅한다.	자연어 처리(NLP) 기반의 AI 챗봇이 24시간 고객 질문에 응대하고, 추천 엔진이 고객의 행동 데이터를 분석하여 맞춤형 매물을 제시한다.	자동평가모델(AVM)이 수백 개의 변수를 종합하여 부동산의 객관적인 가치를 산출하고, 상권 분석 AI가 미래 예상 매출 등을 시뮬레이션한다.	스마트홈 플랫폼이 입주민의 생활 패턴을 학습하여 주거 경험을 최적화하고, 고객 데이터 분석을 통해 다음 이사 시점을 예측하여 관련 상품을 추천한다.
역할	'수요에 대한 반응'에서 '수요의 예측과 창출'로 마케팅 패러다임을 전환하며, 고객이 인지하기 전에 먼저 잠재수요를 발견하는 역할을 한다.	24시간 지치지 않는 개인 비서이자, 고객의 숨겨진 취향까지 파악하여 최적의 매물을 추천하는 정밀한 조언자 역할을 수행한다.	주관적 감정이나 불완전한 정보 대신, 데이터에 기반한 객관적 근거를 제공함으로써 고객의 합리적 의사결정을 돕는 분석 파트너로 기능한다.	구매로 끝나는 관계가 아닌, 지속적인 경험 설계를 통해 고객과의 관계를 유지하고 평생의 팬으로 만드는 '경험 설계자'의 역할을 한다.

장단점	장점: 높은 정확도의 타겟팅으로 마케팅 비용 효율을 극대화한다. 단점: 개인정보 활용에 대한 프라이버시 침해 우려가 존재한다.	장점: 시공간 제약 없이 고객 응대가 가능하며, 개인화된 추천으로 만족도를 높인다. 단점: 복잡하거나 감정적인 문의에 대한 대응에 한계가 있을 수 있다.	장점: 정보의 비대칭성을 해소하고 객관적인 의사 결정을 지원한다. 단점: 모델이 시장의 모든 변수나 급격한 변화를 반영하지 못할 수 있다.	장점: 고객 생애가치(LTV)를 극대화하여 장기적이고 안정적인 수익을 창출한다. 단점: 지속적인 데이터 수집 및 분석에 대한 고객의 거부감이 있을 수 있다.
도시 부동산 활용 예시	결혼을 준비하는 사용자의 SNS에 신혼부부용 소형 아파트 광고를 노출하거나, 초등학교 입학을 앞둔 부모에게 우수 학군 인근의 매물을 제시한다.	AI 챗봇이 심야 시간에도 대출, 관리비 문의에 답변하고, 고객의 클릭 기록을 바탕으로 '당신만을 위한 추천 매물' 리스트를 제공한다.	자동평가모델(AVM)로 구매하려는 주택의 적정 시세를 확인하고, 상가 투자 시 AI가 분석한 유동인구 및 예상 매출 데이터를 참고한다.	입주민 전용 스마트홈 앱으로 에너지 사용량을 최적화해주고, 자녀 성장 데이터에 따라 더 넓은 평수의 주택을 적절한 시점에 추천한다.

3

도시부동산 분야에서 고객 이탈지점 예측 및 자동 개입 시스템 구축

도시부동산 시장이라는 거대한 극장에서, 잠재고객의 '떠남'은 종종 소리 없이 막을 내리는 독백과 같다. 수많은 시간 동안 웹사이트를 탐색하고, 마음에 드는 매물을 저장하며, 가상 투어까지 마친 한 명의 고객이 어느 순간 아무런 예고 없이 사라진다.

개발사와 마케터에게 이들의 침묵은 풀리지 않는 미스터리이자, 막대한 기회비용의 상실을 의미했다. 무엇이 그들을 망설이게 했는가? 어떤 지점에서 실망하고 발길을 돌렸는가? 과거에는 이 질문에 대한 답을 얻기 위해 값비싼 사후 설문조사에 의존하거나, 어림짐작으로 다음 전략을 세워야만 했다.

그러나 이제 우리는 인공지능(AI)이라는 가장 예리한 탐정을 고용하여, 이 '조용한 이탈'의 전조를 미리 감지하고, 고객이 떠나기로 마음먹기 전에 먼저 손을 내밀 수 있는 시대를 맞이하고 있다.

3.1. 디지털 발자국에 남겨진 이탈의 단서: AI는 무엇을 보는가?

고객의 이탈은 결코 갑작스러운 사건이 아니다. 그것은 디지털 플랫폼 위에 남겨진 수많은 발자국, 즉 데이터의 흐름 속에 미세한 균열과 이상 징후로 먼저 나타난다. AI는 바로 이 데이터의 패턴 변화를 학습하여 이탈 가능성을 수치 화된 '이탈 점수(Churn Score)'로 예측한다. AI가 주목하는 핵심적인 단서는 다음과 같다.

(1) **행동 패턴의 변화**(Behavioral Shift): 가장 강력한 신호는 고객의 행동 변화이다. 예를 들어, 매일 저녁 부동산 앱에 접속하여 30분 이상 매물을 탐색하던 사용자의 접속 빈도가 주 1회로 급감하거나, 평균 체류 시간이 5분 이내로 줄어드는 것은 매우 유의미한 이탈 전조 증상이다. 또한, '가상 투어', '대출 계산기'와 같은 핵심 기능의 사용이 현저히 줄어드는 것 역시 관심도 하락의 명백한 증거가 된다.

(2) **탐색 범위의 이질성**(Exploration Heterogeneity): 한 사용자가 '강남구 30평대 아파트'라는 일관된 조건으로 탐색을 이어가다가, 갑자기 '경기도 외곽의 타운하우스'나 '소형 오피스텔' 등 전혀 다른 범주의

매물을 검색하기 시작한다면, 이는 기존 탐색 조건에 대한 예산의 한계나 니즈의 변화를 시사하는 강력한 신호이다. AI는 이러한 탐색 패턴의 급격한 변화를 포착하여 '기존 목표 이탈 가능성'으로 분류한다.

(3) **감성의 변화**(Sentiment Shift): 자연어 처리(NLP) 기술을 통해 AI는 챗봇 문의나 고객 리뷰에 담긴 텍스트의 감성을 분석한다. 초기 단계에서 "인테리어가 환상적이네요!", "빨리 방문해보고 싶어요!"와 같이 긍정적이고 적극적인 언어를 사용하던 고객이, 어느 순간 "추가 비용은 없나요?", "다른 대안은 없을까요?"와 같이 신중하거나 부정적인 뉘앙스의 질문으로 바뀐다면, AI는 이를 '구매 확신 하락' 신호로 감지한다.

(4) **외부 환경과의 상관관계**(External Factor Correlation): AI는 고객의 행동을 시장의 거시적 변화와 연결하여 분석한다. 예를 들어, 중앙은행의 기준금리 인상 발표 직후, 상대적으로 높은 가격대의 매물을 주로 보던 사용자 그룹의 활동성이 전반적으로 감소하는 패턴을 발견할 수 있다. AI는 이러한 외부 요인에 민감하게 반응할 사용자들을 '고위험군'으로 자동 분류하여 선제적 관리 대상으로 삼는다.

3.2. 자동 개입 시스템: 떠나는 마음을 되돌리는 AI의 첫마디

이탈 가능성을 90%의 정확도로 예측한다 해도, 아무런 조치를 취하지 않는다면 무용지물이다. AI 기반 마케팅의 진정한 힘은 예측을 넘어, 인간의 개입 없이도 각 상황에 최적화된 메시지를 자동으로 전달하는 '자동 개입 시스템(Automated Intervention System)'을 구축하는 데 있다. 이는 마

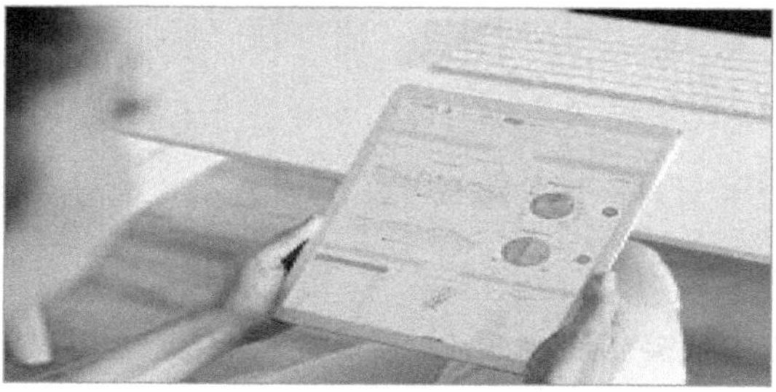

How to automate intervention management ? - MoveWORK

치 숙련된 세일즈 매니저가 고객의 표정 변화를 읽고 적절한 말을 건네는 것과 같은 역할을 디지털 환경에서, 24시간, 수만 명을 대상으로 동시에 수행하는 것과 같다.

시나리오 1

'가격 장벽' 앞에서 망설이는 고객

1) **이탈신호:** 특정 고가 아파트 단지 페이지만 반복적으로 조회하지만, 다음 단계(방문 예약, 상담 신청)로 넘어가지 못한다. AI는 이를 '예산 초과로 인한 구매 포기 가능성'으로 진단한다.

(2) **자동 개입:** 시스템은 해당 고객에게 개인화된 이메일이나 푸시 알림을 발송한다. "OO님, 찾고 계신 OOO 아파트의 가치, 놓치기 아쉽죠? 해당 단지와 유사한 생활 환경을 누릴 수 있으면서도, 보다 합리적인 가격대의 인근 신규 분양 단지 정보를 보내드립니다." 혹은 "OO님의 예산 범위에 맞는 최적의 주택담보대출 상품을 AI가 찾아드릴까요?" 와 같은 메시지로 대안을 제시하거나 장벽을 낮춰준다.

시나리오 2

'비교 탐색' 중 길을 잃은 잠재 임차인

1) **이탈신호:** 여러 개의 오피스텔 매물을 '찜하기' 목록에 담아두었지만, 며칠째 아무런 추가 행동이 없다. AI는 '선택 과부하로 인한 결정 지연' 상태로 판단한다.

(2) **자동 개입:** AI 챗봇이 먼저 말을 건다. "고객님, OOO와 XXX 오피스텔 사이에서 고민하고 계시는군요. 두 매물의 장단점을 한눈에 비교하실 수 있도록 표로 정리해 드릴까요?" 이를 통해 복잡한 정보를 단순화하고, 고객이 합리적인 결정을 내릴 수 있도록 지적인 도움을 제공함으로써 이탈을 방지한다.

결론적으로, AI 기반의 이탈 예측 및 자동 개입 시스템은 도시부동산 마케팅의 패러다임을 근본적으로 바꾸고 있다. 이는 더 이상 고객이 떠나간 뒤에 후회하는 '사후 대응'이 아니라, 고객의 마음이 흔들리는 바로 그 순간을 포착하여 먼저 다가가는 '사전 예방'이자 '적극적 관계 형성'의 기술이다.

이 시스템은 인간 마케터의 역할을 대체하는 것이 아니라, 오히려 그들을 더욱 가치 있는 일에 집중하게 만든다. AI가 데이터에 기반한 섬세한 재관여(Re-engagement) 활동을 자동으로 수행하는 동안, 인간 전문가는 그렇게 돌아온 고객들과 깊이 있는 소통을 통해 최종적인 신뢰를 구축하고 성공적인 계약을 이끌어내는 것이다.

도시부동산 분야에서 고객 생애 가치(LTV) 예측과 장기적 관계 형성 전략

도시부동산 시장에서 한 건의 계약은 종종 여정의 끝으로 간주된다. 분양 대금이 완납되고 소유권 이전 등기가 완료되는 순간, 고객과 기업의 공식적인 관계는 막을 내리는 것처럼 보였다. 이는 마치 밤하늘의 무수한 별 중 하나가 잠시 빛을 발했다가 사라지는 것을 지켜보는 것과 같다. 그러나 만약 그 별이 사라지는 것이 아니라, 우리 눈에 보이지 않는 거대한 궤도를 그리며 언젠가 다시 돌아올 행성이며, 심지어 주변의 다른 행성들을 끌어당기는 중심 항성이 될 잠재력을 가졌다고 가정한다면 어떨까?

이러한 혁명적 관점의 전환이 바로 '고객 생애 가치(LTV: Customer Lifetime Value)' 개념의 핵심이다. LTV는 한 명의 고객이 단일 거래를 통해 창출하는 가치를 넘어, 해당 기업과의 전체 관계 기간에 걸쳐 직간접적으로 기여할 총가치를 예측하는 지표이다.

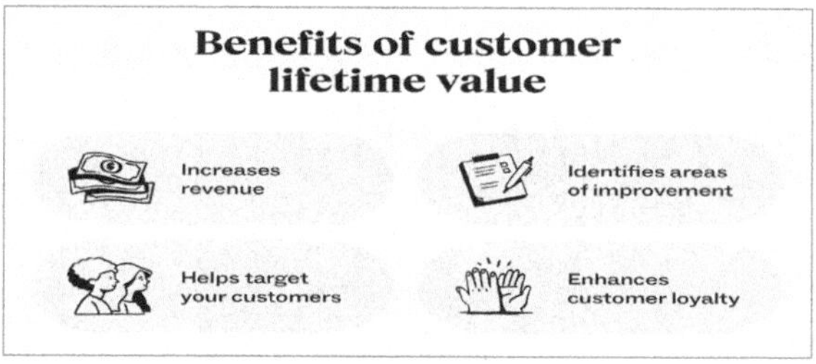

Customer lifetime value (CLV): What it is + how to calculate it
https://www.zendesk.kr/blog/customer-service-and-lifetime-customer-value

4.1. 고객 생애 가치(LTV): 단일 거래를 넘어선 가치의 총합

전통적으로 부동산 기업의 성공은 분양 실적이나 중개 건수와 같은 단기적이고 거래 중심적인 지표로 측정되었다. 그러나 이러한 관점은 고객이 가진 잠재적 가치의 극히 일부만을 포착할 뿐이다. 도시부동산 분야에서 한 고객의 생애 가치는 다음과 같은 다층적인 요소로 구성된다.

1) **미래의 직접 거래**: 생애 주기에 따라 더 넓은 집으로 이사(Upsizing)하거나, 자녀의 독립 후 작은 집으로 옮기는(Downsizing) 과정에서 발생하는 반복 구매.

(1) **교차 판매(Cross-selling)**: 주거용 부동산을 구매한 고객이 향후 상가나 오피스텔 등 상업용 부동산에 투자할 가능성. 혹은 인테리어, 이사, 부동산 관리 서비스 등 연계 상품을 구매할 가능성.

(2) **간접 가치(구전 및 추천)**: 만족한 고객이 자신의 소셜 네트워크를 통해 긍정적인 후기를 공유하거나, 지인에게 해당 브랜드를 추천함으로써 발생하는 신규 고객 유치 효과.

이처럼 LTV는 눈앞의 계약금을 넘어, 한 고객과의 장기적인 신뢰 관계가 미래에 가져올 유무형의 가치 총합을 의미한다. 문제는 이 미래 가치를 어떻게 과학적으로 예측하여 현재의 마케팅 자원을 최적으로 배분할 것인가에 있다. 그리고 AI는 바로 이 질문에 대한 가장 정교한 해답을 제시한다.

4.2. 미래를 계산하는 알고리즘: AI는 어떻게 LTV를 예측하는가?

AI 기반의 LTV 예측 모델은 점성술사의 예언이 아닌, 데이터에 기반한 통계적 추론의 결정체이다. AI는 과거 수많은 고객의 데이터를 학습하여,

새로운 고객이 미래에 어떤 행동 패턴을 보일지를 높은 정확도로 예측한다. 이 과정에 투입되는 데이터와 알고리즘의 원리는 다음과 같다.

1) **핵심 입력 데이터**(Input Data):

(1) **고객 속성 데이터**: 연령, 소득 수준, 직업, 가족 구성원 수 등 인구통계학적 정보.

- 거래 데이터: 최초 계약 금액, 부동산 유형(아파트, 빌라, 오피스텔), 지역, 계약 시점 등.
- 행동 데이터: 웹사이트 및 앱 방문 빈도, 특정 매물 페이지 체류 시간, 검색 키워드, 챗봇 문의 내용 등 디지털 발자국.
- 생애주기 이벤트 데이터: 소셜미디어나 외부 데이터를 통해 추론된 결혼, 출산, 자녀 진학, 승진 등 인생의 중요한 변화점.

2) **예측 모델**(Predictive Models): AI는 이러한 방대한 데이터를 바탕으로 회귀 분석(Regression Analysis), 서바이벌 분석(Survival Analysis)과 같은 통계 모델이나, 더 복잡한 머신러닝 알고리즘을 활용하여 각 고객의 미래 예상 매출, 예상 거래 주기, 이탈 가능성 등을 계산한다.

예를 들어, '30대 초반, 최초 주택 구매자, IT 전문직, 강남 지역 오피스텔 계약'이라는 속성을 가진 고객 그룹이 평균적으로 7년 후 1.5배 더 큰 아파트로 이주하며, 지인 2명을 추천했다는 과거 패턴을 학습한다. 그리고 이 모델을 새로운 고객에게 적용하여 미래 가치를 수치화된 'LTV 점수'로 산출하는 것이다.

4.3. LTV 기반의 초 개인화된 장기 관계 전략

LTV 예측은 분석에서 그치지 않고, 고객을 차별화하여 각기 다른 장기 관계 전략을 구사하는 '실행 계획'으로 이어질 때 비로소 그 가치를 발휘한다.

VIP 그룹(최상위 LTV)

미래의 파트너로 관리하라

- **대상:** 반복 구매 및 교차 판매 가능성이 매우 높은 최상위 LTV 고객.
- **전략:** 이들에게는 자동화된 메시지가 아닌, 전담 매니저가 배정되어 1:1 맞춤 관리를 제공한다. 주택 구매 기념일 축하 메시지, 개인화된 부동산 시장 동향 리포트 발송, 미공개 매물에 대한 프라이빗 투어 초청 등 단순한 고객을 넘어 '비즈니스 파트너'로 대우함으로써 강력한 유대감을 형성한다. AI는 이들의 자산 포트폴리오 변화나 관심사 변화를 지속적으로 모니터링하여, 전담 매니저에게 최적의 접촉 시점과 대화 주제를 제안한다.

성장 그룹(중상위 LTV)

잠재력을 깨우는 자동화된 여정

- **대상:** 현재는 단일 거래 고객이지만, 미래에 추가 거래 가능성이 있는 잠재적 성장 그룹.
- **전략:** AI 기반의 마케팅 자동화 시스템이 이들의 생애주기 변화를 예측하고, 가장 적절한 순간에 개입한다. 예를 들어, AI가 '자녀의 초등학교 입학'이라는 이벤트를 감지하면, 시스템은 자동으로 "OO님, 자녀의 새로운 시작을 축하드립니다. 우수한 학군으로 유명한 OOO 지역의 30평대 매물 정보를 보내드립니다"와 같은 초개인화된 메시지를 발송한다. 이는 고객이 스스로 필요를 느끼기 전에 먼저 해결책을 제시하는 선제적 마케팅이다.

안정 그룹(일반 LTV)

효율적인 관계 유지와 구전 효과 극대화

- **대상:** 추가 거래 가능성은 낮지만, 브랜드에 만족한 일반 고객 그룹.
- **전략:** 이들에게는 비용 효율적인 관계 유지에 집중한다. 정기적인 뉴스레터, 유용한 생활 정보(인테리어 팁, 세금 정보 등)를 제공하여 브랜드에 대한 긍정적인 인식을 유지시킨다. 또한, AI는 이들 중 주변에 강력한 영향력을 미치는 '인플루언서'를 식별하여, '지인 추천 프로그램' 참여를 유도하거나 만족도 높은 후기 작성을 요청함으로써 이들의 간접 가치, 즉 구전 효과를 극대화한다.

종합하면, AI 기반의 LTV 예측은 도시부동산 마케팅의 지향점을 근본적으로 바꾸어 놓는다. 이제 기업의 목표는 단순히 '집을 파는 것'이 아니라, '고객의 주거 생활 전체를 책임지는 평생의 동반자'가 되는 것이다. 한 명의 고객을 일회성 수익원으로 보는 근시안적 관점에서 벗어나, 그 고객이 가진 무한한 잠재적 가치를 데이터로 읽어내고, 평생에 걸쳐 그 가치를 함께 키워 나가는 장기적 파트너십을 구축하는 것이다.

Part 2

AI, 도시부동산 마케팅을 혁신하다

02

주제6
가상사례를 활용한 잠재 구매자 예측 및 하이퍼-타겟팅 전략

1

도시부동산 분야에서 인구통계학적 정보를 넘어선 라이프스타일 기반 타겟팅과 가상사례

지금까지 도시부동산 마케팅은 고객을 '30대, 기혼, 자녀 1명, 연소득 8천만 원'과 같은 인구통계학적(Demographic) 정보의 틀 안에 가두어 왔다. 이는 마치 한 사람을 뼈의 구조만으로 이해하려는 시도와 같다. 물론 뼈대는 인간을 구성하는 필수적인 요소이지만, 그 사람의 생각과 가치관, 취향과 꿈, 즉 삶의 색채를 담아내는 근육과 피부, 표정은 설명하지 못한다.

고객 역시 마찬가지다. 동일한 인구통계학적 특성을 가진 두 사람이라도, 한 명은 미니멀리즘을 추구하는 환경운동가일 수 있고, 다른 한 명은 최신 기술과 화려한 사교 모임을 즐기는 테크 얼리어답터일 수 있다.

이처럼 피상적인 분류의 한계를 뛰어넘기 위해, AI는 이제 고객의 '정체성(Identity)'이 아닌 '생활양식(Lifestyle)'을 읽어내기 시작했다.

1.1. 라이프스타일 페르소나: AI는 어떻게 숨겨진 욕망을 읽는가?

라이프스타일 기반 타겟팅은 '고객이 누구인가'를 넘어 '고객이 어떻게 살아가는가'에 초점을 맞춘다. AI는 이 '어떻게'를 파악하기 위해 다음과 같은 비정형 데이터를 수집하고 분석한다.

(1) **관심사 및 가치관 데이터:** 소셜 미디어에서 '#비건레시피', '#제로웨이스트'를 검색하는 행위, 환경보호 단체를 팔로우하는 목록, 특정 정치·사회적 이슈에 '좋아요'를 누른 기록 등을 통해 개인의 가치관과 신념을 추론한다.

(2) **소비 데이터:** 온라인 쇼핑몰에서 유기농 식료품이나 친환경 세제를 구매하는 내역, 주말마다 미술관이나 독립서점 방문을 위해 결제하는 카드 내역 등은 소비 패턴 속에 숨겨진 취향을 드러낸다.

(3) **활동 데이터:** 스마트폰 위치 정보를 통해 주말에 등산이나 서핑을 즐기는지, 혹은 도심의 핫플레이스를 탐방하는지를 파악하고, 특정 커뮤니티 앱(예: 러닝, 독서 모임)에서의 활동 내역을 통해 사회적 관계망과 여가 활동을 분석한다.

AI는 이러한 수억 개의 데이터 포인트들을 '클러스터링(Clustering)' 알고리즘을 통해 분석하여, 유사한 행동 패턴을 보이는 사람들을 하나의 집단으로 묶어낸다. 그리고 이 집단에 구체적인 서사를 부여하여 '라이프스타일 페르소나(Lifestyle Persona)'를 창조한다. 이는 더 이상 '30대 여성'이 아닌, '주말의 미식 탐험가', '고양이와 함께하는 재택근무 프리랜서', '새벽을 달리는 나이키 런클럽 멤버'와 같이 생생하고 입체적인 고객상이다.

"AI 기반 라이프스타일 페르소나 타겟팅" 가상 사례 1

주거용 부동산 - '도심 속 오아시스' 프로젝트

https://v.daum.net

1) **프로젝트 개요:** 서울 성수동의 오래된 공장 지대를 재개발한 주상복합 단지. 넓은 평수 대신 다소 작지만 개성 있는 구조를 가졌고, 옥상에는 입주민 전용 루프탑 텃밭과 요가 스튜디오, 1층에는 공유 오피스와 카페테리아가 있다.

2) **전통적 타겟:** '20-30대, 1-2인 가구, 고소득 전문직'

3) **AI 기반 라이프스타일 페르소나 타겟팅:**

(1) **페르소나 정의:** '워라밸을 추구하는 크리에이티브 워커'

- 특징: IT, 디자인, 마케팅 분야의 프리랜서 또는 재택근무자. 일과 삶의 경계가 모호하며, 효율적인 업무 공간과 영감을 주는 휴식 공간을 동시에 원한다. '#오하운(오늘 하루 운동)', '#사이드프로젝트'와 같은 해시태그 활동이 잦고, 생산성 향상 앱과 명상 앱을 유료로 구독한다.
- AI의 식별: 링크드인(LinkedIn) 프로필, 재택근무 관련 커뮤니티 활동, 공유 오피스 결제 이력, 디자인 레퍼런스 사이트(Pinterest, Behance) 활동 데이터를 종합하여 페르소나를 식별한다.

(2) 마케팅 전략:

- 메시지: "당신의 일과 삶이 가장 창의적으로 만나는 곳. 코드와 디자인에 지친 당신의 뇌를 옥상 텃밭에서 리프레시하세요."(X: "성수동 역세권 신축 오피스텔 분양!")
- 채널: 일반 부동산 포털이 아닌, IT 전문직 커뮤니티(예: OKKY), 디자인 플랫폼(예: 브런치), 프리랜서 매칭 플랫폼(예: 크몽)에 타겟 광고를 집행한다.
- 콘텐츠: 유명 유튜버 개발자와의 협업을 통해 '이곳에서 살아보며 코딩하기' 브이로그를 제작하여, 공유 오피스에서 일하고 루프탑에서 휴식하는 실제 라이프스타일을 생생하게 보여준다.

"AI 기반 라이프스타일 페르소나 타겟팅" 가상 사례 2

상업용 부동산 - '시간이 멈춘 골목' 프로젝트

1) **프로젝트 개요:** 서울 서촌의 한옥과 낡은 상가들이 늘어선 조용한 골목길의 1층 상가 매물. 유동인구가 많지 않고 주차가 불편하다.

2) **전통적 타겟:** '소규모 개인 카페 또는 공방'(매우 막연함)

서울 조용한 한옥마을 서촌을 걷다 네이버 블로그

3) AI 기반 라이프스타일 페르소나 타겟팅:

(1) 페르소나 정의: '아날로그 감성의 로컬 장인'

- 특징: 자신만의 철학을 담아 소량의 제품을 만드는 수공예 작가, 독립서점 주인, 스페셜티 커피 로스터. 대형 프랜차이즈를 거부하고, 느리고 불편하더라도 고유의 가치를 중시한다. 온라인 핸드메이드 마켓(예: 아이디어스)에서 높은 평점을 기록하고 있으며, 필름 카메라나 LP 관련 커뮤니티에서 활동한다.
- AI의 식별: 인스타그램에서 '#서촌공방', '#독립서점투어' 등의 키워드를 사용한 유저, 온라인 마켓 판매자 데이터, 특정 취향 기반의 오프라인 모임(예: 프립, 문토) 참여 이력을 분석하여 페르소나를 특정한다.

(2) 마케팅 전략:

- 메시지: "당신의 이야기가 이 골목의 역사가 됩니다. 속도가 아닌, 깊이를 찾는 브랜드의 다음 챕터를 이곳에서 시작하세요." (X: "서촌 상가 임대, 권리금 없음")
- 채널: 해당 페르소나가 영감을 얻는 매거진(예: 매거진B)의 온라인 채널, 핸드메이드 작가들이 모인 네이버 카페, 인스타그램의 관련 커뮤니티에 직접적인 메시지(DM)나 광고를 전달한다.
- 콘텐츠: AI를 활용해 해당 상가 공간에 입점할 가능성이 있는 작가의 제품들이 진열된 가상 인테리어 이미지를 자동으로 생성하고, "OO 작가님의 브랜드가 이 공간과 만난다면 이런 모습일 겁니다"라는2 개인화된 제안서를 이메일로 발송한다.

종합하면, 라이프스타일 기반 타겟팅은 AI를 통해 마케팅을 기술의 영역에서 인문학의 영역으로 확장시키는 혁신이다. 이는 단순히 물건을 팔기 위해 고객을 분석하는 것을 넘어, 고객의 삶을 더 깊이 이해하고 그들의 가치관에 부합하는 공간과 커뮤니티를 제안하는 과정이다.

2

도시부동산 분야에서 AI 기반 광고 최적화: 최적의 시간, 채널, 메시지 조합 찾기와 가상사례

2.1. AI 기반 광고 최적화는 단순히 광고를 집행하는 것을 넘어, 어떤 고객에게(Who), 어떤 채널에서(Where), 어떤 시간에(When), 어떤 메시지를(What) 전달하는 것이 가장 효과적인지를 데이터에 기반하여 동적으로 찾아내는 과정이다.

만약, 수백만 개의 변수로 이루어진 이 복잡한 방정식을 실시간으로 계산하여, 최적의 해답을 스스로 찾아내는 AI 조력자가 있다면 어떨까? AI 기반 광고 최적화는 바로 이 상상을 현실로 만드는 기술이다. 이는 단순히 광고를 집행하는 것을 넘어, 어떤 고객에게(Who), 어떤 채널에서(Where), 어떤 시간에(When), 어떤 메시지를(What) 전달하는 것이 가장 효과적인지를 데이터에 기반하여 동적으로 찾아내는 과정이다.

AI 기반 광고 최적화 시스템의 적용 가상 사례 1

주거용 부동산 - 대규모 아파트 단지의 '초정밀 타겟 분양' 캠페인

https://www.imwood.co.kr/news

1) **상황:** 대형 건설사 '시그니처 하우징'은 경기도 신도시에 2,000세대 규모의 대단지 아파트 분양을 시작한다. 타겟 고객은 '30대 신혼부부', '초등학생 자녀를 둔 40대 가족', '은퇴를 앞둔 50대 부부' 등 매우 다양하다. 이들은 한정된 마케팅 예산을 각 타겟 그룹별로 가장 효율적인 채널과 메시지에 집중하고 싶다.

2) AI 기반 광고 최적화 시스템의 적용:

(1) **목표:** 각 타겟 그룹별로 최고의 광고 효율(문의 전환율, 모델하우스 방문 예약률)을 보이는 채널-메시지-시간 조합을 실시간으로 찾아내고, 예산을 동적으로 재분배한다.

(2) **AI의 자율 학습 및 최적화 과정:** AI 에이전트는 캠페인 초기에 예산을 여러 채널(유튜브, 인스타그램, 네이버 블로그, 부동산 앱)과 메시지(가격 경쟁력 강조, 학군 우수성 강조, 자연환경 및 커뮤니티 시설 강조)에 소액으로 분산하여 테스트를 시작한다.

- 탐색과 활용(Exploration & Exploitation): AI는 초기 데이터를 통해

'30대 신혼부부' 그룹에서 '인스타그램 영상 광고'와 '커뮤니티 시설 강조 메시지' 조합이 평일 저녁 시간대에 약간 더 높은 클릭률을 보이는 것을 발견한다. AI는 여기에 더 많은 예산을 배분(활용)하면서도, 동시에 다른 조합(탐색)에 대한 테스트를 멈추지 않는다.

- 실시간 패턴 발견: 며칠간의 학습 결과, AI는 인간 마케터가 발견하기 어려운 구체적인 패턴을 찾아낸다.
  - 30대 신혼부부: 인스타그램의 '숏폼 영상' 광고를 통해 '감각적인 인테리어와 편리한 커뮤니티 시설'을 보여줄 때, 특히 평일 오후 9시 이후에 문의 전환율이 급증한다.
  - 40대 가족: 네이버 블로그의 '상세 분석 포스팅' 형태로 '단지 내 초등학교 배정, 주변 학원가 정보'를 제공할 때, 주말 오전 10시를 전후하여 모델하우스 방문 예약률이 가장 높다.
  - 50대 부부: 유튜브의 '차분한 톤의 리뷰 영상'을 통해 '단지 주변의 산책로와 병원 접근성'을 강조할 때, 평일 오전 시간대에 가장 높은 시청 완료율과 긍정적 댓글 반응을 얻는다.

(3) **자동 예산 재분배:** AI는 이러한 실시간 성과 데이터를 기반으로, 매시간 자동으로 광고 예산을 재분배한다. 성과가 저조한 광고 조합의 예산을 회수하여, 가장 효율이 높은 '황금 조합'에 집중 투자한다.

3) **전략적 결과:** '시그니처 하우징'은 더 이상 "어떤 광고가 효과가 좋았지?"라고 사후에 분석하는 대신, AI가 실시간으로 최적의 조합을 찾아내도록 함으로써 마케팅 비용 대비 효과(ROAS)를 35% 이상 개선한다. 또한, 각 타겟 그룹에게 가장 와닿는 메시지를 전달함으로써, 브랜드에 대한 긍정적 인식을 높이고 분양 기간을 예상보다 2개월 단축시키는 놀라운 성과를 거둔다.

AI 기반 광고 최적화 시스템의 적용 가상 사례 2

상업용 부동산 - AI 기반 'B2B 리드 발굴' 및 육성 시스템

프라임 오피스란? 기준, 장점, 권역별 대표 빌딩 살펴보기 | 스매치 인사이트

1) **상황:** 글로벌 부동산 서비스 기업 '글로벌 프로퍼티스'는 서울 강남 테헤란로에 위치한 프라임급 오피스 빌딩의 임차인을 유치해야 한다. 잠재 임차인은 국내 대기업, 외국계 기업, 빠르게 성장하는 유니콘 스타트업 등이다. 이들 기업의 임차 결정권자(C-Level 임원, 사옥 이전 TF팀장)에게 접근하는 것은 매우 어렵고, 획일적인 메시지로는 관심을 끌 수 없다.

2) AI 기반 광고 최적화 시스템의 적용:

(1) **목표:** 각 잠재 임차 기업 그룹별로 가장 효과적인 정보 전달 경로와 콘텐츠 유형을 찾아내고, 장기적인 관계 형성을 통해 최종 계약으로 이끄는 최적의 '광고 시퀀스'를 발견한다.

(2) **AI의 자율 학습 및 최적화 과정:** AI는 잠재 임차 기업 리스트를 바탕으로, 각 기업의 특성에 맞는 다단계 캠페인을 설계하고 실행한다.

- 콘텐츠와 채널의 조합: AI는 다양한 콘텐츠('미래의 업무 환경'에 대한 심층 분석 리포트, 빌딩의 최첨단 설비를 보여주는 VR 투어, 기존 입주사 CEO의 만족도 인터뷰 영상 등)를 각기 다른 채널(링크드인, 경제

전문지 온라인 광고, 산업별 전문 커뮤니티, 타겟 이메일)을 통해 노출시킨다.

- 시퀀스 학습: AI는 단발적인 광고 효과가 아닌, 행동의 순서, 즉 '시퀀스'를 학습한다.
  - 가설: '리포트 다운로드 → VR 투어 체험 → 이메일 문의'라는 이상적인 고객 여정을 설정한다.
  - 학습과 발견: AI는 수많은 시도를 통해, 외국계 기업에게는 링크드인을 통해 먼저 CEO 인터뷰 영상을 노출시킨 후, 영문 리포트를 이메일로 제공하는 것이 VR 투어 체험으로 이어질 확률이 가장 높다는 최적의 순서를 발견한다. 반면, 유니콘 스타트업에게는 기술 전문 커뮤니티에 '개발자를 위한 최상의 업무 환경'이라는 블로그 포스팅을 노출하는 것이 초기 단계에서 가장 높은 반응을 이끌어낸다는 것을 학습한다.
- 개인화된 자동 대응: 잠재 고객이 특정 행동(예: 리포트 다운로드)을 취하면, AI는 그 행동을 트리거(Trigger)로 삼아 다음 단계의 개인화된 메시지를 자동으로 발송한다. "OOO 리포트를 흥미롭게 보셨군요. 귀사의 성장 단계에 맞춰, 저희 빌딩이 제공하는 유연한 공간 확장 옵션에 대한 추가 정보를 보내드립니다."

3) 전략적 결과: '글로벌 프로퍼티스'는 AI를 통해 잠재 고객의 특성과 관심 단계에 따라 가장 설득력 있는 정보와 콘텐츠를, 가장 효과적인 순서로 제공하게 된다. 이는 마치 수백 명의 노련한 B2B 세일즈 전문가가 각 잠재 고객의 마음을 읽고 맞춤형으로 접근하는 것과 같은 효과를 낳는다. 그 결과, 유효 리드(Qualified Leads) 확보 비용을 50% 절감하고, 평균 임차 계약 체결 기간을 30% 단축시키는 성과를 달성한다.

결론적으로 AI 기반 광고 최적화는 마케팅을 '지출'의 개념에서 '투자'의 개념으로 바꾸는 혁신적인 접근법이다. 모든 광고 클릭과 노출, 고객의 모든 반응을 학습 데이터로 삼아 스스로 더 똑똑해지는 AI의 능력은, 도시부동산 마케팅의 효율성과 예측 가능성을 과거와는 비교할 수 없는 수준으로 끌어올린다.

3

도시부동산 분야에서 유사 고객 타겟팅(Lookalike Targeting)을 통한 잠재 수요 발굴과 가상사례

3.1. "이처럼 훌륭한 고객들을 어디서 더 찾을 수 있을까?" 이 질문에 대한 가장 강력하고 환상적인 해답이 바로 '유사 고객 타겟팅(Lookalike Targeting)'이다.

유사 고객 타겟팅은 말 그대로, 우리의 가장 충성도 높은 핵심 고객(Seed Audience)과 디지털 세상에서 '닮은' 사람들을 찾아내는 기술이다. 이는 단순히 연령이나 소득과 같은 표면적인 정보가 닮은 사람을 찾는 것을 넘어선다.

AI는 핵심 고객 그룹의 수천 가지에 달하는 행동 패턴, 관심사, 가치관, 온라인상의 발자취를 학습하여, 그들의 보이지 않는 '디지털 DNA'를 추출한다. 그리고 이 DNA와 일치하는 사람들을 거대한 인구 풀 속에서 식별하여, 우리가 미처 알지 못했던 새로운 잠재 수요의 바다를 눈앞에 펼쳐 보여준다.

유사 고객 타겟팅 시스템의 적용 가상 사례 1

주거용 부동산 - 니치(Niche) 빌라 단지의 성공 DNA 복제

타운하우스, https://namu.wiki

1) **상황:** 친환경 건설사 '에코 포레스트'는 경기도 외곽에 반려동물과 함께하는 1인 가구를 위한 소규모 고급 빌라 단지를 분양하여 성공적으로 완판했다. 문제는 이 타겟 그룹이 매우 특수하여, 다음 프로젝트를 위한 잠재 고객을 어디서 찾아야 할지 막막하다는 점이다. 기존의 마케팅 방식으로는 더 이상 새로운 고객을 찾기 어려웠다.

2) 유사 고객 타겟팅 시스템의 적용:

(1) **목표:** 기존 계약자들의 숨겨진 공통점을 발견하고, 이들과 유사한 특성을 가진 새로운 잠재 고객 그룹을 전국 단위에서 발굴한다.

(2) AI의 학습 및 잠재 고객 발굴 과정:

- 핵심 고객(Seed Audience) 정의: 첫 번째 빌라 단지의 최종 계약자 50명의 비식별화된 데이터를 핵심 고객으로 설정한다.
- 디지털 DNA 분석: AI는 이 50명의 데이터를 심층적으로 분석한다. 표면적으로는 '30대, 1인 가구, 고소득'이라는 공통점이 있었

지만, AI는 그 이면에 숨겨진 놀라운 행동 패턴을 발견한다.

- 이들은 특정 독립서점에서 발행하는 비주류 매거진을 정기 구독하고 있다.
- 온라인 쇼핑몰에서 일반 사료가 아닌, 유기농 수제 반려동물 간식을 주로 구매한다.
- 주말마다 특정 국립공원 주변의 등산로나 애견 동반 가능 식당을 방문한 위치 정보 기록이 많다.

- 유사 고객(Lookalike Audience) 생성: AI는 이 발견된 '디지털 DNA'(비주류 매거진 구독, 유기농 펫푸드 소비, 특정 지역 방문)를 기반으로, 수백만 명의 소셜 미디어 및 포털 사용자 중에서 이와 95% 이상 일치하는 새로운 사용자 2만 명을 찾아낸다. 이 새로운 그룹은 기존 계약자들과 연령이나 거주 지역은 다를 수 있지만, 가치관과 라이프스타일 면에서는 거의 '쌍둥이'와 같다.

3) **전략적 결과:** '에코 포레스트'는 이 2만 명의 유사 고객 그룹에게만 타겟 광고를 집행한다. 광고 메시지는 "당신의 특별한 라이프스타일을 이해하는 단 하나의 집"과 같이, 그들의 가치관을 직접적으로 자극하는 내용으로 구성된다. 결과적으로, 불특정 다수에게 광고할 때보다 광고 클릭률은 5배, 최종 분양 문의 전환율은 3배 이상 증가한다. 유사 고객 타겟팅은 흩어져 있어 보이지 않았던 니치 마켓을 하나의 거대한 잠재 수요 그룹으로 묶어주는 '자석'과 같은 역할을 한 것이다.

유사 고객 타겟팅 시스템의 적용 가상 사례 2

상업용 부동산 - '미래의 핫플레이스'를 이끌어갈 임차인 발굴

성수동에 복합문화예술 공간 들어선다…성동구청
https://www.mk.co.kr/news/business/

1) **상황:** 서울 성수동에 위치한 복합문화공간 '팩토리 27'은 개성 있는 독립 브랜드들이 입점하여 Z세대의 핫플레이스로 떠올랐다. 자산관리팀은 곧 계약이 만료되는 공실에, 기존의 성공적인 브랜드들처럼 '팩토리 27'의 명성을 더욱 높여줄 새로운 '스타 임차인'을 유치하고 싶다.

2) 유사 고객 타겟팅 시스템의 적용(B2B 활용):

(1) **목표:** 현재 가장 성공적인 입점 브랜드들의 핵심 고객과 유사한 사람들을 찾아내고, 이들이 현재 열광하는 새로운 브랜드를 역으로 추적하여 미래의 스타 임차인을 발굴한다.

(2) AI의 학습 및 잠재 임차인 발굴 과정:

- 핵심 고객(Seed Audience) 정의: '팩토리 27' 내에서 가장 높은 매출과 방문객 재방문율을 기록하는 상위 3개 브랜드의 멤버십 고객 또는 신용카드 결제 데이터를 통해 핵심 고객 1,000명을 정의한다.
- 디지털 DNA 분석: AI는 이 1,000명의 핵심 고객이 보이는 공통된 행동 패턴을 분석한다. 이들은 특정 해외 패션 플랫폼을 이용하

고, 독립 아티스트의 음악을 스트리밍하며, 친환경 코스메틱 브랜드에 대한 높은 관심도를 보인다.

- 유사 고객 생성 및 역추적: AI는 이 핵심 고객들과 유사한 '디지털 DNA'를 가진 5만 명의 유사 고객 그룹을 생성한다. 그리고 여기서 멈추지 않고, 이 5만 명이 현재 인스타그램에서 가장 많이 팔로우하고, '#내돈내산' 해시태그로 가장 많이 언급하는 신생 브랜드 리스트를 추출한다.
- 미래 스타 브랜드 리스트 도출: 분석 결과, 아직 오프라인 매장은 없지만 이 유사 고객 그룹 사이에서 폭발적인 인기를 얻고 있는 온라인 전용 디자이너 브랜드, 비건 베이커리, 오브제 캔들 공방 등 10개의 '미래 스타 브랜드'가 리스트업된다.

3) **전략적 결과:** '팩토리 27'의 임대차(Leasing)팀은 더 이상 막연하게 입점 문의를 기다리거나, 이미 유명해진 브랜드에 비싼 비용을 지불하며 접촉하지 않는다. 대신, AI가 발굴한 이 10개의 브랜드 리스트를 가지고 직접 접촉하여, "우리의 핵심 고객들은 이미 당신 브랜드의 팬입니다. '팩토리 27'은 당신의 첫 오프라인 매장을 위한 가장 완벽한 무대가 될 것입니다"라는 데이터 기반의 설득력 있는 제안을 한다. 이는 임대차 활동을 '기다림의 영업'에서 '과학적인 큐레이팅'으로 바꾸어, 상업 공간의 가치를 지속적으로 혁신하는 강력한 전략이 된다.

종합하면, 유사 고객 타겟팅은 이미 검증된 성공의 공식을 복제하고 확장하는 가장 지능적인 방법이다. 이는 우리의 시야를 기존 고객이라는 한정된 울타리 너머로 넓혀, 우리가 미처 존재조차 몰랐던 거대한 기회의 땅을 발견하게 해준다. 최고의 고객과 닮은 사람들을 찾아내는 AI의 능력은, 도시부동산 마케팅의 불확실성을 줄이고 성공 확률을 극대화하는 가장 정교하고 강력한 나침반이 될 것이다.

4

도시부동산 분야에서 사례 연구: 특정 아파트 단지에 가장 적합한 잠재고객 프로파일링과 가상사례

4.1. '고객 프로파일링(Customer Profiling)'은 바로 이 최적의 고객이 누구이며, 그들이 어떻게 생각하고, 무엇을 원하며, 어디에 있는지를 구체적인 모습으로 그려내는 과정이다.

모든 도시부동산은 저마다의 고유한 맥락과 성격을 지닌다. 도심의 최첨단 기술이 집약된 주상복합과, 오래된 도시의 역사를 품고 재탄생한 저층 빌라는 결코 같은 고객을 향해 말을 걸 수 없다. 성공적인 마케팅의 출발점은 이처럼 우리 상품이 가진 고유한 DNA를 이해하고, 그 가치를 가장 깊이 있게 알아봐 줄 단 한 사람, 즉 '최적의 고객'이 누구인지를 명확하게 정의하는 데 있다.

1) 과거에는 연령, 소득, 직업과 같은 인구통계학적 정보에 의존해 고객의 모습을 어렴풋이 추측해야 했다. 그러나 인공지능(AI) 시대의 프로파일링은 수많은 데이터의 조각들을 모아, 고객의 라이프스타일과 가치관, 숨겨진 욕망까지 담아내는 초정밀 인물화를 그리는 것에 가깝다.

'고객 프로파일링(Customer Profiling)'은 바로 이 최적의 고객이 누구이며, 그들이 어떻게 생각하고, 무엇을 원하며, 어디에 있는지를 구체적인 모습으로 그려내는 과정이다. 과거에는 연령, 소득, 직업과 같은 인구통계학적 정보에 의존해 고객의 모습을 어렴풋이 추측해야 했다. 그러나 인공지능(AI) 시대의 프로파일링은 수많은 데이터의 조각들을 모아, 고객의 라이프스타일과 가치관, 숨겨진 욕망까지 담아내는 초정밀 인물화를 그리는 것에 가깝다.

4.2. AI 기반 잠재고객 프로파일링 가상사례

AI 기반 잠재고객 프로파일링 가상 사례 1

'더 넥서스 판교' - 기술 최적화 인간(Tech-Savvy Optimizer) 을 위한 집

판교 제2테크노밸리 행복주택 및 지식산업센터 건립사업
http://www.chungyeon.co.kr/

1) 상황: 경기도 판교 테크노밸리 중심부에 최첨단 스마트홈 기술이 집약된 주상복합 아파트 '더 넥서스 판교'가 들어선다. 모든 세대는 AI 비서, IoT 제어 시스템, 빅데이터 기반 에너지 관리 시스템을 갖추고 있다. 문제는 높은 분양가와 기술 중심의 특성상, 단순히 '판교의 고소득 IT 종사자'라는 넓은 타겟만으로는 효과적인 마케팅이 어렵다는 점이다.

2) AI 기반 잠재고객 프로파일링:

(1) 목표: '더 넥서스 판교'의 핵심 가치인 '기술을 통한 삶의 최적화'에 가장 강하게 반응할, 구체적인 라이프스타일을 가진 고객 페르소나를 정의한다.

(2) 데이터 분석:

- 민간데이터: IT 전문직 종사자들의 온라인 커뮤니티(예: OKKY) 활동 데이터, 고사양 전자기기 및 스마트 가젯 구매 이력, 생산성 향상 앱(예: Notion, Asana) 유료 구독자 데이터.
- 소셜데이터: 링크드인 프로필, 기술 관련 인플루언서 및 매체(예: The Verge) 팔로워 리스트, '#스마트홈', '#자동화', '#테슬라' 등 특정 기술 관련 해시태그 사용자 분석.
- 공공데이터: 특허청의 개인 명의 기술 특허 등록 데이터.

3) AI의 프로파일링 결과: '테크-새비 옵티마이저(Tech-Savvy Optimizer)' 페르소나 도출 AI는 데이터 분석을 통해, 이들이 단순히 IT 지식이 많은 사람이 아니라, '기술을 통해 자신의 삶과 시간을 완벽하게 통제하고 최적화하려는 강한 욕구'를 가진 집단임을 발견한다. 이들은 효율성을 최고의 가치로 여기며, 데이터 기반의 의사결정을 선호하고, 모든 기기와 서비스가 하나의 시스템처럼 매끄럽게 연동되기를 원한다. 이들은 집을 단순한 주거 공간이 아닌, 자신의 삶을 관리하는 '개인 운영체제(Personal OS)'로 인식한다.

4) 프로파일 기반 마케팅 전략:

(1) 핵심 메시지: "당신의 삶, 완벽하게 최적화되다. '더 넥서스'는 집이 아니라, 당신의 삶을 위한 가장 진보한 운영체제입니다."

(2) **타겟 채널:** 일반 부동산 포털이 아닌, IT 전문 뉴스 사이트, 기술 전문직 커뮤니티, 테크 유튜버 채널과의 협업, 생산성 앱 내 배너 광고 등에 집중한다.

(3) **콘텐츠:** '더 넥서스에 사는 개발자의 하루'라는 컨셉의 영상을 제작한다. 기상부터 취침까지, 집 안의 모든 시스템이 개인의 스케줄과 컨디션에 맞춰 자동으로 조명, 온도, 음악, 보안을 최적화해주는 모습을 보여줌으로써, 페르소나의 핵심 욕구를 직접적으로 자극한다.

AI 기반 잠재고객 프로파일링 가상 사례 2

'서촌 헤리티지' – 문화적 탐험가(Cultural Explorer) 를 위한 공간

1) **상황:** 서울 서촌의 오래된 한옥과 골목길의 정취를 살려 리모델링한 저층 고급 빌라 '서촌 헤리티지'가 공급된다. 대규모 커뮤니티 시설이나 넓은 주차 공간은 없지만, 주변에는 갤러리, 독립서점, 장인의 공방이 즐비하다. 이 공간의 가치를 알아볼 수 있는 특별한 안목을 가진 고객을 찾아야 한다.

2) AI 기반 잠재고객 프로파일링:

(1) **목표:** '서촌 헤리티지'의 핵심 가치인 '역사, 문화, 그리고 진정성'에 공명하는 고객 페르소나를 정의한다.

(2) 데이터 분석:

- 민간데이터: 특정 카드사의 미술관/박물관/공연장 결제 데이터, 독립서점 및 디자인 편집샵 멤버십 고객 데이터, 인문/예술 분야 도서 구매 이력.
- 소셜데이터: 인스타그램에서 '#전시회추천', '#골목길투어', '#고택음악회' 등 특정 문화 활동 관련 해시태그 사용자, 문화예술 매거진(예: 매거진B) 구독자, 건축/디자인 관련 커뮤니티 활동 회원.

(3) **AI의 프로파일링 결과:** '문화적 탐험가(Cultural Explorer)' 페르소나 도출 AI는 이들이 나이나 소득 수준과 무관하게, '물질적 편의보다 문화적, 지적 경험을 통해 자신의 정체성을 구축하는' 집단임을 발견한다. 이들은 대량생산된 상품보다 장인의 스토리가 담긴 물건을 선호하며, 주거 공간 역시 자신의 취향과 철학을 드러내는 중요한 표현 방식으로 여긴다. 이들에게 집은 단순한 자산이 아니라, 영감을 주는 '개인의 갤러리'이자 '문화적 아지트'이다.

3) **프로파일 기반 마케팅 전략:**

(1) **핵심 메시지:** "이야기 속에 살다. '서촌 헤리티지'는 집이 아니라, 당신의 취향으로 완성되는 서울의 문화적 캔버스입니다."

(2) **타겟 채널:** 문화예술 전문 매거진과의 기획 기사, 갤러리 멤버십 회원 대상 DM 발송, 건축 및 인테리어 전문 인플루언서와의 협업, 독립서점 내 팝업 전시 등을 통해 잠재 고객에게 직접 다가간다.

(3) **콘텐츠:** '서촌 헤리티지'의 리모델링 과정을 담은 한 편의 단편 다큐멘터리를 제작한다. 낡은 서까래를 되살리는 장인의 모습, 현대적 디자인과 역사적 공간이 만나는 순간을 감성적인 영상미로 담아낸다. 분양 카탈로그 역시 단순한 정보지가 아닌, 한 권의 아트북처럼 디자인하여 소장 가치를 높인다.

주제 7

AI 기반 동적 가격 책정(Dynamic Pricing)의 원리

1

도시부동산 시장 수요, 경쟁, 고객 특성에 따른 실시간 가격조정과 가상사례

1.1. 도시부동산 분야의 실시간 가격조정: 수요, 경쟁, 고객에 따라 최적의 가치를 찾는다

1) 만약, 가격이 살아있는 생명체처럼 시장의 미세한 맥박과 고객의 숨결에 실시간으로 반응하며 스스로 최적의 모습을 찾아간다면 어떨까? 이것이 바로 인공지능(AI)이 구현하는 '동적 가격 책정(Dynamic Pricing)'의 핵심이다

전통적으로 도시부동산의 가격은 한번 결정되면 좀처럼 바뀌지 않는, 단단한 암석과도 같았다. 분양가는 시장 조사를 통해 한번 책정되면 완판되거나, 혹은 미분양의 낙인이 찍힐 때까지 고정되었고, 임대료 역시 계약 기간 동안 굳건히 유지되었다.

그러나 만약, 가격이 살아있는 생명체처럼 시장의 미세한 맥박과 고객의 숨결에 실시간으로 반응하며 스스로 최적의 모습을 찾아간다면 어떨까?

이것이 바로 인공지능(AI)이 구현하는 '동적 가격 책정(Dynamic Pricing)'의 핵심이다. 이는 시장 수요의 변화, 경쟁자의 움직임, 그리고 개별 고객의 특성까지 다차원적으로 분석하여, 매 순간 가장 적절한 가격과 조건을 찾아내는 고도의 전략이다.

1.2. 도시부동산 분야의 실시간 가격조정 가상사례

AI 기반 동적 가격 책정 시스템의 적용 가상 사례 1

주거용 부동산 – '퀀텀 팰리스'의 AI 기반 분양가 최적화

1) **상황:** 대형 건설사 '퀀텀 건설'은 서울 근교 신도시에 1,500세대 규모의 스마트 아파트 단지 '퀀텀 팰리스'를 분양한다. 시장은 금리 변동과 정부 정책의 영향으로 매우 유동적이며, 인근에는 여러 경쟁 단지들이 분양을 앞두고 있다. '퀀텀 건설'의 목표는 단순히 완판이 아니라, 시장 상황에 맞춰 수익을 극대화하고 분양 속도를 최적으로 조절하는 것이다.

2) AI 기반 동적 가격 책정 시스템의 적용:

(1) **목표:** 실시간 시장 데이터를 분석하여, 각 세대 그룹(로열층, 저층, 소형 평형 등)별 최적의 분양가와 프로모션 조합을 동적으로 조정한다.

(2) 데이터 분석(실시간 입력값):

- 시장 수요: '퀀텀 팰리스' 키워드의 실시간 검색량, 웹사이트 페이지뷰, 모델하우스 방문 예약률, 시간대별 문의 전화량.
- 경쟁 환경: 인근 경쟁 단지의 분양가 변동, 잔여 세대 수, 프로모션 활동(SNS 광고, 기사 등)을 실시간으로 수집.
- 고객 특성: 상담 고객의 희망 예산, 신용 점수, 가족 구성원 등 비식별화된 데이터.
- 거시 환경: 한국은행 기준금리 발표, 정부의 부동산 정책 발표 등.

(3) **AI의 실시간 가격 조정 및 전략 제안:** 강화학습 기반의 AI 에이전트는 이 모든 변수를 종합하여, 매일 아침 최적의 가격 전략을 제안한다.

3) **상황 변화 감지:** AI는 경쟁 단지 A가 미분양 해소를 위해 '중도금 무이자' 프로모션을 시작한 것을 감지한다. 동시에, '퀀텀 팰리스'의 고층부 한강 조망 세대에 대한 문의가 특정 소득 수준 이상의 고객들로부터 꾸준히 유입되는 것을 확인한다.

4) **차별화된 가격 전략 실행:** AI는 경쟁 단지를 따라 무작정 가격을 내리는 대신, 다음과 같은 차별화된 전략을 제안한다.

- 한강 조망 로열층(5%): 가격을 0.5% 소폭 인상한다. 이 세대의 가치를 알아보는 고소득층 수요는 가격에 비탄력적이라는 데이터 기반의 판단 때문이다.
- 중층부(70%): 가격을 동결하되, 'AI 기반 스마트홈 패키지 3년 무료 이용권'이라는 가치 제안형 프로모션을 추가하여 경쟁 단지의 금융 혜택과 차별화한다.
- 저층부(25%): 초기 계약률을 높이기 위해, 선착순 50세대에 한해 '취득세 지원' 프로모션을 제안하여 가격에 민감한 고객층을 공략한다.

5) **결과:** 이 AI 시스템 덕분에 '퀀텀 팰리스'는 시장 침체기에도 불구하고, 가치를 인정받는 세대는 제값을 받고, 가격에 민감한 수요는 프로모션으로 흡수하는 유연한 전략을 구사한다. 그 결과, 전체 분양 기간 동안 평균 분양가를 경쟁 단지보다 3% 높게 유지하면서도, 목표했던 기간 내에 성공적으로 분양을 완료한다.

AI 기반 동적 가격 책정 시스템의 적용 가상 사례 2

상업용 부동산 – '더 허브 서울'의 AI 기반 임대료 협상 모델

1) **상황:** 자산운용사 '메가에셋'은 강남 중심업무지구(CBD)에 위치한 프라임급 오피스 빌딩 '더 허브 서울'의 공실을 채워야 한다. 잠재 임차인은 안정적인 대기업부터, 빠르게 성장하는 IT 스타트업, 외국계 지사까지 다양하며, 각 기업의 지불 능력과 요구사항이 모두 다르다. 모든 기업에 동일한 임대료 기준을 제시하는 것은 비효율적이다.

2) AI 기반 임대료 협상 모델의 적용:

(1) **목표:** 잠재 임차 기업의 프로필을 분석하여, 장기적인 자산 가치를 극대화할 수 있는 최적의 맞춤형 임대 조건(임대료, 렌트프리 기간, 인테리어 지원 등)을 예측하고 제안한다.

(2) 데이터 분석(입력값):

- 기업 프로필: 잠재 임차 기업의 업종, 신용등급, 재무제표, 성장률, 예상 임차 기간.
- 시장 데이터: 주변 오피스 빌딩의 공실률, 평균 실질 임대료(NOC), 최근 계약 사례.

3) AI의 맞춤형 임대 조건 제안:

(1) **사례 1:** 안정적인 금융 대기업: AI는 해당 기업의 매우 높은 신용등급과 장기 임차 선호도를 분석한다. 또한, 현재 시장에 이 기업의 규모를 수용할 만한 프라임급 오피스 공급이 부족하다는 데이터를 확인한다.

- AI 제안: 표준 임대료에서 할인을 최소화하고, 대신 장기 계약에 따른 소폭의 임대료 인상률 조정을 제안한다. 안정성을 중시하는 이

기업은 기꺼이 조건을 수락할 확률이 90% 이상으로 예측된다.

(2) **사례 2:** 고성장 IT 스타트업: AI는 이 기업의 낮은 현재 신용도와는 별개로, 최근 3년간의 매출 성장률과 투자 유치 이력을 통해 미래 성장 가능성이 매우 높다고 판단한다. 하지만 초기 현금 흐름이 불안정할 것이라고 예측한다.

- AI 제안: 초기 2년간은 표준 임대료보다 15% 낮은 파격적인 가격을 제시하되, 3년 차부터는 시장 평균 수준으로 조정하는 '계단식 임대료' 구조를 제안한다. 또한, 초기 투자 부담을 줄여주기 위해 3개월의 렌트프리 기간과 인테리어 공사비 지원을 포함한다. 이는 단기적인 손실을 감수하더라도, 미래의 우량 임차인을 선점하여 장기적인 빌딩 가치를 높이는 전략이다.

4) **결과:** '메가에셋'은 AI의 도움으로 더 이상 획일적인 기준이 아닌, 각 잠재 임차인의 특성과 미래 가치를 반영한 '스마트 협상'을 진행하게 된다. 이를 통해 우량 대기업은 놓치지 않고 제값을 받고, 잠재력 있는 스타트업은 유치하여 빌딩의 혁신적인 이미지를 구축하는 등, 전체 빌딩의 공실률을 최소화하고 임대 수익 포트폴리오를 최적화하는 성과를 거둔다.

2

도시부동산 분야에서 최적의 분양가 및 프로모션 전략 수립과 가상사례

2.1. 이는 시장 수요의 변화, 경쟁자의 움직임, 그리고 개별 고객의 특성까지 다차원적으로 분석하여, 매 순간 가장 적절한 가격과 조건을 찾아내는 고도의 전략이다.

만약, 가격이 살아있는 생명체처럼 시장의 미세한 맥박과 고객의 숨결에 반응하며 스스로 최적의 전략을 찾아간다면 어떨까? 이것이 바로 AI가 구현하는 '최적 가격 및 프로모션 전략 수립'의 핵심이다. 이는 시장 수요의 변화, 경쟁자의 움직임, 그리고 개별 고객의 특성까지 다차원적으로 분석하여, 매 순간 가장 적절한 가격과 조건을 찾아내는 고도의 전략이다.

2.2. 최적의 분양가 및 프로모션 전략 수립의 가상사례

AI 기반 최적화 시스템의 적용 가상 사례

주거용 부동산 – '로얄 팰리스'의 AI 기반 분양가 최적화

1) **상황:** 대형 건설사 '퀀텀 건설'은 서울 근교 신도시에 1,500세대 규모의 스마트 아파트 단지 '로얄 팰리스'를 분양한다. 시장은 금리 변동과 정부 정책의 영향으로 매우 유동적이며, 인근에는 여러 경쟁 단지들이 분양을 앞두고 있다. '퀀텀 건설'의 목표는 단순히 완판이 아니라, 시장 상황에 맞춰 수익을 극대화하고 분양 속도를 최적으로 조절하는 것이다.

2) AI 기반 최적화 시스템의 적용:

(1) **목표**: 실시간 시장 데이터를 분석하여, 각 세대 그룹(로열층, 저층, 소형 평형 등)별 최적의 분양가와 프로모션 조합을 동적으로 조정하는 전략을 수립한다.

(2) **데이터 분석**(실시간 입력값):

- 시장 수요: '퀀텀 팰리스' 키워드의 실시간 검색량, 웹사이트 페이지뷰, 모델하우스 방문 예약률, 시간대별 문의 전화량.
- 경쟁 환경: 인근 경쟁 단지의 분양가 변동, 잔여 세대 수, 프로모션 활동(SNS 광고, 기사 등)을 실시간으로 수집.
- 고객 특성: 상담 고객의 희망 예산, 신용 점수, 가족 구성원 등 비식별화된 데이터.
- 거시 환경: 한국은행 기준금리 발표, 정부의 부동산 정책 발표 등.

3) **AI의 실시간 전략 수립 및 제안**: 강화학습 기반의 AI 에이전트는 이 모든 변수를 종합하여, 매일 아침 최적의 가격 전략을 제안한다.

(1) **상황 변화 감지**: AI는 경쟁 단지 A가 미분양 해소를 위해 '중도금 무이자' 프로모션을 시작한 것을 감지한다. 동시에, '퀀텀 팰리스'의 고층부 한강 조망 세대에 대한 문의가 특정 소득 수준 이상의 고객들로부터 꾸준히 유입되는 것을 확인한다.

(2) **차별화된 전략 실행**: AI는 경쟁 단지를 따라 무작정 가격을 내리는 대신, 다음과 같은 차별화된 전략 패키지를 제안한다.

- 한강 조망 로열층(5%): 가격을 0.5% 소폭 인상한다. 이 세대의 가치를 알아보는 고소득층 수요는 가격에 비탄력적이라는 데이터 기반의 판단 때문이다.

- 중층부(70%): 가격을 동결하되, 'AI 기반 스마트홈 패키지 3년 무료 이용권'이라는 가치 제안형 프로모션을 추가하여 경쟁 단지의 금융 혜택과 차별화한다.
- 저층부(25%): 초기 계약률을 높이기 위해, 선착순 50세대에 한해 '취득세 지원' 프로모션을 제안하여 가격에 민감한 고객층을 공략한다.

4) **결과:** 이 AI 시스템 덕분에 '퀀텀 팰리스'는 시장 침체기에도 불구하고, 가치를 인정받는 세대는 제값을 받고, 가격에 민감한 수요는 프로모션으로 흡수하는 유연한 전략을 구사한다. 그 결과, 전체 분양 기간 동안 평균 분양가를 경쟁 단지보다 3% 높게 유지하면서도, 목표했던 기간 내에 성공적으로 분양을 완료한다.

AI 기반 임대 전략 모델의 적용 가상 사례

상업용 부동산 - '더 허브 서울'의 AI 기반 임대 전략 수립

1) **상황:** 자산운용사 '메가에셋'은 강남 중심업무지구(CBD)에 위치한 프라임급 오피스 빌딩 '더 허브 서울'의 공실을 채워야 한다. 잠재 임차인은 안정적인 대기업부터, 빠르게 성장하는 IT 스타트업, 외국계 지사까지

오피스 홍수 시대 서울서 살아남는건 프라임급 빌딩뿐 - 매일경제
https://www.mk.co.kr/news

다양하며, 각 기업의 지불 능력과 요구사항이 모두 다르다. 모든 기업에 동일한 임대료 기준을 제시하는 것은 비효율적이다.

2) AI 기반 임대 전략 모델의 적용:

(1) 목표: 잠재 임차 기업의 프로필을 분석하여, 장기적인 자산 가치를 극대화할 수 있는 최적의 맞춤형 임대 조건(임대료, 렌트프리 기간, 인테리어 지원 등)을 예측하고 제안한다.

(2) 데이터 분석(입력값):

- 기업 프로필: 잠재 임차 기업의 업종, 신용등급, 재무제표, 성장률, 예상 임차 기간.
- 시장 데이터: 주변 오피스 빌딩의 공실률, 평균 실질 임대료(NOC), 최근 계약 사례.

3) AI의 맞춤형 임대 조건 제안:

(1) 사례 1: 안정적인 금융 대기업: AI는 해당 기업의 매우 높은 신용등급과 장기 임차 선호도를 분석한다. 또한, 현재 시장에 이 기업의 규모를 수용할 만한 프라임급 오피스 공급이 부족하다는 데이터를 확인한다.

- AI 제안: 표준 임대료에서 할인을 최소화하고, 대신 장기 계약에 따른 소폭의 임대료 인상률 조정을 제안한다. 안정성을 중시하는 이 기업은 기꺼이 조건을 수락할 확률이 90% 이상으로 예측된다.

(2) 사례 2: 고성장 IT 스타트업: AI는 이 기업의 낮은 현재 신용도와는 별개로, 최근 3년간의 매출 성장률과 투자 유치 이력을 통해 미래 성장 가능성이 매우 높다고 판단한다. 하지만 초기 현금 흐름이 불안정할 것이라고 예측한다.

- AI 제안: 초기 2년간은 표준 임대료보다 15% 낮은 파격적인 가격을 제시하되, 3년 차부터는 시장 평균 수준으로 조정하는 '계단식 임대료' 구조를 제안한다. 또한, 초기 투자 부담을 줄여주기 위해 3개월의 렌트프리 기간과 인테리어 공사비 지원을 포함한다. 이는 단기적인 손실을 감수하더라도, 미래의 우량 임차인을 선점하여 장기적인 빌딩 가치를 높이는 전략이다.

4) 결과: '메가에셋'은 AI의 도움으로 더 이상 획일적인 기준이 아닌, 각 잠재 임차인의 특성과 미래 가치를 반영한 '스마트 협상' 전략을 수립하게 된다. 이를 통해 우량 대기업은 놓치지 않고 제값을 받고, 잠재력 있는 스타트업은 유치하여 빌딩의 혁신적인 이미지를 구축하는 등, 전체 빌딩의 공실률을 최소화하고 임대 수익 포트폴리오를 최적화하는 성과를 거둔다.

3

도시부동산 분야에서 개인화된 가격 제안 (Personalized Pricing & Proposal)을 통한 협상력 증대와 가상사례

3.1. '개인화된 가격 제안은 단순히 가격을 동적으로 조정하는 것을 넘어, 고객의 프로필, 행동 데이터, 숨겨진 욕망을 분석하여, 그 고객이 가장 매력적으로 느낄 가격과 비가격적 혜택(프로모션, 부가 서비스)의 최적 조합을 찾아내는 고도의 전략이다.

1) AI가 수백만 건의 데이터를 학습하여 눈앞의 고객 한 사람만을 위한 '최적의 제안'을 실시간으로 설계할 수 있다면 어떨까? 이것이 바로 '개인화된 가격 제안(Personalized Pricing & Proposal)'의 핵심이다.

만약, AI가 수백만 건의 데이터를 학습하여 눈앞의 고객 한 사람만을 위한 '최적의 제안'을 실시간으로 설계할 수 있다면 어떨까? 이것이 바로 '개인화된 가격 제안(Personalized Pricing & Proposal)'의 핵심이다. 이는 단순히 가격을 동적으로 조정하는 것을 넘어, 고객의 프로필, 행동 데이터, 숨겨진 욕망을 분석하여, 그 고객이 가장 매력적으로 느낄 가격과 비가격적 혜택(프로모션, 부가 서비스)의 최적 조합을 찾아내는 고도의 전략이다.

3.2. 개인화된 가격 제안의 가상사례

AI 기반 개인화 제안 시스템의 적용 가상 사례

주거용 부동산 – '레오 스마트건설'의 AI 기반 고객별 최적 제안 시스템

1) **상황:** 대형 건설사 '레오 스마트'는 서울 근교 신도시에 1,500세대 규모의 스마트 아파트 단지 '레오 스마트 팰리스'를 분양한다. 수많은 잠재 고객이 모델하우스를 방문하지만, 이들의 실제 지불 의향(Willingness to Pay)과 핵심 선호 가치는 모두 다르다. 일괄적인 분양가와 프로모션으로는 개별 고객을 설득하는 데 한계가 있다.

2) AI 기반 개인화 제안 시스템의 적용:

(1) **목표:** 상담 단계에서 확보된 개별 고객의 데이터를 실시간으로 분석하여, 계약 확률을 극대화하는 맞춤형 가격 및 혜택 패키지를 제안한다.

(2) **데이터 분석**(실시간 입력값):

- 고객 프로필: 고객이 직접 제공한 정보(나이, 직업, 소득, 가족 구성원).
- 행동 데이터: 고객이 모델하우스를 둘러보며 어떤 공간(예: 주방, 서재)에서 오래 머물렀는지, 어떤 자재나 옵션에 대해 질문했는지에 대한 상담사의 태블릿 입력 데이터.
- 디지털 발자국: 고객이 사전에 웹사이트에서 어떤 타입의 유닛을 주로 조회했는지, 어떤 키워드로 검색하여 유입되었는지에 대한 데이터.

3) **AI의 실시간 개인화 제안:** 상담이 진행되는 동안, AI는 입력된 데이터를 바탕으로 고객의 '숨겨진 욕망'과 '예상 지불 의향 가격'을 예측하고, 상담사에게 최적의 제안 조합을 추천한다.

(1) **고객 A(30대 후반, IT 개발자 부부)**: AI는 이들이 '홈 오피스 공간'과 '최신 스마트홈 기술'에 높은 관심을 보였으며, 예상 지불 의향 가격이 표준 분양가보다 약 3% 높다고 분석한다.

- AI 제안: "표준 분양가를 제안하되, 계약 시 500만 원 상당의 '프리미엄 홈 오피스 패키지(빌트인 책상 및 조명)'와 'AI 기반 스마트홈 3년 구독권'을 추가로 제공하십시오. 계약 확률이 40%에서 75%로 상승할 것입니다."

(2) **고객 B(40대, 초등학생 자녀 2명)**: AI는 이들이 자녀의 교육 환경에 매우 민감하며, 초기 자금 부담을 줄이고 싶어 한다는 점을 파악한다.

- AI 제안: "분양가 할인은 최소화하는 대신, '중도금 대출 이자 지원'과 '단지 내 영어 도서관 평생회원권'을 결합하여 제안하십시오. 이는 단순한 가격 할인보다 자녀 교육 가치를 중시하는 이 고객에게 더 큰 매력으로 작용할 것입니다."

4) **결과**: '퀀텀 건설'의 상담사들은 더 이상 모든 고객에게 동일한 설명을 반복하지 않는다. 대신 AI가 실시간으로 제안하는 '맞춤형 카드'를 활용하여, 고객이 가장 중요하게 생각하는 가치를 정확히 공략하는 고차원적인 협상을 진행한다. 이를 통해 전체적인 가격 할인율은 낮추면서도, 고객 만족도와 최종 계약률은 극적으로 끌어올리는 성과를 거둔다.

AI 기반 임대 전략 모델의 적용 가상 사례

상업용 부동산 - '더 허브 서울'의 AI 기반 맞춤형 임대 제안

1) **상황**: 자산운용사 '메가에셋'은 강남 중심업무지구(CBD)에 위치한 프라임급 오피스 빌딩 '더 허브 서울'의 공실을 채워야 한다. 잠재 임차인은 안정적인 대기업부터, 빠르게 성장하는 IT 스타트업, 외국계 지사까지

다양하며, 각 기업의 사업적 목표와 요구사항이 모두 다르다.

2) AI 기반 임대 전략 모델의 적용:

(1) **목표:** 잠재 임차 기업의 프로필과 사업 전략을 분석하여, 단순한 임대 계약을 넘어 장기적인 파트너십을 구축할 수 있는 최적의 맞춤형 임대 조건을 제안한다.

(2) 데이터 분석(입력값):

- 기업 프로필: 잠재 임차 기업의 업종, 신용등급, 재무제표, 성장률, 예상 임차 기간, CEO의 인터뷰 및 언론 보도.
- 시장 데이터: 주변 오피스 빌딩의 공실률, 평균 실질 임대료(NOC), 최근 계약 사례.

3) AI의 맞춤형 임대 조건 제안:

(1) **사례 1:** 안정적인 금융 대기업: AI는 해당 기업의 매우 높은 신용등급과 장기 임차 선호도, 그리고 CEO가 인터뷰에서 '직원 복지'와 '안정성'을 강조한 사실을 분석한다.

- AI 제안: 표준 임대료를 기준으로 하되, '빌딩 내 프리미엄 피트니스센터 및 라운지 독점 이용 시간 제공', '장기 계약 시 5년간 임대료 동결 옵션' 등을 포함한 '안정성 및 복지 강화 패키지'를 제안한다. 이는 가격 협상을 넘어, 기업의 경영 철학을 존중하는 파트너로서의 이미지를 구축한다.

(2) **사례 2:** 고성장 AI 스타트업: AI는 이 기업의 낮은 현재 신용도와는 별개로, 기술 특허와 투자 유치 이력을 통해 미래 성장 가능성이 매우 높다고 판단한다. 또한, 이들이 '유연한 확장성'과 '인재 유치'를 가장 중요하게 생각한다는 점을 파악한다.

• AI 제안: 초기 2년간은 낮은 임대료를 적용하는 '계단식 임대료' 구조와 함께, '향후 3년간 옆 사무실 우선 임차권(Right of First Offer)'과 '빌딩 내 컨퍼런스룸 무료 사용 혜택'을 포함한 '성장 지원 파트너십'을 제안한다. 이는 단순한 임대인이 아닌, 기업의 성장을 돕는 전략적 파트너로서의 관계를 설정하는 것이다.

4) 결과: '메가에셋'은 AI의 도움으로 더 이상 획일적인 기준이 아닌, 각 잠재 임차인의 사업적 목표와 미래 가치를 반영한 '스마트 협상' 전략을 수립하게 된다. 이를 통해 우량 대기업과는 안정적인 장기 계약을, 잠재력 있는 스타트업과는 동반 성장 파트너십을 구축하며, 빌딩 전체의 공실률을 최소화하고 자산 가치를 질적으로 최적화하는 성과를 거둔다.

4

임대주택 시장에서의 동적 임대료 책정 모델과 가상사례

4.1. 만약, 임대료가 항공권 가격처럼 실시간으로 변화하는 시장 상황에 따라 스스로 최적의 가치를 찾아간다면 어떨까? 이것이 바로 인공지능(AI)이 구현하는 '동적 임대료 책정(Dynamic Rental Pricing)' 모델의 핵심이다

전통적으로 임대주택의 월세나 전세 가격은 한번 결정되면, 최소 1년에서 2년의 계약 기간 동안 변하지 않는 고정된 값으로 여겨졌다. 이는 마치 연초에 정해진 가격표로 일 년 내내 상품을 판매하는 것과 같이, 계절의 변화, 주변 지역의 이벤트, 단기적인 수요의 급증이나 급감과 같은

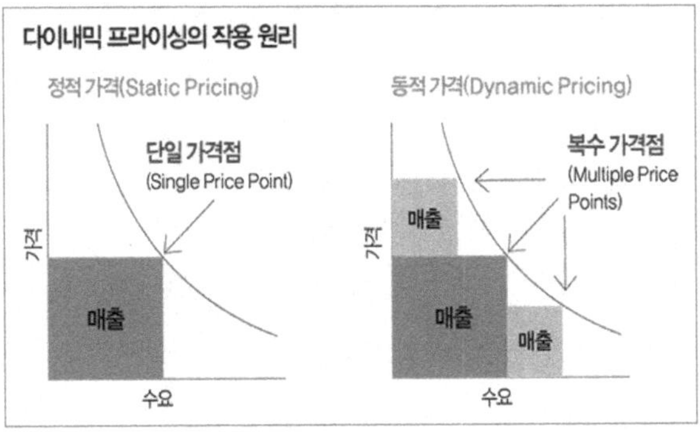

정가 대신 시가' 다이내믹 프라이싱, 항공·숙박 넘어 일상생활로 확산 - 매일경제
https://www.mk.co.kr/

시장의 살아있는 맥박을 전혀 반영하지 못하는 경직된 방식이었다.

그러나 만약, 임대료가 항공권 가격처럼 실시간으로 변화하는 시장 상황에 따라 스스로 최적의 가치를 찾아간다면 어떨까? 이것이 바로 인공지능(AI)이 구현하는 '동적 임대료 책정(Dynamic Rental Pricing)' 모델의 핵심이다. 이는 특정 기간의 수요와 공급, 주변 환경의 변화, 경쟁 매물의 가격, 심지어 잠재 임차인의 특성까지 다차원적으로 분석하여, 매 순간 수익을 극대화하고 공실률을 최소화하는 최적의 임대료를 찾아내는 고도의 전략이다.

4.2. 동적 임대료 책정 모델의 가상사례

AI 기반 동적 임대료 책정 시스템의 적용 가상 사례

대규모 임대주택 – '리브-인 스마트'의 AI 기반 수요 예측 및 가격 최적화

1) **상황:** 대규모 기업형 임대주택(Corporate Rental Housing)을 운영하는 '리브-인 스마트(Liv-In Smart)'는 서울 주요 지역에 수천 세대의 임대주택을 관리하고 있다. 이들의 가장 큰 과제는 연중 내내 높은 입주율을 유지

하면서도, 임대 수익을 극대화하는 것이다. 특히, 대학 개강 시즌, 대규모 컨퍼런스나 콘서트 기간 등 단기적으로 수요가 폭증하는 시기의 기회 손실을 줄이고자 한다.

2) AI 기반 동적 임대료 책정 시스템의 적용:

(1) **목표:** 단기 시장 수요를 정확히 예측하여, 주 또는 월 단위로 임대료를 동적으로 조정하고 공실률을 최소화한다.

(2) **데이터 분석**(실시간 입력값):

- 시장 수요: 인근 대학의 학사일정, 주변 컨벤션 센터 및 공연장의 이벤트 스케줄, 해당 지역으로의 항공권 및 KTX 예약률 데이터, 포털 사이트의 단기 임대 검색량.
- 경쟁 환경: 주변 오피스텔 및 경쟁 임대주택의 실시간 공실 현황과 호가 변화(부동산 플랫폼 데이터 크롤링).
- 고객 행동: 자사 웹사이트에서 특정 타입의 주택(원룸, 투룸)을 조회하는 잠재 임차인의 행동 데이터.

3) **AI의 실시간 임대료 조정:** AI는 이 모든 데이터를 종합하여, 특정 시점의 수요를 예측하고 최적의 임대료를 제안한다.

(1) **상황 변화 감지**(대학 개강 시즌): AI는 3월 개강을 앞둔 2월 중순부터 인근 대학교 주변 원룸의 검색량이 300% 급증하고, 경쟁 매물의 공실이 빠르게 소진되는 것을 감지한다.

- AI 제안: 해당 시점의 신규 계약자에 한해, 표준 임대료를 7% 인상하여 단기 초과 수요에 따른 수익을 극대화한다.

(2) **상황 변화 감지**(여름 비수기): AI는 7월 말부터 8월 중순까지 방학 및 휴가 시즌으로 인해, 도심 직장인 대상 투룸의 문의량이 40% 감소할 것을 예측한다.

• AI 제안: 해당 기간에 계약하는 투룸 입주자에게 '월 임대료 10% 할인' 또는 '1개월 렌트프리' 프로모션을 선제적으로 제공하여, 비수기 공실 발생 위험을 최소화한다.

4) **결과**: '리브-인 스마트'는 더 이상 1년 내내 동일한 임대료를 고수하지 않는다. AI의 도움으로 시장의 리듬에 맞춰 가격을 유연하게 조정함으로써, 성수기에는 최대의 수익을 올리고 비수기에는 공실을 방어하는 최적의 운영 전략을 구현한다. 이를 통해 연간 총 임대 수익을 12% 향상시키고, 평균 공실률은 3% 이하로 유지하게 된다.

AI 기반 맞춤형 조건 제안 모델의 적용 가상 사례

개인 임대인 플랫폼 – '스테이-플렉스'의 AI 기반 맞춤형 임대 조건 제안

1) **상황**: 대개인 임대인들을 위한 부동산 관리 플랫폼 '스테이-플렉스(Stay-Flex)'는 임대인들이 우량 임차인을 유치하고, 공실 기간을 줄일 수 있도록 돕는 AI 서비스를 도입하고자 한다. 임대인들은 종종 임차 희망자의 리스크를 판단하기 어렵고, 어떤 임대 조건을 제시해야 할지 막막해한다.

2) AI 기반 맞춤형 조건 제안 모델의 적용:

(1) **목표**: 잠재 임차인의 프로필을 분석하여, 임대인에게는 안정성을, 임차인에게는 만족을 줄 수 있는 최적의 맞춤형 임대 조건(임대료, 계약 기간, 보증금 등)을 제안한다.

(2) **데이터 분석(입력값)**:

• 임차인 프로필(비식별화): 신용평가 정보, 직업 안정성(재직 기간), 과거 임대차 계약 이력, 희망 입주일.

• 시장 데이터: 주변 지역의 평균 임대료, 공실 기간, 임대료 대비 보증금 비율.

3) AI의 맞춤형 임대 조건 제안: AI는 잠재 임차인의 데이터를 분석하여, 각기 다른 '리스크-보상 프로필'에 맞는 최적의 계약 조건을 설계한다.

(1) **사례 1:** 신용도 높은 대기업 재직자: AI는 해당 임차인이 매우 안정적이며, 장기 거주 가능성이 높다고 판단한다.

- AI 제안: "이 임차인은 리스크가 매우 낮습니다. 표준 임대료에서 3% 할인된 가격으로 2년 장기 계약을 제안하여, 우량 임차인을 선점하고 향후 2년간의 공실 및 중개 비용 리스크를 없애는 것이 유리합니다."

(2) **사례 2:** 소득은 높지만 이직이 잦은 프리랜서: AI는 소득 안정성에 약간의 불확실성이 있다고 판단한다.

- AI 제안: "표준 임대료를 유지하되, 보증금을 10% 높여 리스크를 관리하거나, 혹은 1년 단기 계약 옵션을 제공하여 유연성을 부여하는 것이 좋겠습니다. 단기 계약을 선호할 확률이 80%입니다."

4) 결과: '스테이-플렉스' 플랫폼을 이용하는 임대인들은 더 이상 자신의 '감'에 의존하지 않는다. AI가 제공하는 데이터 기반의 맞춤형 제안을 통해, 임차인과의 불필요한 갈등을 줄이고 각자의 상황에 맞는 '윈-윈' 계약을 체결하게 된다. 이를 통해 플랫폼 전체의 평균 공실 기간은 2주 이상 단축되고, 임대료 연체율은 50% 이상 감소하는 효과를 거둔다.

주제 8

24시간 깨어 있는 AI 챗봇(Chatbot)과 가상 비서

1

도시부동산 분야에서 단순 문의 응대를 넘어선 리드(Lead) 생성 챗봇의 역할과 가상사례

1.1. 챗봇이 단순한 안내원을 넘어, 고객의 마음을 먼저 읽고 말을 건네는 노련한 세일즈 전문가이자, 잠재 고객의 가치를 판별해내는 예리한 분석가의 역할을 수행한다면 어떨까? 이것이 바로 자연어 처리(NLP)와 머신러닝으로 무장한 'AI 기반 리드 생성 챗봇'의 핵심이다.

전통적으로 웹사이트의 챗봇은 정해진 질문에 기계적으로 답변하는, 수동적인 안내원에 불과했다. "분양가가 얼마인가요?"라는 질문에 가격표를 보여주고, "운영시간이 언제인가요?"라는 물음에 시간을 알려주는 것이 그 역할의 전부였다.

그러나 만약, 이 챗봇이 단순한 안내원을 넘어, 고객의 마음을 먼저 읽고 말을 건네는 노련한 세일즈 전문가이자, 잠재 고객의 가치를 판별해내는 예리한 분석가의 역할을 수행한다면 어떨까?

https://botpenguin.com

1) 고객과의 대화 속에서 맥락을 이해하고, 숨겨진 니즈를 파악하며, 구매 가능성이 높은 유망 고객, 즉 '리드(Lead)'를 발굴하여 영업팀에 연결해주는 능동적인 마케팅 엔진으로 진화한다.

이것이 바로 자연어 처리(NLP)와 머신러닝으로 무장한 'AI 기반 리드 생성 챗봇'의 핵심이다. 이 지능형 챗봇은 더 이상 질문을 기다리지 않는다. 고객과의 대화 속에서 맥락을 이해하고, 숨겨진 니즈를 파악하며, 구매 가능성이 높은 유망 고객, 즉 '리드(Lead)'를 발굴하여 영업팀에 연결해주는 능동적인 마케팅 엔진으로 진화한다.

1.2. 단순 문의 응대를 넘어선 리드(Lead) 생성 챗봇의 가상사례

AI 리드 생성 챗봇의 적용 가상 사례 1

주거용 부동산 – 잠재 구매자를 발굴하는 'AI 분양 컨설턴트'

1) **상황:** 대규모 아파트 단지 '더 포레스트'의 분양 웹사이트. 수많은 잠재 고객이 방문하지만, 대부분은 구체적인 질문을 하거나 개인정보를 남기기를 주저하며 이탈한다. 이 '조용한 방문객'들을 유효한 영업 리드로 전환시키는 것이 가장 큰 과제이다.

https://blog.naver.com/uniwell/223184203021

2) AI 리드 생성 챗봇의 적용:

(1) **목표**: 방문객과의 능동적인 대화를 통해 관심사를 파악하고, 구매 의향 수준을 판별(Qualify)하여, '뜨거운 리드(Hot Lead)'를 실제 상담으로 연결한다.

(2) AI 챗봇의 능동적 대화 시나리오:

- 선제적 질문과 관심 유도: 방문객이 웹사이트에 30초 이상 머물자, 챗봇이 먼저 말을 건다. "안녕하세요! '더 포레스트'에 오신 것을 환영합니다. 혹시 '아이들이 마음껏 뛰어놀 수 있는 단지 내 시설'이나 '햇살이 가장 잘 드는 남향 타입'에 대해 궁금하지 않으신가요?" 이는 단순한 인사를 넘어, 고객이 생각지 못했던 가치를 제시하며 대화를 유도하는 전략이다.
- 맥락 이해 및 니즈 파악: 방문객이 "가격이 궁금해요"라고 막연하게 묻는다. 챗봇은 가격표만 제시하는 대신, 더 깊은 질문을 던진다. "네, 고객님. 가격은 타입별로 다양합니다. 혹시 생각하시는 예산 범위나, 원하시는 평형대가 있으실까요? 가족 구성원을 알려주시면 고객님께 가장 적합한 타입을 추천해 드릴 수 있습니다." 이

대화를 통해 챗봇은 고객이 '30평대, 4인 가족, 10억 원 내외 예산'이라는 구체적인 프로필을 가지고 있음을 파악한다.

- 맞춤형 정보 제공 및 리드 판별: 챗봇은 파악된 정보를 바탕으로, "고객님의 조건에는 105동의 34평형 B타입이 가장 적합해 보입니다. 해당 타입의 가상현실(VR) 투어 링크를 보내드릴까요?"라며 개인화된 정보를 제공한다. 방문객이 VR 투어 링크를 클릭하고 오랜 시간 머무는 행동을 보이자, AI는 이 방문객을 '구매 의향 매우 높음' 상태의 '뜨거운 리드'로 자동 분류한다.
- 전환 유도 및 영업팀 연결: 챗봇은 마지막으로 결정적인 제안을 한다. "고객님께서 보신 34평형 B타입은 현재 인기가 많아 잔여 세대가 얼마 남지 않았습니다. 더 늦기 전에, 전문 상담사와 바로 연결하여 자세한 분양 조건과 혜택에 대해 안내받으시겠어요?"

3) 결과: 이 AI 챗봇은 웹사이트 방문객 중 20%를 유효 리드로 전환시키는 데 성공한다. 이는 과거의 수동적인 챗봇 대비 4배 높은 수치이다. 영업팀은 이제 막연한 잠재 고객이 아닌, 이미 구체적인 니즈와 높은 구매 의향이 검증된 리드에만 집중하여 상담을 진행함으로써, 계약 성공률을 획기적으로 높이게 된다.

AI 리드 생성 챗봇의 적용 가상 사례 2
상업용 부동산 - 기업 고객을 육성하는 'B2B 오피스 큐레이터'

1) 상황: 프라임급 오피스 빌딩을 전문으로 임대하는 '워크플레이스 솔루션즈'는 홈페이지를 통해 기업 고객의 문의를 받는다. 그러나 사옥 이전은 복잡한 의사결정 과정이 필요하기에, 대부분의 문의는 초기 정보 수집 단계에 머무르며 실제 계약으로 이어지지 않는다.

How to secure a seamless chatbot-to-human handoff
https://ebi.ai/blog

2) AI 리드 생성 챗봇의 적용:

(1) 목표: 잠재 임차 기업과의 장기적인 대화를 통해 신뢰를 구축하고, 이들의 구체적인 요구사항 데이터를 수집하며, 최종적으로 '계약 준비 완료' 상태의 리드로 육성(Nurturing)한다.

(2) AI 챗봇의 전문 컨설팅 시나리오:

- 전문가로서의 첫인상: 잠재 고객이 "판교 지역 100인 규모 오피스 임대"라고 검색하자, 챗봇이 전문가의 모습으로 등장한다. "판교 지역 100인 규모 오피스를 찾고 계시군요. 귀사의 성공적인 이전을 돕는 AI 컨설턴트입니다. 귀사의 업종과 가장 중요하게 생각하는 가치(예: '인재 유치를 위한 복지 시설', '고객사 접근성')를 알려주시면, 단순한 사무실이 아닌 귀사의 비전을 담을 최적의 공간을 추천해 드리겠습니다."
- 가치 제공을 통한 데이터 수집: 챗봇은 잠재 고객이 'IT 기업'이며 '직원 복지'를 중시한다는 사실을 파악한다. 챗봇은 바로 매물을 제시하는 대신, 유용한 정보를 제공하며 신뢰를 쌓는다. "IT 인재들은 특히 통근 편의성과 휴게 공간의 질을 중시하는 경향이 있습

니다. '최근 IT 기업들의 오피스 선택 트렌드 분석 리포트'를 보내드릴까요?" 고객이 리포트를 다운로드하면, 챗봇은 이 고객의 이메일 주소와 함께 관심사를 데이터로 확보한다.

- 지속적인 관계 형성 및 리드 육성: 며칠 뒤, 챗봇은 확보한 이메일로 후속 메시지를 보낸다. "지난번 리포트는 도움이 되셨나요? 마침 저희 '테크 스퀘어' 빌딩에 입주한 게임 회사가 라운지를 활용해 직원 만족도를 높인 성공 사례 인터뷰가 있어 보내드립니다." 이처럼 지속적인 정보 제공을 통해, 챗봇은 잠재 고객을 단순 문의자에서 브랜드의 '구독자'이자 '팬'으로 육성한다.
- 최적 시점의 영업팀 연결: 고객이 마침내 "테크 스퀘어 빌딩의 구체적인 임대 조건이 궁금합니다"라는 질문을 했을 때, AI는 이 고객이 충분히 육성된 '계약 준비 완료 리드'라고 판단한다. 챗봇은 "네, 고객님. 지금까지 나누었던 모든 대화 내용과 고객님의 관심사를 저희 기업 이전 전문 컨설턴트에게 전달하였습니다. 지금 바로 연결하여 가장 최적화된 맞춤 제안을 받으시겠어요?"라며 매끄럽게 실제 영업 담당자에게 리드를 전달한다.

3) **결과:** AI 챗봇은 장기적인 안목으로 잠재 고객을 관리하고 육성함으로써, 초기 문의의 계약 전환율을 30% 이상 끌어올린다. 영업팀은 더 이상 '차가운' 리드가 아닌, 이미 브랜드에 대한 높은 이해도와 신뢰를 가진 '따뜻한' 리드를 전달받아, 훨씬 더 깊이 있고 성공 확률 높은 상담을 진행하게 된다.

2

도시부동산 분야에서 가상투어 예약 및 맞춤형 매물 추천 자동화와 가상사례

2.1. AI가 단순한 정보 제공자를 넘어, 고객 개개인을 위한 지능적인 '컨시어지(Concierge)'가 되어, 가장 적합한 매물을 추천하고, 가상 공간을 통해 미리 체험하게 하며, 최종 방문까지의 모든 과정을 매끄럽게 자동화하는 혁신적인 접근법이다.

만약, AI가 고객의 취향을 먼저 파악하여 가장 어울리는 책을 추천해 주고, 도서관의 어느 곳에 있는지 가상으로 보여주며, 심지어 작가와의 만남까지 자동으로 주선해준다면 어떨까? 이것이 바로 'AI 기반 가상투어 예약 및 맞춤형 매물 추천 자동화'의 핵심이다.

이는 AI가 단순한 정보 제공자를 넘어, 고객 개개인을 위한 지능적인 '컨시어지(Concierge)'가 되어, 가장 적합한 매물을 추천하고, 가상 공간을 통해 미리 체험하게 하며, 최종 방문까지의 모든 과정을 매끄럽게 자동화하는 혁신적인 접근법이다.

2.2. 가상투어 예약 및 맞춤형 매물 추천 자동화와 가상사례

AI 기반 자동화 시스템의 적용 가상 사례 1

주거용 부동산 – 'AI 홈 큐레이터': 24시간 잠들지 않는 분양 전문가

1) **상황:** 대규모 하이엔드 아파트 단지 '아르테온 팰리스'가 분양을 시작했다. 이 단지는 다양한 평형대와 타입을 가지고 있으며, 타겟 고객층 또한 신혼부부부터 은퇴한 노년층까지 넓게 분포한다. 분양 사무소는 24

시간 쏟아지는 온라인 문의와 방문 예약 요청에 효율적으로 대응하는 데 큰 어려움을 겪고 있다.

2) AI 기반 자동화 시스템의 적용:

(1) **목표:** AI 챗봇을 통해 잠재 고객의 니즈를 24시간 실시간으로 파악하고, 그에 맞는 최적의 매물을 추천하며, 가상투어 제공 및 방문 예약까지의 전 과정을 자동화한다.

(2) AI의 자동화 시나리오:

- 선제적 니즈 분석: 잠재 고객이 분양 홈페이지에 접속하여 특정 평형대 정보를 2분 이상 조회하자, AI 챗봇 '아르테온 큐레이터'가 먼저 말을 건다. "안녕하세요! 84㎡ 타입에 관심이 있으시군요. 혹시 가족 구성원이나 라이프스타일에 대해 조금 더 알려주시면, 고객님의 삶에 꼭 맞는 최적의 동과 타입을 찾아드릴 수 있습니다."
- 맞춤형 매물 추천: 고객이 "4인 가족이고, 재택근무를 위한 서재 공간이 필요해요"라고 답한다. AI는 이 정보를 바탕으로, 같은 84㎡라도 '알파룸'이 특화된 B타입을 추천한다. "고객님, 그렇다면 자녀방 2개 외에 서재로 활용 가능한 알파룸이 설계된 84B 타입이 완벽한 선택이 될 것 같습니다. 특히 단지 내 도서관과 가까운 103동을 추천해 드립니다."
- 개인화된 가상투어 제공: AI는 즉시 해당 타입의 가상투어(VR)를 제안한다. "지금 바로 103동 84B 타입의 내부를 둘러보시겠어요? 고객님께서 가장 궁금해하실 서재 공간과 거실의 채광을 중심으로 안내해 드리겠습니다." AI는 고객의 관심사에 맞춰 가상투어의 시작점과 동선을 개인화하여 제공한다.

• 지능형 예약 자동화: 고객이 가상투어를 마친 후 긍정적인 반응을 보이자, AI는 다음 단계를 제안한다. "마음에 드셨다니 다행입니다. 실제 공간의 감동은 더욱 특별합니다. 이번 주말, 전문 컨설턴트와 함께하는 프라이빗 투어는 어떠신가요?" AI는 영업팀의 일정과 연동된 캘린더를 띄워 고객이 직접 원하는 시간을 선택하고 예약까지 한 번에 완료할 수 있도록 돕는다.

3) **결과:** '아르테온 팰리스'는 24시간 고객 응대가 가능한 AI 큐레이터를 통해, 잠재 고객의 초기 이탈률을 30% 이상 줄인다. 영업팀은 단순 반복적인 업무에서 해방되어, 이미 AI를 통해 충분한 정보를 얻고 높은 구매 의사를 가진 '잘 준비된' 고객과의 대면에만 집중할 수 있게 된다. 이를 통해 상담의 질과 계약 전환율이 동시에 상승하는 효과를 거둔다.

AI 기반 자동화 시스템의 적용 가상 사례 2

상업용 부동산 – 'AI 스페이스 플래너': 기업의 비전을 담는 사무 공간 자동 제안

1) **상황:** IT 기업들을 위한 대형 오피스 빌딩 '테크노 큐브'는 다양한 크기와 구조의 사무 공간을 임대해야 한다. 잠재 임차 기업들은 단순히 면

https://kr.pinterest.com/ideas

적과 가격 뿐만 아니라, 자신들의 기업 문화와 업무 스타일에 맞는 공간을 찾고 싶어 한다.

2) AI 기반 자동화 시스템의 적용:

(1) **목표**: 잠재 임차 기업의 특성을 파악하여, 최적의 사무 공간을 자동으로 추천하고, 가상 인테리어 시안과 함께 투어 예약을 자동화한다.

(2) AI의 자동화 시나리오:

- 기업 프로필 분석: 임차에 관심 있는 한 게임 개발사 담당자가 홈페이지 챗봇에게 문의한다. "50인 규모의 게임 개발 스튜디오에 적합한 사무실이 있나요?" AI '스페이스 플래너'는 즉시 추가 질문을 던진다. "네, 가능합니다. 귀사의 개발 문화는 '개인 집중형'과 '팀 협업형' 중 어느 쪽에 더 가까우신가요? 또한, 직원 복지를 위해 특별히 원하시는 공간이 있으신가요?"
- 맞춤형 공간 큐레이션: 담당자가 "협업이 중요하고, 직원들이 쉴 수 있는 라운지가 필수적입니다"라고 답한다. AI는 이 답변을 바탕으로, 개방형 구조를 가진 502호와, 빌딩 내 중앙 라운지와 가장 가까운 층에 위치한 701호를 후보로 추천한다.
- 가상 인테리어 시안과 VR 투어: AI는 한 단계 더 나아가, 생성형 AI 기술을 활용한다. "고객님의 요구사항을 반영하여, 502호에 귀사의 로고와 게임 캐릭터를 활용한 가상 인테리어 시안을 즉시 생성했습니다. 확인해 보시겠어요?" AI는 잠재 임차 기업의 브랜드 아이덴티티가 적용된 맞춤형 3D 공간 이미지를 실시간으로 보여주고, 해당 공간을 자유롭게 둘러볼 수 있는 VR 투어를 제공한다.
- 원클릭 투어 예약: 잠재 고객이 가상 시안에 높은 만족도를 보이자, AI는 즉시 실제 공간 투어를 제안한다. "이 비전을 현실로 만

들어보시죠. 담당자님의 구글 캘린더와 연동하여, 팀원들과 함께 방문 가능한 최적의 시간을 찾아 바로 예약을 확정해 드릴까요?"

3) 결과: '테크노 큐브'는 잠재 임차 기업에게 텅 빈 공간이 아닌, '자신들의 미래가 담긴 공간'을 미리 체험하게 하는 강력한 마케팅을 구현한다. AI가 초기 상담부터 맞춤형 시각 자료 제공, 예약까지 전 과정을 자동화함으로써, 임대 담당자는 최종 계약 협상과 같은 고부가가치 업무에만 집중할 수 있게 된다. 이는 임대 결정까지의 시간을 획기적으로 단축시키고, 경쟁 빌딩 대비 차별화된 고객 경험을 제공하는 핵심 동력이 된다.

3

도시부동산 분야에서 챗봇 대화 데이터 분석을 통한 잠재고객의 숨은 니즈 파악과 가상사례

3.1. AI가 고객과의 대화 전체를 하나의 텍스트로 보고, 그 행간에 숨겨진 감정과 맥락, 반복되는 단어의 패턴을 분석하여 고객 스스로도 인지하지 못했던 '숨은 니즈'를 발견해낼 수 있다면 어떨까? 이것이 바로 '챗봇 대화 데이터 분석'을 통해 구현되는, 가장 깊은 차원의 고객 이해 기술이다.

만약, AI가 고객과의 대화 전체를 하나의 텍스트로 보고, 그 행간에 숨겨진 감정과 맥락, 반복되는 단어의 패턴을 분석하여 고객 스스로도 인지하지 못했던 '숨은 니즈(Latent Needs)'를 발견해낼 수 있다면 어떨까? 이것이 바로 '챗봇 대화 데이터 분석'을 통해 구현되는, 가장 깊은 차원의 고객 이해 기술이다. 이는 AI가 단순한 응답기를 넘어, 고객의 마음을 읽는 심리학자이자, 문제의 본질을 꿰뚫는 컨설턴트의 역할을 수행하게 됨을 의미한다.

본 절에서는 AI가 어떻게 챗봇 대화라는 비정형 데이터 속에서 잠재고객의 진짜 욕망을 캐내고, 이를 통해 어떻게 경쟁자가 결코 제공할 수 없는 차별화된 가치를 창출하는지 두 가지 가상 사례를 통해 심층적으로 탐구하고자 한다.

https://www.instagram.com

3.2. 챗봇 대화 데이터 분석을 통한 잠재고객의 숨은 니즈 파악과 가상사례

챗봇 대화 데이터 분석 및 숨은 니즈 파악 가상 사례 1

주거용 부동산 – 'AI 라이프 플래너': 가족의 미래를 읽고 집을 제안하다

1) 상황: 한 30대 부부가 분양 홈페이지의 AI 챗봇에게 문의한다. "서울 시내 30평대, 예산 15억 원에 맞는 신축 아파트 추천해주세요." 이는 매우 명확하고 구체적인 요구사항처럼 보인다.

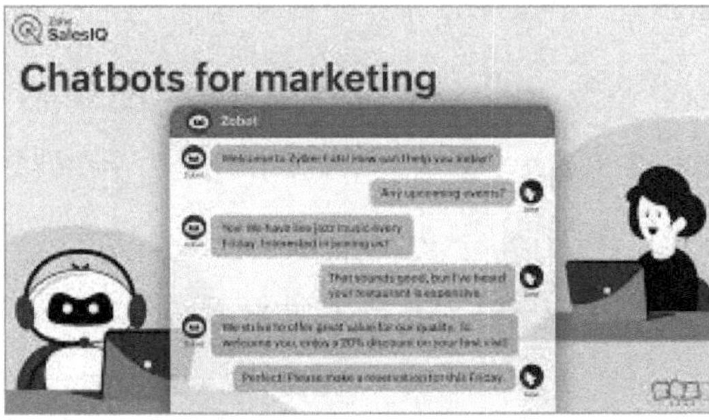

Chatbot for marketing, https://www.zoho.com/blog/salesiq

2) 챗봇 대화 데이터 분석 및 숨은 니즈 파악:

(1) **목표**: 고객이 제시한 정량적 조건 너머에 있는, 가족의 라이프스타일과 미래 계획에 부합하는 '삶의 질'과 관련된 핵심 니즈를 발견한다.

(2) AI의 대화 분석 시나리오:

- 표면적 요구 확인 및 추가 탐색: 챗봇은 먼저 조건에 맞는 몇 개의 아파트를 제시한다. 그리고 단순히 정보를 나열하는 대신, 개방형 질문을 던진다. "고객님, 추천해 드린 아파트들 외에, 새로운 집에서 가장 기대하시는 점은 어떤 것인가요? 예를 들어, 가족과 함께 보낼 주말의 모습이라던가, 일상의 작은 변화 같은 것들이요."
- 비정형 데이터 속 키워드 추출: 고객이 답한다. "아내가 재택근무가 잦고, 저도 가끔 집에서 일해요. 그리고 요즘 반려견을 입양할까 고민 중이라 산책할 곳도 있었으면 좋겠네요. 아, 아이가 내년에 초등학교에 들어가요."
- 숨은 니즈의 재정의: AI의 자연어 이해(NLU) 엔진은 이 대화에서 표면적 조건(30평, 15억)보다 더 중요한 숨겨진 니즈들을 추출하고 재정의한다.

- ‘재택근무’ → ‘업무와 생활 공간의 분리, 우수한 방음 성능’
- ‘반려견 입양 고민’ → ‘단지 내 산책로, 인근 대형 공원 접근성’
- ‘초등학교 입학’ → ‘안전한 통학로(초품아), 우수한 면학 분위기’

- 최적의 대안 제시: AI는 이 숨겨진 니즈를 바탕으로, 고객이 처음에는 고려하지 않았던 새로운 대안을 제시한다. “고객님, 대화를 나눠보니 고객님 가족에게는 단순히 30평 아파트가 아니라, ‘가족 각자의 삶과 성장을 지원하는 공간’이 필요하신 것 같습니다. 그렇다면 저희가 추천했던 A아파트보다, 거리는 한 정거장 멀지만 단지 내에 북카페형 스터디룸과 대규모 중앙공원이 조성된 B아파트는 어떠신가요? 특히 B아파트의 84C 타입은 방 3개 외에 별도의 독립된 홈 오피스 공간이 제공되어, 두 분의 재택근무에 최적화되어 있습니다.”

3) **결과**: 고객은 자신들의 막연한 기대를 정확히 언어로 정의하고, 그에 맞는 구체적인 해결책을 제시한 AI의 제안에 깊은 신뢰를 느낀다. 이는 마케팅을 ‘조건에 맞는 상품 찾기’에서 ‘고객의 삶에 맞는 해결책 제안하기’로 전환시키며, 단순 가격 비교를 넘어선 강력한 브랜드 로열티를 구축하는 계기가 된다.

챗봇 대화 데이터 분석 및 숨은 니즈 파악 가상 사례 2

상업용 부동산 – ‘AI 비즈니스 코치’: 창업자의 불안을 기회로 바꾸다

1) **상황**: 한 예비 창업자가 상가 임대 플랫폼의 AI 챗봇에게 문의한다. “홍대 근처에 보증금 5천, 월세 300 이하의 작은 카페 자리 좀 찾아주세요.” 이 역시 매우 명확한 조건이다.

2) 챗봇 대화 데이터 분석 및 숨은 니즈 파악:

(1) 목표: 임대료라는 재무적 제약 조건 이면에 숨겨진, 창업 성공에 대한 예비 창업자의 핵심적인 불안 요소를 파악하고, 이를 해결할 수 있는 입지를 제안한다.

(2) AI의 대화 분석 시나리오:

- 공감적 질문을 통한 라포 형성: 챗봇은 조건에 맞는 매물 리스트를 보여주기 전에, 먼저 공감대를 형성하는 질문을 던진다. "사장님의 첫 도전을 응원합니다! 홍대 상권에서 카페 창업을 준비하시면서, 혹시 가장 걱정되시는 부분은 어떤 점인가요?"
- 반복되는 키워드와 감성 분석: 고객이 답한다. "요즘은 워낙 경쟁이 심해서요. 인테리어는 자신 있는데, 어떻게 가게를 알려야 할지, 손님들이 꾸준히 찾아와 줄지가 제일 걱정이죠. 마케팅 비용도 부담스럽고요."
- 숨은 니즈의 재정의: AI는 이 대화에서 '월세 300 이하'라는 표면적 요구보다 더 근본적인 니즈를 발견한다.
  - "경쟁, 알리는 법, 마케팅 비용' → '초기 마케팅 리스크 최소화'
  - "손님들이 꾸준히' → '일회성 유동인구가 아닌, 안정적인 단골 고객 확보'
- 최적의 대안 제시: AI는 이 숨겨진 니즈를 해결하는 새로운 관점의 입지를 제안한다. "사장님, 사장님의 가장 큰 고민은 임대료 자체가 아니라 '마케팅의 불확실성'이신 것 같습니다. 그렇다면 유동인구는 많지만 임대료와 마케팅 경쟁이 치열한 홍대역 대로변보다, 월세는 350만 원으로 조금 더 높지만 디자인 회사와 IT 스타트업이 밀집한 오피스 빌딩의 1층 상가는 어떠신가요? 해당

입지는 점심시간과 오후에 고정적인 커피 수요가 보장되어 별도의 마케팅 없이도 안정적인 초기 매출 확보가 가능합니다. 또한, 사장님의 인테리어 감각은 까다로운 직장인들의 취향을 만족시켜 빠르게 입소문을 낼 수 있을 겁니다."

3) 결과: AI는 예비 창업자의 재무적 제약(월세)이라는 문제의 프레임을, 사업적 성공(안정적 매출)이라는 프레임으로 전환시킨다. 이는 단순한 중개를 넘어, 고객의 비즈니스 성공을 돕는 전문 컨설턴트로서의 역할을 수행하는 것이다. 고객은 임대료 50만 원의 차이보다, 마케팅 실패의 리스크를 줄여주는 AI의 통찰력에 훨씬 더 큰 가치를 느끼고 제안을 긍정적으로 검토하게 된다.

4

도시부동산 인간 상담사와의 최적의 협업 모델 설계와 가상사례

4.1. 미래의 도시부동산 시장에서 가장 강력한 경쟁력은 사람과 AI의 장점을 극대화하여 결합한 '최적의 협업 모델'을 설계하고 운영하는 능력에서 나온다.

미래의 도시부동산 시장에서 가장 강력한 경쟁력은 가장 뛰어난 AI나 가장 유능한 인간 상담사가 아니라, 이 둘의 장점을 극대화하여 결합한 '최적의 협업 모델'을 설계하고 운영하는 능력에서 나온다. 이는 AI에게 데이터에 기반한 냉철한 분석과 24시간 지치지 않는 효율성의 역할을 맡

기고, 인간은 그 분석을 바탕으로 고객과 깊이 공감하고, 복잡한 비즈니스 협상을 이끌며, 최종적인 신뢰를 구축하는 고차원적인 역할을 수행하는 것이다.

인간과 상호작용하는 AI 챗봇 출시 AI타임스, https://www.aitimes.com

4.2. 인간 상담사와의 최적의 협업 모델 설계와 가상사례

AI-인간 협업 모델의 설계 가상 사례 1

주거용 부동산 – 'AI 애널리스트'와 '휴먼 컨시어지'의 협업

1) **상황**: 최상위 자산가들을 위한 하이엔드 주거 단지 '더 헤리티지'가 프라이빗 분양을 시작한다. 타겟 고객은 매우 높은 수준의 전문성과 개인화된 서비스를 요구하며, 최종 결정에 있어 상담사와의 깊은 신뢰 관계를 무엇보다 중시한다.

2) AI-인간 협업 모델의 설계:

(1) AI의 역할(보이지 않는 수석 애널리스트):

- 초기 리드 분석 및 심층 브리핑: AI 챗봇이 초기 문의를 응대하며 고객의 기본적인 정보를 수집한다. 인간 상담사가 고객과 만나기 1시간 전, AI는 상담사에게 '일일 고객 인사이트 리포트'를 전송한

다. 이 리포트에는 고객의 기본 프로필뿐만 아니라, 과거 웹사이트 방문 기록, 주로 조회한 평형대와 인테리어 스타일, 챗봇과의 대화에서 추출한 '숨은 니즈'(예: '사적인 정원 공간에 대한 갈망'), 그리고 예상 지불 의향 가격 범위까지 포함된다.

- 실시간 데이터 지원: 상담이 진행되는 동안, 상담사는 태블릿을 통해 AI에게 실시간으로 질문할 수 있다. "이 고객의 관심사와 유사한 해외 럭셔리 레지던스 사례를 보여줘.", "이 고객의 자산 포트폴리오를 고려했을 때, 최적의 자금 조달 계획을 시뮬레이션해줘." AI는 즉시 시각화된 데이터와 분석 결과를 상담사의 화면에 띄워준다.

(2) 인간 상담사의 역할(신뢰를 구축하는 라이프스타일 컨시어지):

- 데이터 기반의 공감적 소통: 상담사는 AI가 제공한 리포트를 바탕으로, 첫 만남부터 고객의 마음을 사로잡는다. "고객님, 웹사이트에서 가든 테라스 타입을 오래 보신 것을 확인했습니다. 고객님께서 꿈꾸시는 도심 속 프라이빗한 휴식의 가치를 저희도 깊이 공감하고 있습니다. 바로 그 공간부터 보여드리겠습니다." 이는 단순한 상담을 넘어, 고객의 삶을 이해하는 파트너로서의 첫인상을 각인시킨다.
- 복합적인 가치 제안과 최종 협상: AI가 분석한 데이터를 활용하여, 상담사는 고객의 재무 상황과 라이프스타일에 가장 적합한 맞춤형 제안을 설계한다. "고객님의 자녀분께서 미술을 전공하시는 점을 고려하여, 기본 옵션 외에 북향의 채광을 확보한 아틀리에 공간을 추가로 설계하는 것은 어떠신가요?" 이처럼 AI는 할 수 없는 창의적이고 감성적인 제안을 통해, 최종 계약 단계에서 가격 이상의 가치를 제공하며 협상을 성공적으로 이끈다.

3) **결과:** 이 협업 모델에서 AI는 상담사의 머리와 손발이 되어 데이터 수집과 분석의 부담을 덜어주고, 상담사는 오직 고객과의 관계 형성과 창의적인 가치 제안이라는 가장 인간적인 역할에만 집중할 수 있게 된다. 그 결과, 고객 만족도는 극대화되고, 상담사 1인당 계약 성공률은 40% 이상 향상되며, 브랜드는 단순한 건설사를 넘어 '고객의 삶을 큐레이팅하는 전문가 집단'으로 포지셔닝된다.

AI-인간 협업 모델의 설계 가상 사례 2

상업용 부동산 – 'AI 딜 소싱팀'과 '휴먼 비즈니스 파트너'의 협업

1) **상황:** 글로벌 부동산 서비스 기업 '어반 스트래티지'는 서울의 주요 업무지구에 위치한 대형 오피스 빌딩의 임차인을 유치해야 한다. 이들은 수동적으로 문의를 기다리는 대신, 성장 가능성 높은 우량 기업을 선제적으로 발굴하여 전략적인 파트너십을 제안하고자 한다.

2) AI-인간 협업 모델의 설계:

(1) AI의 역할(전략적 기회 발굴 및 딜 설계):

- 잠재 임차인 발굴(Deal Sourcing): AI는 매일 수천 건의 뉴스 기사, 기업 공시, 투자 유치 데이터, 채용 공고 등을 분석하여, '사옥 이전 가능성'이 높은 기업을 자동으로 식별하고 리스트업한다. 예를 들어, '시리즈 C 투자 유치 성공, 개발자 100명 채용 계획 발표'라는 기사를 통해, 특정 스타트업이 1년 내에 현재 사옥보다 3배 이상 큰 공간을 필요로 할 것이라고 예측한다.
- 맞춤형 제안서 초안 생성: AI는 발굴된 기업의 비즈니스 모델과 기업 문화를 분석하여, 맞춤형 임대 제안서 초안을 자동으로 생성한다. 제안서에는 해당 기업에 최적화된 사무 공간 레이아웃(예:

'개발자 집중 업무 공간과 자유로운 협업 라운지 조합'), 주변 편의시설 정보, 그리고 해당 기업의 성장 단계를 고려한 '계단식 임대료' 모델까지 포함된다.

(2) 인간 상담사의 역할(관계를 구축하는 비즈니스 파트너):

- 전략적 접근 및 관계 형성: 임대차 담당자는 AI가 생성한 제안서 초안을 가지고, 해당 기업의 CEO나 CFO에게 직접 연락하여 미팅을 제안한다. 접근 방식은 "빈 사무실이 있습니다"가 아니라, "귀사의 성장을 가속화할 전략적 부동산 파트너십을 제안하고 싶습니다"이다.
- 창의적 문제 해결 및 최종 계약: 미팅에서 담당자는 AI가 제공한 분석을 바탕으로, 고객사의 구체적인 고민을 듣고 창의적인 해결책을 제시한다. "해외 인재 유치가 중요하시군요. 그렇다면 저희 빌딩의 외국인 임원들을 위한 주거 서비스 및 자녀 국제학교 연계 프로그램을 함께 제공해 드릴 수 있습니다." 이처럼 AI가 예측하지 못하는 비즈니스의 복잡한 니즈를 해결하며, 최종적으로 양측 모두에게 이익이 되는 파트너십 계약을 성사시킨다.

3) 결과: AI가 잠재 기회를 발굴하고 딜의 뼈대를 설계하면, 인간은 그 위에 관계와 신뢰, 창의성이라는 살을 붙여 최종적으로 계약을 완성한다. 이 협업 모델을 통해 '어반 스트래지티'는 시장의 숨겨진 우량 임차인을 경쟁사보다 한발 앞서 확보하게 되며, 단순 임대 기업을 넘어 '기업의 성장을 돕는 부동산 전략 파트너'라는 독보적인 브랜드 가치를 구축하게 된다.

결론적으로 미래 도시부동산 시장의 승자는 AI를 도입하는 기업이 아니라, AI와 인간의 역할을 가장 지혜롭게 정의하고, 이 둘의 시너지를 극대화하는 협업 모델을 구축하는 기업이 될 것이다. 데이터의 냉철한 분석과 인간의 따뜻한 공감이 만날 때, 기술은 비로소 인간을 위한 가장 강력하고 환상적인 도구로 진화하게 될 것이다.

주제9

가상현실(VR)·증강현실(AR)을 활용한 몰입형 마케팅

1

시공간을 초월하는 가상현실(VR) 모델하우스와 가상 투어와 가상사례

1.1. '가상현실(VR) 모델하우스'와 인공지능(AI)이 결합하여 만들어내는 부동산 경험

1) 우리가 시공간의 제약을 뛰어넘어 언제 어디서든 원하는 집을 방문하고, 심지어 그 공간을 나의 취향과 라이프스타일에 맞춰 실시간으로 바꾸어 볼 수 있다면 어떨까? 이것이 바로 '가상현실(VR) 모델하우스'와 인공지능(AI)이 결합하여 만들어내는 부동산 경험의 위대한 혁명이다.

그러나 만약, 우리가 시공간의 제약을 뛰어넘어 언제 어디서든 원하는 집을 방문하고, 심지어 그 공간을 나의 취향과 라이프스타일에 맞춰 실시간으로 바꾸어 볼 수 있다면 어떨까? 이것이 바로 '가상현실(VR) 모델하우스'와 인공지능(AI)이 결합하여 만들어내는 부동산 경험의 위대한 혁명이다. 이는 단순히 360도 카메라로 촬영한 공간을

가상현실(VR), 증강현실(AR), 가상 모델 활용… 첨단기술 기반 메타버스
https://www.donga.com/news

둘러보는 것을 넘어, 고객의 데이터를 기반으로 가상의 공간과 가구를 실시간으로 생성하고, 개인에게 최적화된 경험을 제공하는 능동적이고 창조적인 과정이다.

1.2. 가상현실VR 모델하우스와 가상 투어 사례

AI 기반 VR 투어 시스템의 적용 가상 사례

주거용 부동산 – 나의 취향을 학습하는 'AI 가상 스타일리스트'

1) **상황**: 글로벌 가구 회사와 협업하여 최고급 주거 단지 '더 갤러리 9'이 분양을 시작한다. 이 단지의 핵심 가치는 '고객의 취향을 완벽하게 구현하는 맞춤형 공간'이다. 이들은 잠재 고객이 자신의 라이프스타일을 가상의 공간에서 미리 살아볼 수 있는 혁신적인 VR 투어 시스템을 구축하고자 한다.

2) AI 기반 VR 투어 시스템의 적용:

(1) **목표**: 잠재 고객의 취향 데이터를 실시간으로 분석하여, VR 모델하우스의 인테리어(가구, 마감재, 조명, 소품)를 개인에게 최적화된 스타일로 즉시 변경하고 체험하게 한다.

(2) AI의 개인화된 가상 투어 시나리오:

- 사전 취향 분석: 고객이 VR 투어를 시작하기 전, AI는 고객에게 몇 가지 라이프스타일 관련 질문을 던진다. "주말을 주로 어떻게 보내시나요?", "선호하는 패션 브랜드나 인테리어 잡지가 있으신가요?" 또한, 고객의 동의하에 인스타그램이나 핀터레스트 계정을 연동하여, 고객이 '좋아요'를 누르거나 저장한 이미지들을 분석한다.
- 실시간 공간 생성: AI는 분석된 취향 데이터를 바탕으로, 고객이 VR 헤드셋을 착용하는 순간, 텅 비어 있던 모델하우스 공간을 실시간으로 채워나간다.
  - 고객 A (미니멀리즘 애호가): AI는 분석 결과를 바탕으로, 공간을 화이트와 베이지 톤으로 꾸미고, 간결한 디자인의 북유럽 가구를 배치하며, 미니멀한 추상화 작품을 벽에 건다.
  - 고객 B (화려한 프렌치 모던 스타일 선호): AI는 웨인스코팅 벽 장식과 헤링본 마루를 적용하고, 벨벳 소재의 소파와 골드 프레임의 조명을 배치하여 화려하면서도 세련된 공간을 즉시 구현한다.
- 음성 명령을 통한 즉각적인 변경: 고객은 VR 공간을 둘러보며 음성으로 명령할 수 있다. "이 소파를 다른 색으로 바꿔줘.", "저녁 시간대의 조명 분위기를 보여줘.", "내가 가진 그림을 저 벽에 걸면 어떤 느낌일까?" AI는 이 명령을 즉시 인식하고, 수천 개의 가구와 마감재 라이브러리에서 최적의 옵션을 찾아 실시간으로 공간을 변경시켜 보여준다.

마크 저커버그가 페이스북에 선보인 새로운 가상현실(VR) 사업장.
https://artifex-davinci.tistory.com/

- 개인화된 견적 및 구매 연동: 투어를 마친 고객에게는, 가상 공간에서 선택한 모든 가구와 옵션이 포함된 개인화된 견적서가 자동으로 생성되어 이메일로 전송된다. 고객은 클릭 한 번으로 가구와 인테리어 옵션을 실제 아파트 계약과 함께 구매할 수 있다.

3) **결과:** '더 갤러리 9'은 고객에게 단순히 집을 파는 것이 아니라, '자신만의 꿈의 공간을 직접 디자인하는 경험'을 판매한다. 이는 고객에게 압도적인 몰입감과 만족감을 선사하며, 경쟁 단지와는 비교할 수 없는 강력한 차별점을 구축한다. 고객은 더 이상 '남이 꾸며놓은 집'을 구경하는 것이 아니라, '내가 살아갈 집'을 미리 살아보는 환상적인 경험을 통해 구매 결정을 확신하게 된다.

AI 기반 VR 협업 플랫폼의 적용 가상 사례

상업용 부동산 - 협업을 통해 미래를 설계하는 'VR 비즈니스 캔버스'

1) **상황:** 대형 오피스 빌딩 '커넥트 타워'는 다양한 규모와 업종의 기업들을 임차인으로 유치해야 한다. 특히, 빠르게 성장하는 IT 기업이나 창의적인 디자인 회사는 자신들의 고유한 기업 문화와 업무 방

식을 반영할 수 있는 유연한 공간을 원한다.

2) AI 기반 VR 협업 플랫폼의 적용:

(1) **목표**: 잠재 임차 기업의 담당자들이 원격으로 동시에 접속하여, 가상의 오피스 공간을 함께 둘러보고, 실시간으로 레이아웃을 변경하며, 최적의 업무 환경을 함께 설계하는 협업형 VR 플랫폼을 제공한다.

(2) **AI의 협업적 공간 설계 시나리오:**

- 다자간 원격 접속: '커넥트 타워'의 임대 담당자와 잠재 임차 기업의 CEO, 인사팀장, 디자인팀장이 각자의 사무실에서 VR 헤드셋을 착용하고, 동일한 가상 오피스 공간에 아바타 형태로 접속한다.
- AI 기반 레이아웃 자동 제안: 임대 담당자가 기업의 기본 정보(직원 수, 주요 부서, 필요 회의실 개수 등)를 입력하면, AI는 수천 건의 오피스 설계 사례를 학습한 지식을 바탕으로, 해당 기업의 업종에 가장 최적화된 몇 가지 레이아웃 초안을 자동으로 생성하여 제안한다. (예: '개발자 집중형', '부서 간 협업 강화형', '수평적 문화 지향형')
- 실시간 공동 편집 및 시뮬레이션: 참가자들은 가상의 공간 안에서 가구와 파티션을 직접 옮기고, 벽의 색상을 바꾸며, 자신들의 의견을 실시간으로 반영한다. CEO가 "우리 회사는 타운홀 미팅이 잦으니, 중앙에 개방된 공간이 더 넓었으면 좋겠군"이라고 말하면, 디자인팀장이 즉시 가상 파티션을 옮겨 공간을 확보한다. AI는 변경된 레이아웃에 맞춰, 예상 소음 수준이나 부서 간 동선 효율성 변화를 데이터로 시각화하여 보여준다.

- 의사결정 지원: 임대 담당자는 최종적으로 확정된 레이아웃을 바탕으로, 필요한 공사 기간과 비용이 포함된 맞춤형 임대 제안서를 현장에서 즉시 생성하여 제공한다.

3) **결과**: '커넥트 타워'는 잠재 임차 기업에게 단순한 공간 임대를 넘어, '미래의 업무 환경을 함께 만들어가는 전략적 파트너'라는 강력한 인상을 심어준다. 이 협업적 VR 경험은 복잡한 의사결정 과정을 획기적으로 단축시키고, 임차 기업의 깊은 만족과 신뢰를 이끌어낸다. 이는 물리적 공간의 한계를 넘어, 비전과 아이디어를 공유하고 구체화하는 가장 진보한 형태의 B2B 커뮤니케이션 방식으로 자리 잡게 된다.

결론적으로 AI와 결합된 VR 기술은 도시부동산을 경험하는 방식을 '보는 것'에서 '사는 것'으로, '주어지는 것'에서 '창조하는 것'으로 바꾸어 놓는다. 시공간을 초월한 가상의 공간에서 고객 개개인의 꿈과 기업의 비전을 미리 실현시켜주는 이 환상적인 기술은, 미래 부동산 시장의 경쟁 구도를 재편하는 가장 강력한 동력이 될 것이다.

2

AR을 활용한 가상 가구 배치 및 인테리어 시뮬레이션과 가상사례

2.1. '증강현실(AR)' 기술이 도시부동산 분야에 가져온 놀라운 혁신

1) 텅 빈 거실에 나의 소파를 가상으로 배치해보고, 낡은 상점의 쇼윈도에 우리 브랜드의 로고를 즉시 투영해볼 수 있다면 어떨까? 이것이 바로 '증강현실(AR)' 기술이 도시부동산 분야에 가져온 놀라운 혁신이다.

만약, 현실의 공간 위에 내가 원하는 가상의 정보를 실시간으로 겹쳐볼 수 있다면 어떨까? 텅 빈 거실에 나의 소파를 가상으로 배치해보고, 낡은 상점의 쇼윈도에 우리 브랜드의 로고를 즉시 투영해볼 수 있다면 말이다. 이것이 바로 '증강현실(Augmented Reality, AR)' 기술이 도시부동산 분야에 가져온 놀라운 혁신이다. AR은 현실 세계를 기반으로 그 위에 디지털 정보를 덧입혀, 상상과 현실 사이의 간극을 완벽하게 메우는 기술이다.

증강현실(AR)은 생활에서 어떻게 활용될 수 있을까? IT 포커스
https://www.monthlyfuture.com/

2.2. 가상 가구 배치 및 인테리어 시뮬레이션과 가상사례

AR 기반 솔루션의 적용(AR 홈 스타일링' 앱) 가상 사례

주거용 부동산 – 내 손안의 인테리어 디자이너, 'AR 홈 스타일링'

1) **상황:** 한 신혼부부가 이제 막 완공된, 아무것도 없는 텅 빈 아파트를 방문했다. 이들은 이 공간의 가능성에 설레면서도, 자신들이 가진 가구가 이 집에 맞을지, 새로 사려는 가구는 어떤 크기와 색상이 어울릴지 막막하기만 하다. 줄자를 꺼내 재고 사진을 비교해 보지만, 공간감과 조화를 파악하기는 어렵다.

2) AR 기반 솔루션의 적용 ('AR 홈 스타일링' 앱):

(1) **목표:** 고객이 스마트폰이나 태블릿을 통해 현실의 빈 공간에 가상의 가구를 실시간으로 배치해보고, 사이즈와 스타일을 시뮬레이션하여 구매 결정을 돕는다.

(2) AR 기술의 시나리오:

- 공간 인식 및 측정: 고객이 앱을 실행하고 아파트 거실을 비추면, 앱은 스마트폰의 카메라와 센서를 이용해 바닥, 벽, 천장 등 공간의 구조와 크기를 자동으로 인식하고 측정한다(SLAM 기술).
- 가상 가구 카탈로그: 앱 내에는 제휴된 여러 가구 브랜드의 소파, 식탁, 침대 등 수천 개의 제품이 3D 모델로 구현되어 있다. 고객은 카탈로그를 넘기며 마음에 드는 가구를 선택한다.
- 실시간 가구 배치 및 크기 비교: 고객이 특정 소파를 선택하여 화면 속 거실 바닥을 터치하면, 실제 사이즈의 가상 소파가 현실 공간에 증강되어 나타난다. 고객은 스마트폰을 들

고 움직이며 여러 각도에서 소파가 공간과 어울리는지 확인할 수 있다. 또한, "내가 가진 책상의 가로, 세로, 높이가 각각 OOOcm인데, 이 방에 들어갈까?"라고 질문하면, AI가 그 크기의 가상 박스를 생성하여 공간에 배치해 보여줌으로써, 기존 가구와의 조화도 미리 확인할 수 있다.

- 스타일 시뮬레이션 및 정보 확인: 고객은 배치된 가상의 소파 색상을 터치 한 번으로 바꾸어보거나, 벽지를 다른 패턴으로 가상으로 도배해볼 수 있다. 마음에 드는 가구를 터치하면, 해당 제품의 가격, 소재, 구매처 등의 정보가 즉시 화면에 나타나며, '장바구니'에 담아 나중에 한 번에 확인할 수도 있다.

3) **결과**: 신혼부부는 더 이상 막연한 상상에 의존하지 않는다. AR 기술을 통해 '자신들의 삶이 채워진 미래의 집'을 눈으로 직접 확인하고, 가구 구매에 대한 확신까지 얻게 된다. 이는 아파트 계약률을 높이는 동시에, 제휴 가구 회사의 매출까지 동반 상승시키는 강력한 시너지 효과를 창출한다. 고객의 불안감은 '꾸며보는 재미'라는 긍정적인 경험으로 전환된다.

AR 기반 솔루션의 적용 ('AR 비전 프로젝터' 앱) 가상 사례

상업용 부동산 – 미래의 성공을 미리 보여주는 'AR 비전 프로젝터'

1) **상황**: 한 F&B 프랜차이즈의 점포 개발팀장이 유동인구는 많지만 낡고 특색 없는 상가 공실을 보고 있다. 이 공간을 임차하여 브랜드의 컨셉에 맞게 성공적으로 탈바꿈시킬 수 있을지 본사를 설득해야 하지만, 현재의 모습만으로는 설득력이 부족하다.

2) AR 기반 솔루션의 적용 ('AR 비전 프로젝터' 앱):

(1) **목표**: 텅 비거나 낡은 상업 공간 위에, 잠재 임차 브랜드의 아이덴

티티(로고, 인테리어, 주력 상품)를 가상으로 덧입혀, 미래의 성공적인 모습을 생생하게 시뮬레이션한다.

(2) AR 기술의 시나리오:

- 브랜드 아이덴티티 로딩: 점포 개발팀장이 태블릿으로 앱을 실행하고, 자사 브랜드(예: '블루밍 카페')를 선택한다. 앱은 미리 저장된 데이터베이스에서 해당 브랜드의 로고, 시그니처 컬러, 표준 인테리어 매뉴얼, 주력 메뉴 이미지 등을 불러온다.
- 가상 파사드(Facade) 구현: 팀장이 낡은 상가의 외벽을 비추자, 앱이 자동으로 간판 위치를 인식하고 그 위에 '블루밍 카페'의 세련된 로고와 디자인이 적용된 가상 간판을 증강시킨다. 밋밋했던 쇼윈도에는 브랜드의 감성이 담긴 가상 디스플레이가 펼쳐진다.
- 내부 공간 VMD 시뮬레이션: 팀장이 안으로 들어가 텅 빈 공간을 비추면, 앱은 브랜드 매뉴얼에 따라 가상의 테이블과 의자, 주문 카운터, 조명 등을 자동으로 배치한다. 테이블 위에는 해당 브랜드의 시그니처 메뉴인 딸기 케이크와 라떼의 사실적인 3D 모델이 나타나, 마치 실제 매장에 와 있는 듯한 느낌을 준다.
- 리포트용 영상 촬영: 팀장은 이 모든 AR 시뮬레이션 과정을 자신의 음성 설명과 함께 동영상으로 녹화한다. "보시는 것처럼, 이 낡은 공간은 우리의 브랜드 컨셉을 적용했을 때 이렇게 매력적인 공간으로 재탄생할 수 있습니다. 저 창가 자리는 분명 인스타그램 명소가 될 것입니다." 이 영상은 본사 보고를 위한 가장 강력하고 직관적인 설득 자료가 된다.

3) 결과: 'AR 비전 프로젝터'는 잠재 임차 기업의 가장 큰 고민인 '불확실성'을 '눈앞의 가능성'으로 바꾸어 놓는다. 이는 임대차 계약의 의사결정 속도를 획기적으로 단축시킬 뿐만 아니라, 건물주 입장에서는 자신의 공간이 가진 잠재 가치를 잠재 임차인에게 가장 효과적으로 증명하는 강력한 마케팅 도구가 된다.

결론적으로 AR 기술은 현실 공간의 한계를 상상력으로 확장시키는 가장 직관적인 다리이다. 고객이 자신의 눈으로 직접 미래를 그려보고, 만져보며, 확신을 가질 수 있게 만드는 힘. 이 현실과 가상이 결합된 환상적인 경험이야 말로, 미래 도시부동산 시장에서 고객의 마음을 움직이는 가장 진보한 형태의 커뮤니케이션 방식이 될 것이다.

3

메타버스 플랫폼을 활용한 가상 부동산 박람회와 가상사례

3.1. 메타버스 플랫폼은 '또 하나의 현실'

1) 메타버스 플랫폼은 단순히 3D 공간을 둘러보는 것을 넘어, 수많은 사용자가 아바타를 통해 동시 접속하여 사회적, 경제적 활동을 영위하는 '또 하나의 현실'이다.

지금까지 부동산 박람회는 언제나 코엑스나 킨텍스와 같은 거대한 물리적 공간의 제약 속에 갇혀 있었다. 수많은 인파와 소음 속에서 고객은 제한된 시간 동안 몇 개의 부스를 스치듯 지나쳐야 했고, 기업은 막대한 비용과 인력을 투입하고도 정작 누가 자신들의 부스를 방문했는지, 그들의 진짜 속마음은 무엇인지 알 길이 없었다. 이는 천편일률적인 경험을 일방적으로 전달하는, 비효율적인 소통 방식이었다.

그러나 만약, 시공간의 제약을 완전히 뛰어넘어, 전국의 모든 부동산 프로젝트를 한자리에서 만나고, 다른 잠재 고객들과 소통하며, 나의 모든 행동과 관심사가 기록되어 최적의 경험을 제공받는 가상의 세계가 열린다면 어떨까? 이것이 바로 '메타버스(Metaverse)' 플랫폼이 도시부동산 분야에 가져온 거대한 패러다임의 전환이다. 메타버스 플랫폼은 단순히 3D 공간을 둘러보는 것을 넘어, 수많은 사용자가 아바타를 통해 동시 접속하여 사회적, 경제적 활동을 영위하는 '또 하나의 현실'이다.

세종시 6-2생활권, 시민들이 메타버스로 도시계획 만든다
https://www.sjsori.com

3.2. 메타버스 플랫폼을 활용한 가상 부동산 박람회

메타버스 및 AI 기술의 적용 가상 사례

주거용 부동산 – 모두를 위한 24시간 주택 박람회, '메타-하우징 페어 2025'

1) **상황**: 국내 주요 건설사들이 연합하여, 전국 각지에서 분양하는 수십 개의 아파트 단지를 한자리에서 선보이는 대규모 가상 주택 박람

회를 개최한다. 물리적 제약으로 인해 서울의 박람회장을 찾기 어려웠던 지방 거주자나 해외 교포까지, 모든 잠재 고객을 대상으로 한다.

2) 메타버스 및 AI 기술의 적용:

(1) **목표**: AI 기반 개인화 서비스를 통해 방문객의 만족도를 극대화하고, 행동 데이터 분석을 통해 잠재 고객을 발굴하며, 개발사에게는 깊이 있는 시장 인사이트를 제공한다.

(2) **메타버스 박람회 시나리오**:

- AI 컨시어지와 개인화된 여정: 사용자가 아바타로 박람회장에 입장하면, AI 컨시어지가 말을 건다. "메타-하우징 페어에 오신 것을 환영합니다. 고객님의 라이프스타일에 맞는 최고의 집을 찾아드릴게요." AI는 몇 가지 질문(가족 구성, 예산, 선호 지역, 취미 등)을 통해 사용자의 프로필을 생성하고, 그에게 가장 적합한 아파트 단지 부스들을 추천하는 '맞춤형 투어 경로'를 지도에 표시해준다.
- 상호작용이 가능한 가상 모델하우스: 각 건설사의 부스 안에는 여러 타입의 가상 모델하우스가 구현되어 있다. 사용자는 단순히 둘러보는 것을 넘어, 가구의 배치를 바꾸거나 벽지의 색상을 변경해볼 수 있다. "이 공간을 홈 오피스로 꾸미면 어떤 모습일까?"라고 말하면, 생성형 AI가 즉시 해당 공간을 서재 스타일로 바꾸어 보여준다.
- 소셜 경험과 라이브 이벤트: 사용자는 친구나 가족과 함께 아바타로 접속하여 같은 공간을 둘러보며 대화할 수 있다. 중앙 광장에서는 유명 건축가가 진행하는 라이브 디자인 강연이나, 부동산 전문가의 세금 컨설팅 세미나가 열린다. 사용자들은

아바타로 손을 들어 질문하고, 실시간으로 답변을 들으며 커뮤니티를 형성한다.

- AI 기반 행동 분석 및 리드 발굴: 박람회 플랫폼은 사용자의 모든 행동을 데이터로 기록한다. 어떤 사용자가 특정 단지의 가상 모델하우스에 15분 이상 머물며, 주방 인테리어를 5번 이상 변경해보고, 관련 대출 상담 세미나까지 참여했다면, AI는 이 사용자를 '구매 확률 85% 이상의 최우선 리드'로 분류하여 해당 건설사의 마케팅팀에 실시간으로 전달한다.

3) **결과:** '메타-하우징 페어'는 시공간의 제약 없이 수십만 명의 방문객을 유치하는 데 성공한다. 고객은 게임을 하듯 즐겁고 효율적으로 미래의 집을 탐색하고, 건설사는 막대한 비용 절감과 함께, 과거에는 결코 얻을 수 없었던 잠재 고객의 깊이 있는 행동 데이터를 확보하여 과학적인 마케팅 전략을 수립하게 된다.

메타버스 및 AI 기술의 적용 가상 사례

상업용 부동산 – 국경 없는 투자 플랫폼, '글로벌 리얼 에스테이트 게이트웨이(GREG)'

1) **상황:** 한 글로벌 부동산 투자 자문사가 전 세계의 기관 투자자들을 대상으로 서울의 프라임급 오피스 빌딩, 물류 센터 등 상업용 부동산 투자 유치 박람회를 개최하고자 한다. 뉴욕, 런던, 싱가포르에 있는 투자자들이 시차와 거리 문제없이 서울의 매물을 직접 확인하고 검토할 수 있는 방법이 필요하다.

2) 메타버스 및 AI 기술의 적용:

(1) **목표:** 현실과 데이터가 완벽하게 결합된 '디지털 트윈(Digital Twin)'

https://seeklogo.com

기반의 가상 공간에서, 국경을 초월한 실사 및 투자 협상을 가능하게 한다.

(2) 메타버스 투자 박람회 시나리오:

- 초대 전용의 비즈니스 플랫폼: 게임 세계와는 다른, 전문적이고 보안이 강화된 비즈니스 메타버스 플랫폼을 구축한다. 초청된 투자자들만 자신의 아바타로 접속할 수 있다.
- 데이터가 살아있는 디지털 트윈: 박람회장에 구현된 서울의 오피스 빌딩은 단순한 3D 모델이 아니다. 투자자가 빌딩의 특정 층을 클릭하면, 현재 입주사의 업종과 임대 계약 만료일, 월별 임대 수익률, 실시간 에너지 사용량 등 실제 데이터가 홀로그램처럼 증강되어 나타난다.
- AI 통역사와 투자 분석가: 뉴욕의 투자자가 영어로 질문하면, AI가 실시간으로 한국어 음성과 텍스트로 통역하여 서울의 자산 관리 담당자 아바타에게 전달한다. 또한, 투자자가 "만약 공실률이 5% 상승하고, 금리가 0.5% 인상된다면, 이 자산의 향후 5년간 예상 수익률은 어떻게 변하는가?"라고 물으면, AI 투자 분석가가 즉시 시뮬레이션 결과를 차트로 시각화하여 보여준다.

• 가상 실사 및 프라이빗 협상 룸: 투자자는 가상으로 빌딩의 모든 시설을 둘러보고, 법률 및 재무 서류가 보관된 가상의 데이터 룸에 접속하여 실사를 진행할 수 있다. 이후, 매도자 측과 함께 누구도 엿들을 수 없는 보안이 적용된 '가상 협상 룸'에 입장하여 구체적인 투자 조건을 논의하고, 가상 서명을 통해 양해각서(MOU)를 체결한다.

3) **결과**: 'GREG'는 국제 부동산 투자의 패러다임을 바꾼다. 투자자들은 수 주일이 걸리던 해외 실사 과정을 단 하루 만에 마칠 수 있게 되어, 시간과 비용을 획기적으로 절감한다. 서울의 우량 자산은 전 세계의 투자자들에게 동시에 노출되어 그 가치를 제대로 평가받게 되며, 이는 도시의 국제 경쟁력을 높이는 중요한 기반이 된다.

4

몰입형 경험이 도시부동산 구매 결정에 미치는 심리적 효과 분석과 가상사례

4.1. '몰입형 경험'은 강력한 마케팅 전략

1) 가상현실(VR) 속에서 나의 가구로 집을 꾸며보고, 증강현실(AR)을 통해 텅 빈 상가에 나의 브랜드가 성공적으로 자리 잡은 미래를 투영해보는 경험 말이다. 이러한 '몰입형 경험'은 더 이상 기술의 과시가 아닌, 고객의 구매 결정 과정에 깊숙이 개입하여 심리적 변화를 이끌어내는 가장 강력한 마케팅 전략으로 부상하고 있다.

만약, 고객이 단순히 정보를 '보는 것'을 넘어, 미래의 삶을 미리 '살아보는' 경험을 할 수 있다면 어떨까? 가상현실(VR) 속에서 나의 가구로 집을 꾸며보고, 증강현실(AR)을 통해 텅 빈 상가에 나의 브랜드가 성공적으로 자리 잡은 미래를 투영해보는 경험 말이다. 이러한 '몰입형 경험(Immersive Experience)'은 더 이상 기술의 과시가 아닌, 고객의 구매 결정 과정에 깊숙이 개입하여 심리적 변화를 이끌어내는 가장 강력한 마케팅 전략으로 부상하고 있다.

4.2. 구매를 이끄는 세 가지 심리적 열쇠: 현존감, 소유감, 그리고 감성적 연결

몰입형 경험이 강력한 이유는 그것이 인간의 세 가지 핵심적인 심리 기제를 자극하기 때문이다.

(1) **현존감**(Presence): '나는 지금 그곳에 있다' VR과 같은 기술은 사용자에게 물리적 현실을 잊고 가상의 공간에 실제로 존재하고 있다는 착각을 불러일으킨다. 이 '현존감'은 고객과 부동산 사이의 심리적 거리를 극적으로 좁힌다. 사진이나 영상으로 볼 때는 그저 '하나의 매물'이었던 공간이, 내가 직접 그 안에 서서 둘러보는 순간 '내가 서 있는 공간'으로 인식되기 시작한다.

(2) **심리적 소유감**(Psychological Ownership): '이곳은 이미 나의 공간이다' 인간은 자신이 직접 관여하고 개인화한 대상에 대해 더 큰 애착과 소유감을 느끼는 경향이 있다(Endowment Effect). 가상 공간에서 가구의 배치를 바꾸고, 벽의 색상을 선택하며, 나의 물건을 놓아보는 행위는 고객으로 하여금 그 공간을 '나의 것'으로 인식하게 만든다. 한번 나의 것이라고 느낀 공간을 포기하는 것은, 처음부터 남의 것이었던 공간을 포기하는 것보다 훨씬 더 큰 심리적 저항을 유발한다.

(3) **감성적 연결**(Emotional Connection): '나의 미래가 이곳에 있다' 궁극적으로 부동산 구매는 미래의 삶에 대한 투자이다. 몰입형 경험은 고객이 자신의 긍정적인 미래를 해당 공간에 투영하고 미리 체험하게 함으로써 강력한 감성적 연결을 구축한다. 아이가 뛰어노는 거실의 모습, 연인과 함께 저녁 노을을 바라보는 테라스의 풍경을 가상으로 경험하는 순간, 그 공간은 더 이상 차가운 콘크리트 덩어리가 아닌, 나의 행복한 미래가 담긴 따뜻한 장소로 각인된다.

4.3. 몰입형 경험이 도시부동산 구매 결정에 미치는 심리적 효과 분석 가상사례

가상 현실 노인 부부와 3d 비디오 게임 경험 또는 거실 집에서 디지털 게임
https://kr.freepik.com

몰입형 경험의 적용 가상 사례 1

주거용 부동산 - '기억을 심는 집': AI 기반 감성 VR 투어

1) **상황**: 한 40대 부부가 자녀의 학군과 직장 출퇴근을 고려하여 새 아파트를 알아보고 있다. 여러 모델하우스를 방문했지만, 비슷한 구조와 인테리어에 피로감을 느끼며 자신들의 삶과 어떤 관련이 있는지 쉽게 상상하지 못하고 결정을 망설인다.

2) **몰입형 경험의 적용**: 이들을 위해 개발된 'AI 감성 VR 투어'는 고객의 개인적인 기억과 미래의 꿈을 가상 공간에 이식한다.

(1) **기억 데이터 수집**: 투어 전, AI 챗봇은 부부에게 몇 가지 질문을 한다. "두 분의 결혼식 때 연주되었던 음악은 무엇인가요?", "자녀가 가장 좋아하는 캐릭터나 색깔은 무엇인가요?", "가장 행복했던 가족 여행지의 사진을 업로드해주시겠어요?"

(2) **개인화된 가상 공간 생성:** 부부가 VR 헤드셋을 착용하자, 텅 비어 있던 가상 모델하우스가 그들의 기억으로 채워지기 시작한다. 거실의 스피커에서는 그들의 결혼식 때 흘러나왔던 재즈 음악이 잔잔하게 흘러나온다. 아이 방은 아이가 가장 좋아하는 파란색으로 꾸며져 있고, 벽에는 좋아하는 캐릭터 포스터가 붙어 있다. 거실 벽의 디지털 액자에는 그들이 업로드한 행복했던 가족 여행 사진이 슬라이드 쇼로 재생된다.

(3) **미래 경험 시뮬레이션:** 부부가 테라스로 나가자, AI는 "10년 뒤, 자녀가 대학에 합격한 날의 저녁이라고 상상해보세요"라는 음성 메시지와 함께, 가상의 노을과 함께 축하하는 분위기의 배경음악을 연출한다.

3) **심리적 효과 분석:** 부부는 단순히 잘 꾸며진 집을 본 것이 아니라, '자신들의 과거와 현재, 그리고 행복한 미래가 공존하는 공간'을 직접 체험했다. 희미했던 공간은 현존감을 넘어, 부부의 개인적인 서사가 입혀지며 강력한 심리적 소유감을 유발했다. 행복한 미래를 미리 경험하게 한 시뮬레이션은 이성적 판단을 뛰어넘는 깊은 감성적 연결을 형성했고, 이들은 다른 어떤 아파트에서도 느끼지 못했던 확신을 가지고 계약을 결정한다.

몰입형 경험의 적용 가상 사례 1

상업용 부동산 – '성공을 예감하는 공간': AR 비전 시뮬레이터

1) **상황:** 실력 있는 젊은 셰프가 자신의 첫 레스토랑을 열기 위해 장소를 물색 중이다. 목 좋은 곳에 낡고 텅 빈 상가 하나를 발견했지만, 높은 초기 투자 비용에 대한 불안감과 이 공간에서 과연 자신의 꿈을 실현할 수 있을지에 대한 불확실성 때문에 계약을 망설인다.

2) 몰입형 경험의 적용: 셰프를 위해 개발된 'AR 비전 시뮬레이터' 앱은 현실의 공간 위에 성공의 비전을 증강시킨다.

(1) **브랜드 컨셉 입력:** 셰프는 앱에 자신의 레스토랑 이름, 로고 이미지, 시그니처 메뉴 사진, 추구하는 인테리어 컨셉(예: '인더스트리얼', '내추럴')을 입력한다.

(2) **현실 공간에 미래 증강:** 셰프가 태블릿으로 텅 빈 상가 내부를 비추자, AR 기술이 작동한다. 낡은 벽은 그녀가 선택한 '인더스트리얼' 컨셉의 노출 콘크리트와 벽돌 디자인으로 가상으로 덧입혀진다. 텅 빈 공간에는 그녀의 레스토랑 컨셉에 맞는 테이블과 의자가 배치되고, 각 테이블 위에는 그녀의 시그니처 메뉴인 스테이크와 파스타가 먹음직스러운 3D 모델로 나타난다.

(3) **성공의 예감 시뮬레이션:** 셰프가 출입문 쪽을 비추자, 가상의 손님들이 문을 열고 들어와 자리에 앉아 즐겁게 식사하는 모습이 반투명하게 증강된다. 스피커에서는 가상의 손님들이 "여기 분위기 정말 좋네요", "인생 파스타를 만났어요"라고 속삭이는 소리가 들려온다.

3) 심리적 효과 분석: 셰프의 막연했던 불안감은 눈앞에 펼쳐진 구체적인 성공의 비전으로 대체되었다. 텅 빈 공간은 그녀의 브랜드와 철학이 완벽하게 구현된 '나의 레스토랑'으로 인식되며 강력한 심리적 소유감을 자극했다. 가상의 손님들과 긍정적인 피드백은 미래의 성공에 대한 강력한 사회적 증거(Social Proof)로 작용하며, 리스크에 대한 불안을 극복하고 계약을 결심하게 만드는 결정적인 감성적 연결고리가 되었다.

주제 10
생성형 AI를 활용한 마케팅 콘텐츠 자동 생성

1

매물 특성에 맞는 매력적인 광고 문구 및 블로그 포스트 생성과 가상사례

1.1. AI가 단순히 정보를 요약하는 것을 넘어, 매물이 가진 고유한 특성과 잠재 고객의 감성을 이해하고, 그 둘을 연결하는 가장 매력적인 이야기를 스스로 창조해낼 수 있다면 어떨까? 이것이 바로 '생성형 AI'가 도시부동산 콘텐츠 마케팅에 가져온 혁명이다.

만약, AI가 단순히 정보를 요약하는 것을 넘어, 매물이 가진 고유한 특성과 잠재 고객의 감성을 이해하고, 그 둘을 연결하는 가장 매력적인 이야기를 스스로 창조해낼 수 있다면 어떨까? 이것이 바로 '생성형 AI(Generative AI)'가 도시부동산 콘텐츠 마케팅에 가져온 혁명이다. 이는 AI가 수만 편의 문학 작품과 광고 카피, 그리고 성공적인 부동산 마케팅 사례를 학습하여, 단순한 정보 전달자가 아닌 창의적인 '카피라이터'이자 '스토리텔러'의 역할을 수행하게 됨을 의미한다.

1.2. 매물 특성에 맞는 매력적인 광고 문구 및 블로그 포스트 생성

생성형 AI의 적용 가상 사례 1

주거용 부동산 – '하늘 아래 첫 번째 집'을 위한 감성 스토리 창조

1) **상황:** 한 부동산 중개 법인이 서울 북악산 자락에 위치한, 오래됐지만 정원이 아름답고 도심의 파노라마 뷰를 가진 낡은 단독주택 매물을 확보했다. 아파트와는 다른 이 주택만의 고유한 가치를 알아볼 특별한 고객을 찾아야 하지만, 어떻게 그 매력을 언어로 표현해야 할지 막막하다.

2) **생성형 AI의 적용:** 마케팅 담당자는 생성형 AI에게 다음과 같은 핵심 정보를 프롬프트(Prompt)로 입력한다.

(1) **매물 특성:** 북악산 인근, 40년 된 단독주택, 넓은 정원, 탁 트인 서울 야경 뷰, 리모델링 필요.

(2) **타겟 고객 페르소나:** 40대 후반의 전문직 부부, 복잡한 도시 생활에 지쳐 자연 속의 휴식과 사적인 공간을 갈망함, 예술과 인문학에 조예가 깊음.

(3) **요청 사항:** 이 고객의 마음을 움직일 수 있는 감성적인 블로그 포스트 초안과 몇 가지 인스타그램 광고 문구 생성.

3) **AI가 생성한 콘텐츠:**

블로그 포스트 제목: "시간이 조각하고, 자연이 완성한 집: 서울의 하늘 아래, 당신만의 성채를 만나다"

(1) **블로그 포스트 초안** (일부):

"성공을 향해 쉼 없이 달려온 당신의 삶에, 진정한 '쉼표'가 필요한 순간이 있습니다. 여기, 서울의 시간이 켜켜이 쌓인 북악산 자락에, 지난 40년의 이야기를 품은 집이 당신을 기다립니다. 낡은 벽과 삐

격이는 마루는 리모델링이라는 캔버스를 통해 당신의 취향으로 채워질 여백이며, 사계절의 색으로 물드는 넓은 정원은 그 어떤 명품 가구로도 채울 수 없는 살아있는 갤러리가 되어줄 것입니다. 밤이 되면, 거실의 넓은 창은 도시의 소음 대신 보석처럼 반짝이는 서울의 야경을 담아내는 거대한 액자가 됩니다. 이곳은 단순한 집이 아니라, 당신의 삶의 다음 챕터를 위한 가장 깊이 있는 사색의 공간이자, 가장 높은 곳의 안식처입니다."

(2) **인스타그램 광고 문구:**

- A안 (감성 자극): "서울의 밤을 발아래 두고, 당신의 역사를 정원에 심으세요. #북악산 #단독주택 #성공한인생"
- B안 (가치 제안): "낡았지만, 그래서 무한합니다. 당신의 취향으로 완성될 단 하나의 마스터피스. #리모델링 #건축가의집"

4) **결과:** AI는 단순히 정보를 나열하는 것을 넘어, '낡음'을 '역사와 가능성'으로, '도심 속의 집'을 '하늘 아래 성채'라는 은유로 바꾸어 놓는다. 마케팅 담당자는 이 초안을 바탕으로 약간의 수정을 거쳐, 타겟 고객의 감성을 정확히 저격하는 강력한 콘텐츠를 손쉽게 확보하게 된다.

생성형 AI의 적용 가상 사례 2

상업용 부동산 – 'MZ세대 핫플레이스'를 위한 트렌디한 공간 언어 창조

1) **상황:** 자산운용사가 서울 성수동의 오래된 인쇄 공장을 리모델링한 복합문화공간 '잉크 팩토리'의 임차인을 모집해야 한다. 타겟은 개성 강한 독립 브랜드나 F&B 스타트업이다. 이들의 시선을 사로잡을, 트렌디하고 설득력 있는 홍보 자료가 필요하다.

2) 생성형 AI의 적용: 담당자는 AI에게 다음과 같이 요청한다.

- 매물 특성: 성수동, 인쇄 공장 리모델링, 높은 층고, 노출 콘크리트, 대형 통창, 인더스트리얼 디자인.
- 타겟 임차인: 20-30대 MZ세대를 고객으로 하는 온라인 기반 패션 브랜드, 스페셜티 커피 로스터리, 디자인 소품샵.
- 요청 사항: 이들의 브랜드 가치를 높여줄 수 있다는 점을 강조하는 입점 제안서의 핵심 문구와 소셜 미디어용 홍보 콘텐츠 아이디어 생성.

3) AI가 생성한 콘텐츠:

(1) 입점 제안서 핵심 카피:

"당신의 브랜드는 이미 특별합니다. 이제 그 특별함을 담을 무대가 필요할 때입니다. '잉크 팩토리'는 단순한 공간이 아닙니다. 이곳의 거친 노출 콘크리트는 당신 브랜드의 날것 그대로의 독창성을, 5미터 높이의 층고는 그 누구도 모방할 수 없는 압도적인 존재감을, 그리고 성수동의 햇살이 쏟아지는 통창은 당신의 성공을 비추는 가장 강력한 조명이 될 것입니다. 이곳에서, 당신의 브랜드는 비로소 전설이 됩니다."

(2) 소셜 미디어 콘텐츠 아이디어:

- 인스타그램 릴스 시리즈: '잉크 팩토리에서 성공한 가상 브랜드 3가지' - AI 이미지 생성 툴을 이용해, 가상의 패션 브랜드, 카페, 소품샵이 입점했을 때의 감각적인 인테리어와 제품 디스플레이 이미지를 짧은 영상으로 제작하여 보여준다.
- 블로그 포스팅: '성수동에서 '진짜'를 찾는 소비자들이 열광하는 공간의 비밀' - '진정성', '역사성', '인더스트리얼'과 같은 키워드를 중심으로, 왜 이 공간이 MZ세대의 소비 트렌드와 정확히 일치

하는지를 분석하는 내용의 글을 작성한다.

4) 결과: AI는 최신 트렌드와 타겟 고객의 언어를 정확히 이해하고, 그들의 눈높이에 맞는 세련되고 설득력 있는 콘텐츠를 대량으로 생성해낸다. 자산운용사는 이를 통해 잠재 임차인들에게 '이곳에 입점하는 것만으로도 브랜드 가치가 올라간다'는 강력한 인식을 심어주며, 성공적인 임차인 유치를 이끌어낸다.

2

텅 빈 공간을 채우는 AI 가상 스테이징(Virtual Staging)과 가상사례

2.1. AI가 텅 빈 공간의 사진 한 장만으로, 그 공간에 가장 어울리는 가구와 인테리어를 채워 넣어 마치 살아있는 듯한 미래의 모습을 즉시 창조해낼 수 있다면 어떨까? 이것이 바로 'AI 가상 스테이징(AI Virtual Staging)'이 가져온 혁명이다.

만약, AI가 텅 빈 공간의 사진 한 장만으로, 그 공간에 가장 어울리는 가구와 인테리어를 채워 넣어 마치 살아있는 듯한 미래의 모습을 즉시 창조해낼 수 있다면 어떨까? 이것이 바로 'AI 가상 스테이징(AI Virtual Staging)'이 가져온 혁명이다. 이는 단순히 3D 가구 모델을 배치하는 것을 넘어, 생성형 AI가 공간의 구조와 빛, 그리고 잠재 고객의 취향까지 이해하여, 세상에 없던 가장 매력적인 인테리어 이미지를 자동으로 창조해내는 기술이다.

2.2. 텅 빈 공간을 채우는 AI 가상 스테이징

생성형 AI의 적용(개인화된 가상 스테이징) 가상 사례

주거용 부동산 – 잠재 고객별 '꿈의 집'을 즉시 창조하다

1) **상황:** 한 부동산 플랫폼이 신축 아파트 단지의 온라인 마케팅을 진행한다. 문제는 모든 세대가 동일한 마감재의 텅 빈 상태로 촬영되어, 다양한 라이프스타일을 가진 잠재 고객들의 시선을 끌기 어렵다는 점이다.

2) **생성형 AI의 적용**(개인화된 가상 스테이징):

(1) **목표:** 잠재 고객의 프로필과 행동 데이터를 분석하여, 각 고객의 취향에 맞는 최적의 가상 인테리어 이미지를 실시간으로 생성하고 노출한다.

(2) **AI의 창조 과정:** AI는 웹사이트 방문자의 데이터를 분석하여 페르소나를 분류한다.

페르소나 분석:

- 고객 A: 30대 신혼부부. 인테리어 관련 커뮤니티에서 '미드센추리 모던', '홈 카페' 키워드를 자주 검색함.
- 고객 B: 40대. 초등학생 자녀를 둠. '수납공간', '친환경 자재', '아이 공부방' 관련 콘텐츠에 높은 관심을 보임.

맞춤형 이미지 자동 생성: AI는 동일한 텅 빈 거실 사진을 기반으로, 각 페르소나를 위한 완전히 다른 스타일의 이미지를 즉시 생성한다.

- 고객 A에게 노출되는 이미지: 짙은 색 원목 가구와 감각적인 디자인의 조명이 배치된 '미드센추리 모던' 스타일의 거실. 한쪽 벽에는 세련된 커피 머신과 홈 카페 테이블이 놓여 있다. 전체적으로 따뜻하고 아늑한 분위기를 연출한다.

- 고객 B에게 노출되는 이미지: 밝고 화사한 톤의 거실. 벽면 전체는 아이들의 책과 장난감을 깔끔하게 정리할 수 있는 맞춤형 수납장으로 채워져 있다. 거실 한가운데에는 아이들이 편안하게 뒹굴 수 있는 부드러운 소재의 대형 러그가 깔려 있다.

다양한 옵션 제공: 고객이 생성된 이미지를 클릭하면, "다른 스타일도 확인해 보시겠어요?"라는 메시지와 함께 '미니멀리스트 스타일', '북유럽 스타일', '클래식 스타일' 등 AI가 추가로 생성한 여러 버전의 인테리어 이미지를 보여주며 고객의 탐색을 유도한다.

3) **결과:** 잠재 고객은 더 이상 텅 빈 공간을 보며 자신의 미래를 상상하기 위해 애쓸 필요가 없다. AI가 자신의 취향에 꼭 맞는 '꿈의 집'의 모습을 눈앞에 직접 보여주기 때문이다. 이 개인화된 시각적 경험은 고객의 감성적 연결을 극대화하고, 해당 매물에 대한 강력한 심리적 소유감을 형성하여 모델하우스 방문 및 실제 계약으로 이어질 확률을 획기적으로 높인다.

생성형 AI의 적용(업종별 비전 제안) 가상 사례

상업용 부동산 – 텅 빈 상가의 '성공 가능성'을 시각적으로 증명하다

1) **상황:** 자산운용사가 서울 연남동의 1층 코너 상가를 임대해야 한다.

연남동 상가 임대 오피스상권, https://realhimchan.co.kr

위치는 좋지만, 수년간 비어 있어 낡고 휑한 상태다. 예비 임차인들은 이 공간의 잠재력을 쉽게 알아보지 못하고 계약을 망설인다.

2) 생성형 AI의 적용 (업종별 비전 제안):

(1) **목표**: 잠재 임차인의 업종에 맞춰, 해당 공간이 어떻게 성공적인 사업장으로 변모할 수 있는지를 보여주는 매력적인 가상 스테이징 이미지를 생성하여 입점 제안서에 활용한다.

(2) **AI의 창조 과정**: 담당자는 AI에게 다음과 같이 요청한다. "연남동 코너 상가, 20평. 이 공간에 가장 어울릴 만한 3가지 업종(베이커리 카페, 독립서점, 와인바)에 대한 가상 스테이징 이미지를 생성해줘. 각 업종의 타겟 고객들이 좋아할 만한 최신 트렌드를 반영해줘."

- 베이커리 카페 컨셉: AI는 따뜻한 조명 아래, 갓 구운 빵이 진열된 원목 매대와 손님들이 편안하게 앉아 대화하는 모습을 생성한다. 창가에는 감성적인 네온사인 간판이 달려 있다.
- 독립서점 컨셉: AI는 벽면을 가득 채운 높은 책장과, 독자들이 조용히 책을 읽을 수 있는 아늑한 좌석 공간을 창조한다. 한쪽에서는 작가와의 만남 이벤트가 열리는 듯한 모습도 연출한다.
- 와인바 컨셉: AI는 해 질 녘의 분위기에 맞춰, 어둡고 세련된 톤의 인테리어와 다양한 와인병이 진열된 바(Bar), 그리고 창밖의 야경을 즐기는 커플들의 모습을 담은 이미지를 생성한다.

3) **결과**: 자산운용사는 이 AI 생성 이미지들을 포함한 입점 제안서를 각 업종의 잠재 임차인들에게 발송한다. 텅 빈 공간의 사진만 받았을 때와는 달리, 잠재 임차인들은 자신들의 사업이 성공적으로 운영되는 구체적인 미래를 눈으로 직접 확인하게 된다. 이는 공간의 잠재 가치를 가장

직관적이고 설득력 있게 증명하는 방법으로, 임차인의 불안감을 확신으로 바꾸고 임대 계약 협상을 가속화하는 결정적인 역할을 한다.

3

고객 맞춤형 이메일 및 소셜미디어 콘텐츠 대량 생산과 가상사례

3.1. 이메일과 소셜미디어 광고 카피를 단 몇 초 만에 수만 개씩 창조

AI가 수만 명의 잠재 고객 프로필을 순식간에 분석하여, 각 개인을 위한 맞춤형 이메일과 소셜미디어 광고 카피를 단 몇 초 만에 수만 개씩 창조해낼 수 있다면 어떨까? 이것이 바로 '생성형 AI(Generative AI)'가 이끄는 콘텐츠 마케팅의 대량 개인화(Mass Personalization) 혁명이다. 이는 AI가 단순한 조수를 넘어, 지치지 않는 창의적인 '마케터 군단'의 역할을 수행하게 됨을 의미한다.

3.2. 고객 맞춤형 이메일 및 소셜미디어 콘텐츠 대량 생산 가상사례

생성형 AI의 적용(개인화된 콘텐츠 자동 생성 및 발송) 가상 사례

주거용 부동산 – 수천 명의 잠재 구매자를 위한 '1:1 AI 커뮤니케이션 매니저'

1) **상황:** 대규모 아파트 단지 '오라클 시티'의 분양 마케팅팀은 웹사이트 방문, 모델하우스 투어 등을 통해 수천 명의 잠재 고객 데이터베이스를 확보했다. 이들의 관심사와 구매 단계는 모두 다르지만, 한정된 인력

으로는 이들 모두에게 맞춤형 후속 관리를 제공하기 어렵다.

2) 생성형 AI의 적용(개인화된 콘텐츠 자동 생성 및 발송):

(1) 목표: 확보된 모든 잠재 고객에게, 각자의 프로필과 관심사에 최적화된 이메일과 소셜미디어 콘텐츠를 자동으로 생성하고 발송하여 지속적인 관계를 유지하고 구매 결정으로 이끈다.

(2) AI의 창조 과정: AI는 고객 데이터베이스를 분석하여 각 개인의 페르소나와 관심사를 파악한다.

- 리드 분석 및 세분화:
  - 고객 A(김민준 씨): 30대, IT 개발자. 웹사이트에서 '스마트홈 시스템'과 '단지 내 피트니스센터' 페이지를 오래 조회함.
  - 고객 B(이수진 씨): 40대, 초등학생 자녀 2명. 모델하우스 방문 시 '초등학교 통학로'와 '주방 수납공간'에 대해 집중적으로 질문함.
- 맞춤형 이메일 자동 생성: AI는 각 고객을 위한 완전히 다른 내용의 이메일을 즉시 생성한다.
  - 김민준 씨에게 발송되는 이메일:
    제목: 김민준님, '오라클 시티'의 AI가 당신의 일상을 어떻게 바꿀까요? 내용: …저희 '오라클 시티'의 최첨단 스마트홈 시스템은 출퇴근 시간에 맞춰 자동으로 집안 환경을 최적화합니다. 또한, 퇴근 후 단지 내 피트니스센터에서 즐기는 운동은, 바쁜 개발자이신 김민준님의 완벽한 재충전을 도울 것입니다…
  - 이수진 씨에게 발송되는 이메일:
    제목: 이수진님, 아이들의 안전한 등하굣길. '오라클 시티'가 함께합니다. 내용: …단지에서부터 OOO초등학교까지 이어지는 안전한 보행로는 아이들의 등하굣길을 가장 큰 걱정으로 여기시

는 이수진님의 마음을 헤아렸습니다. 또한, 주부님들의 의견을 반영한 넓은 주방 팬트리는 가족의 살림을 더욱 여유롭게 만들어 드릴 것입니다…

- 개인화된 소셜미디어 리타겟팅 광고: AI는 이메일 내용과 연동하여, 각 고객에게 맞춤형 소셜미디어 광고를 노출한다. 김민준 씨에게는 스마트홈 기술을 시연하는 짧은 영상 광고를, 이수진 씨에게는 아이들이 단지 내 놀이터에서 즐겁게 노는 이미지 광고를 보여준다.

3) **결과:** '오라클 시티'는 더 이상 모든 고객에게 동일한 내용의 문자 메시지나 이메일을 보내지 않는다. AI가 24시간 수천 명의 1:1 커뮤니케이션 매니저 역할을 수행하며, 각 고객이 가장 듣고 싶어 하는 이야기를 정확히 전달한다. 이 초개인화된 접근은 고객의 긍정적인 반응을 이끌어내고, 최종 계약 전환율을 이전 대비 25% 이상 끌어올리는 결정적인 동력이 된다.

생성형 AI의 적용(맞춤형 B2B 제안서 자동 생성) 가상 사례

상업용 부동산 – 잠재 임차인을 위한 'AI 비즈니스 제안서' 대량 생성

1) **상황:** 서울 중심업무지구(CBD)에 위치한 신축 오피스 빌딩 '더 크리에이티브 허브'는 다양한 산업군의 기업들을 임차인으로 유치해야 한다. 이들은 잠재 임차 기업 리스트 수백 개를 확보했지만, 각 기업의 특성에 맞는 맞춤형 입점 제안서를 일일이 작성하는 것은 불가능에 가깝다.

2) 생성형 AI의 적용(맞춤형 B2B 제안서 자동 생성):

(1) **목표:** 잠재 임차 기업의 공개된 정보를 바탕으로, 해당 기업의 비전과 '더 크리에이티브 허브'의 가치를 연결하는 설득력 있는 입점 제안 이메일을 대량으로 자동 생성한다.

AI 제안서 자동 생성으로 영업 성공률 높인 SaaS 기업 사례
https://blog.wishket.com/

(2) **AI의 창조 과정:** AI는 각 기업의 웹사이트, 최근 뉴스 기사, CEO 인터뷰 등을 분석하여 핵심 가치와 현안을 파악한다.

- 기업 분석 및 핵심 가치 추출:
  - 기업 A(핀테크 스타트업): '빠른 성장', '애자일 문화', '최고의 인재 유치'를 강조함.
  - 기업 B(중견 로펌): '고객 신뢰', '보안', '안정성', '전통'을 중시함.
- 맞춤형 제안 이메일 초안 생성: AI는 각 기업의 언어와 가치관에 맞춰 완전히 다른 톤앤매너의 제안서를 생성한다.
  - 핀테크 스타트업 CEO에게 보내는 이메일 초안:

    제목: OOO 대표님, 귀사의 로켓 성장을 위한 다음 스테이지, '더 크리에이티브 허브'에서. 내용: …귀사의 애자일 문화를 완벽하게 지원하는 저희의 유연한 오피스 레이아웃과, 최고의 인재들이 모여드는 강남의 중심이라는 입지는 귀사의 다음 도약을 위한 최고의 발판이 될 것입니다. 1층의 네트워킹 라운지에서 새로운 투자자와의 만남이 이루어질지도 모릅니다…
  - 로펌 대표 변호사에게 보내는 이메일 초안:

    제목: OOO 대표 변호사님, 귀사의 명성에 걸맞은 품격과 안정

성을 제안합니다. 내용: …고객의 신뢰를 최우선으로 하는 귀사의 철학에 맞춰, 저희 '더 크리에이티브 허브'는 최첨단 보안 시스템과 품격 있는 비즈니스 환경을 제공합니다. 법원과의 뛰어난 접근성은 물론, 고객에게 깊은 신뢰감을 줄 수 있는 외관과 로비는 귀사의 명성을 한 단계 더 높여드릴 것입니다…

3) **결과**: 영업 담당자들은 더 이상 제안서 작성에 시간을 쏟는 대신, AI가 생성한 수백 개의 맞춤형 제안서 초안을 검토하고 발송하는 데만 집중할 수 있다. 이는 잠재 고객에게 '우리 회사를 깊이 이해하고 있다'는 강력한 인상을 주며, 콜드 메일(Cold Mail)의 응답률을 획기적으로 높인다. 이를 통해 소수의 유망 기업과 더 깊이 있는 미팅을 진행할 기회를 확보하게 된다.

결론적으로 생성형 AI는 도시부동산 마케팅의 커뮤니케이션 방식을 '방송(Broadcasting)'에서 '대화(Conversation)'로 바꾸는 혁명적인 기술이다. 수천, 수만 명의 고객과 동시에 1:1로 대화하는 이 환상적인 능력은, 기업이 모든 잠재 고객과의 관계를 가장 효율적이고 효과적으로 관리하며, 최종적으로는 비즈니스의 성공을 이끌어내는 가장 강력한 무기가 될 것이다.

4

AI가 생성한 단지 조감도 및 인테리어 디자인 시안과 가상사례

4.1. '생성형 AI'는 도시부동산의 시각적 창조 과정을 뿌리부터 바꾸고 있는 혁명

AI가 개발 프로젝트의 목표와 조건, 그리고 고객의 취향을 이해하고, 세상에 없던 수십, 수백 가지의 건축 조감도와 인테리어 디자인을 단 몇 시간 만에 창조해낼 수 있다면 어떨까? 이것이 바로 '생성형 AI(Generative AI)'가 도시부동산의 시각적 창조 과정을 뿌리부터 바꾸고 있는 혁명이다. 이는 AI가 도면을 해석하는 조수를 넘어, 새로운 형태와 스타일을 제안하는 창의적인 '가상 건축가'이자 '공간 디자이너'로 진화했음을 의미한다.

본 장에서는 이 생성형 AI가 어떻게 인간의 상상력을 뛰어넘는 시각적 결과물을 창조하고, 도시 개발과 마케팅의 의사결정 속도와 질을 비약적으로 향상시키는지 두 가지 환상적인 가상 사례를 통해 심층적으로 탐구하고자 한다.

인공지능으로 설계한 단지 조감도 - 매일경제. https://www.mk.co.kr/news

4.2. 단지 조감도 및 인테리어 디자인 시안의 가상사례

생성형 AI의 적용(개인화된 인테리어 디자인 대량 생성) 가상 사례

주거용 부동산 – 고객의 라이프스타일을 담아내는 'AI 인테리어 제너레이터'

1) **상황**: 한 대형 건설사가 새로운 아파트 브랜드를 런칭하며, '어떤 라이프스타일도 담을 수 있는 유연한 공간'을 핵심 가치로 내세운다. 이들은 잠재 고객들에게 텅 빈 공간이 아닌, 각자의 삶이 투영된 '완성된 집'의 모습을 보여주고 싶지만, 수십 가지의 인테리어 시안을 물리적으로 모두 구현하는 것은 불가능하다.

2) 생성형 AI의 적용(개인화된 인테리어 디자인 대량 생성):

(1) **목표**: 잠재 고객의 페르소나에 맞춰, 동일한 아파트 공간에 대한 수십 가지의 각기 다른 고품질 인테리어 디자인 시안을 자동으로 생성하여 마케팅에 활용한다.

(2) **AI의 창조 과정**: 마케팅팀은 AI에게 아파트의 텅 빈 공간 사진과 함께, 타겟 고객 페르소나별 키워드를 프롬프트로 제공한다.

페르소나별 키워드 입력:

- 페르소나 A: 미니멀리스트, 30대 1인 가구, 재택근무 → 키워드: '미니멀리즘, 차분한, 홈 오피스, 뉴트럴 톤, 간결한'
- 페르소나 B: 어린 자녀를 둔 4인 가족 → 키워드: '수납공간 많은, 따뜻한, 아이 친화적인, 내추럴, 북유럽 스타일'
- 페르소나 C: 은퇴 후 여유를 즐기는 노부부 → 키워드: '클래식한, 고급스러운, 편안한, 취미 공간, 앤틱 가구'

맞춤형 인테리어 시안 자동 생성: AI는 각 페르소나의 키워드를 해석하여, 동일한 공간에 대한 완전히 다른 스타일의 포토리얼리스틱한 인테리어 이미지를 수십 장씩 생성한다.

- A 시안: 불필요한 장식 없이 간결한 라인의 가구와 차분한 색감으로 꾸며진, 집중력을 높이는 홈 오피스 공간이 강조된 디자인.
- B 시안: 아이들의 장난감을 위한 넉넉한 수납장과 친환경 원목 가구, 부드러운 패브릭 소파로 꾸며진 아늑하고 따뜻한 공간.
- C 시안: 중후한 색감의 앤틱 가구와 예술 작품, 그리고 부부가 함께 차를 마시거나 서예를 즐길 수 있는 취미 공간이 마련된 품격 있는 디자인.

3) **결과:** 건설사는 더 이상 하나의 표준 모델하우스에 모든 고객을 맞추려 하지 않는다. AI가 생성한 수백 장의 맞춤형 인테리어 시안을 분양 홈페이지와 카탈로그, 소셜미디어 광고에 활용한다. 잠재 고객들은 자신과 가장 유사한 라이프스타일이 구현된 이미지를 보며, 해당 공간과 강력한 감성적 유대를 형성한다. 이는 '나를 위한 집'이라는 인식을 심어주며, 구매 결정에 결정적인 영향을 미친다.

생성형 AI의 적용(다양한 건축 조감도 및 컨셉 제안) 가상 사례

상업용 부동산 – 도시의 미래를 그리는 'AI 건축 컨셉 디자이너'

1) **상황:** 한 도시 개발 시행사가 서울의 오래된 공업 지대 부지를 매입했다. 이들은 이 땅을 지역의 랜드마크가 될 혁신적인 복합문화공간으로 개발하고자 하지만, 어떤 건축 컨셉이 투자자들과 미래의 방문객들에게 가장 매력적일지 확신하기 어렵다. 여러 건축사무소에 각기 다른 컨셉의 설계를 의뢰하기에는 시간과 비용의 부담이 너무 크다.

2) 생성형 AI의 적용(다양한 건축 조감도 및 컨셉 제안):

(1) 목표: 개발 부지의 조건과 프로젝트의 목표를 바탕으로, 다양한 건축 스타일과 컨셉을 가진 여러 개의 조감도 및 컨셉 디자인 대안을 신속하게 생성하여 의사결정을 돕는다.

(2) AI의 창조 과정: 시행사 기획팀은 AI에게 다음과 같은 핵심 조건을 프롬프트로 입력한다.

- 조건: 서울 성수동, 공장 부지, 10,000㎡, 복합문화공간(리테일, F&B, 전시장, 오피스), Z세대 타겟, 지속가능성, 지역의 역사성 존중.
- 요청: 위 조건을 만족하는 3가지의 서로 다른 건축 컨셉과 조감도를 생성해줘.

A안(역사 보존형): AI는 기존 공장의 붉은 벽돌 구조와 트러스 지붕을 최대한 보존하면서, 내부에 현대적인 유리와 강철 구조물을 삽입하는 '신구의 조화' 컨셉의 디자인을 생성한다. 조감도는 과거와 현재가 공존하는 독특한 분위기를 자아낸다.

B안(자연 친화형): AI는 건물 전체를 녹색 식물로 뒤덮고, 옥상과 테라스 곳곳에 도시 농장과 정원을 배치하는 '수직 숲(Vertical Forest)' 컨셉의 디자인을 제안한다. 조감도는 마치 도심 속 거대한 식물원처럼 보인다.

C안(미래 지향형): AI는 유기적인 곡선과 비정형적인 형태로 이루어진, 최첨단 파라메트릭 디자인 기법을 적용한 미래적인 외관을 창조한다. 조감도는 보는 각도에 따라 모습이 변하는 하나의 거대한 미디어 아트 작품처럼 보인다.

3) 결과: 시행사는 단 며칠 만에, 과거라면 수개월이 걸렸을 세 가지의 구체적이고 매력적인 개발 비전을 손에 쥐게 된다. 이들은 이 AI 생성 조

감도를 투자 유치 제안서와 초기 마케팅 자료에 즉시 활용한다. 투자자들과 잠재 임차인들은 추상적인 설명이 아닌, 눈앞의 생생한 미래 모습을 보고 프로젝트의 가치를 훨씬 더 명확하게 이해하고, 이는 성공적인 자금 조달과 사전 임차인 확보로 이어진다.

5

생성된 콘텐츠의 진위성 및 저작권 문제와 가상사례

5.1. 생성된 콘텐츠는 '진위성'과 '저작권'이라는 두 가지 거대한 법적, 윤리적 화두가 존재한다.

인공지능(AI) 알고리즘은 도시부동산 마케팅의 지형을 근본적으로 바꾸는 혁신적인 도구다. 잠재 고객의 라이프스타일에 맞춘 가상 인테리어 디자인을 단 몇 초 만에 수십 가지 제안하고, 아직 첫 삽도 뜨지 않은 건물의 완공 후 모습을 실제보다 더 실제같이 시뮬레이션한다.

이처럼 AI는 상상 속의 공간을 시각적 현실로 구현하며 강력한 마케팅 파워를 제공한다. 하지만 이 눈부신 기술의 이면에는 반드시 짚고 넘어가야 할 '진위성(Authenticity)'과 '저작권(Copyright)'이라는 두 가지 거대한 법적, 윤리적 화두가 존재한다.

5.2. 생성된 콘텐츠의 진위성: 환상과 현실의 경계

AI가 생성한 이미지와 영상은 때로는 현실을 압도하는 매력을 지닌다. 예를 들어, AI는 저층 아파트의 창문 밖으로 보이는 전망을 마치 로열층에서 바라보는 듯한 파노라마 오션뷰로 손쉽게 바꿀 수 있다. 또한, 존재하지 않는 유명인이 해당 부동산을 추천하는 가짜 인터뷰 영상을 만들거나, 긍정적인 내용의 가상 고객 후기를 무한정 생성해낼 수도 있다.

이러한 기술은 잠재 고객에게 강력한 매력을 어필하지만, '과장'을 넘어선 '기만'의 영역으로 넘어갈 위험성을 내포한다. 소비자는 자신이 보고 있는 정보가 실제 사실에 기반한 것인지, 아니면 잘 만들어진 허상인지 구분하기 어렵게 된다. 이는 단기적으로는 계약률을 높일 수 있을지 몰라도, 장기적으로는 시장 전체의 신뢰도를 심각하게 훼손하는 결과를 초래한다.

따라서 AI를 활용하는 마케터에게는 기술적 역량만큼이나 '디지털 윤리'가 중요하게 요구된다. AI 생성 콘텐츠를 활용할 경우, 이것이 가상으로 생성된 정보임을 투명하게 고지하고, 소비자가 합리적인 판단을 내릴 수 있도록 돕는 책임감 있는 자세가 필수적이다. AI는 현실을 '보강'하는 도구로 사용되어야 하며, 현실을 '왜곡'하는 수단이 되어서는 안 된다.

5.3. 저작권 문제: 누구의 창작물인가?

AI 콘텐츠의 저작권 문제는 '입력(Input)'과 '출력(Output)'의 두 가지 측면에서 복잡한 양상을 띤다.

첫째, '입력' 단계의 문제다. AI 모델은 방대한 양의 데이터를 학습해야 하는데, 이 데이터에는 인터넷에 존재하는 수많은 이미지, 텍스트, 건축 디자인 등 저작권이 있는 창작물이 포함된다. AI가 이러한 데이터를 학습하는 것이 저작권법에서 허용하는 '공정 이용'에 해당하는지에 대한 논쟁은 전 세계적으로 현재 진행형이다. 만약 AI가 특정 건축가의 독창적인 디자인 스타일을 집중적으로 학습하여 유사한 결과물을 내놓는다면, 이는 과연 합법적인 영감의 발현인가, 아니면 저작권 침해인가?

둘째, '출력' 단계의 문제다. 사용자가 특정 명령(Prompt)을 입력하여 AI가 생성한 이미지나 광고 문구의 저작권은 누구에게 귀속되는가? 명령을 내린 사용자? AI 모델을 개발한 기업? 아니면 기계의 창작물이므로 누구에게도 저작권이 없는 퍼블릭 도메인(Public Domain)인가? 현재 미국 저작권청(USCO)은 '인간의 창의적 개입'이 없는 AI 단독 생성물에는 저작권을 인정하지 않는다는 입장을 보이고 있다. 이는 AI를 활용한 상업적 결과물이 법적 보호를 받지 못할 수도 있음을 시사하며, 기업 입장에서는 마케팅 자산의 권리 확보에 큰 불확실성을 안게 된다.

5.4. 진위성과 저작권 관련 가상 사례

이러한 진위성과 저작권 문제는 다음의 가상 사례를 통해 더욱 명확하게 이해할 수 있다.

진위성과 저작권 관련 가상 사례 1

'팬텀 펜트하우스' 사기 분양 사건

1) 상황: 신생 부동산 개발사 '㈜미래도시건설'은 강남에 최고급 주상복합 '아르카디아 팰리스'를 분양하기 위해 최신 AI 마케팅 솔루션을 도입한다. 이들은 AI를 이용해 실제 설계도보다 훨씬 넓고 화려한 내부 구조를 가진 가상의 펜트하우스 '팬텀 펜트하우스'의 홍보 영상과 이미지를 제작했다. AI는 실존하지 않는 한강의 파노라마뷰를 창밖에 그려 넣었고, 유명 건축 비평가들의 목소리를 학습해 "서울의 스카이라인을 재정의할 걸작"이라는 찬사가 담긴 가짜 리뷰 콘텐츠까지 만들어냈다. 이 환상적인 마케팅 자료는 온라인에서 폭발적인 반응을 얻으며 높은 청약 경쟁률을 기록했다.

2) **분쟁:** 계약자 중 한 명이 건축 설계사무소에 근무하는 지인을 통해 실제 설계도와 홍보 자료 간의 심각한 차이를 발견하고 문제를 제기한다. 창밖의 뷰는 물론, 내부 구조와 면적까지 허위로 조작되었다는 사실이 알려지자 계약자들은 집단으로 '사기 분양'을 주장하며 소송을 제기했다. '미래도시건설' 측은 "AI를 활용한 예술적 표현이자 마케팅적 허용 범위"라고 항변했지만, 법원은 이를 받아들이지 않았다.

3) **결과 및 교훈:** 법원은 AI 생성물이라 할지라도 소비자의 합리적 판단에 중대한 영향을 미치는 핵심 정보(면적, 구조, 조망권 등)를 명백히 왜곡한 것은 기망 행위에 해당한다고 판결했다. 이 사건은 부동산 업계에 큰 경종을 울리며, 'AI 생성 콘텐츠 활용 가이드라인' 제정의 필요성을 촉발시키는 계기가 되었다. 교훈은 명확하다. AI는 마케팅의 '마법 지팡이'가 될 수 있지만, 그 마법이 현실의 진실성을 넘어설 때, 그것은 더 이상 마법이 아닌 '사기'가 된다는 것이다.

진위성과 저작권 관련 가상 사례 2

'모방된 걸작' 저작권 분쟁

1) **상황:** 상업용 부동산 전문 중개법인 '어반 스케치'는 낡은 도심 상가

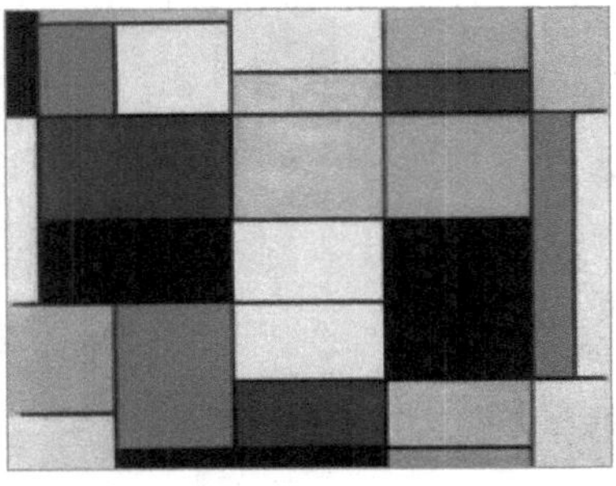

피에트 몬드리안 - Composition A - 그림닷컴

김중업의 등록문화재 지정 추진 - 한국건설신문
http://www.conslove.co.kr

건물의 리모델링 프로젝트를 수주하고, 투자자 유치를 위한 마케팅 자료 제작에 AI 이미지 생성기를 활용했다. 이들은 "한국의 거장 김중업 건축가의 유기적 곡선 스타일과 피에트 몬드리안의 색면 추상화를 결합하여 재해석한 파사드 디자인"이라는 구체적인 명령어를 입력했다. AI는 즉시 두 거장의 스타일이 절묘하게 융합된, 독창적이면서도 매우 아름다운 건물 외관 이미지를 생성해냈다. 이 이미지는 투자자들에게 깊은 인상을 남기며 성공적으로 투자 유치를 이끌어냈다.

2) **분쟁:** 해당 이미지가 온라인에 공개되자, 김중업 건축 기념사업회와 몬드리안 재단 측에서 문제를 제기했다. 이들은 '어반 스케치'가 생성한 이미지가 두 예술가의 고유한 예술적 정체성(Style)과 저작권을 상업적으로 무단 도용한 '모방 저작물(Derivative Work)'에 해당한다며 이미지 사용 금지 및 손해배상을 청구하는 소송을 제기했다. '어반 스케치'는 "AI가 독창적으로 재창조한 결과물이며, 특정 작품을 그대로 복제한 것이 아니므로 저작권 침해가 아니다"라고 맞섰다.

3) 결과 및 교훈: 이 사건은 법조계와 예술계에 'AI 생성물의 창의성과 저작권 침해의 경계'에 대한 심도 깊은 논의를 불러일으켰다. 법원은 AI가 특정 화풍이나 건축 양식을 학습하고 이를 바탕으로 새로운 결과물을 만드는 것 자체를 금지할 수는 없지만, 결과물이 원저작자의 작품과 '실질적으로 유사'하고 소비자로 하여금 원저작자와의 연관성을 오인하게 할 경우, 저작인격권(성명표시권, 동일성유지권) 및 저작재산권 침해의 소지가 있다고 판단했다. 이 사례는 AI를 활용한 창작 활동이 단순한 '모방'을 넘어 '창조'의 영역으로 인정받기 위해서는, 원저작자의 권리를 존중하고 법적 경계를 명확히 인지하는 것이 얼마나 중요한지를 보여준다. 마케터는 AI의 놀라운 창작 능력에 감탄하기에 앞서, 그 창작의 근원이 되는 데이터의 저작권 문제를 항상 염두에 두어야 한다.

참고문헌

1. Airbnb. (2023). Dynamic pricing: How to set your prices automatically.
2. Alnaser, A. A., Maxi, M., & Elmousalami, H. (2024). AI powered digital twins and Internet of Things for smart cities and sustainable building environment. Applied Sciences, 14(24), 12056.
3. Alonso, R., Locci, R., & Reforgiato Recupero, D. (2025). Improving digital twin experience through big data, IoT and social analysis: An architecture and a case study.
4. Architectural Digest. (2021, November 4). Facing major financial losses, Zillow terminates home flipping division Zillow Offers. Retrieved from Axios, Bloomberg, etc.
5. Ascendix Technologies. (2025, January 15). AI property search marketplaces.
6. Axios. (2021, November 2). Zillow abandons its home flipping algorithm. Retrieved from Axios article.
7. Biz4Group. (2025, June 26). How to use AI for real estate in 2025: Top use cases.
8. Bombay Softwares. (2023, September 30). K-means clustering.
9. BotPenguin. (2024, July 26). A Complete Guide to Real Estate Chatbots.
10. BotPenguin. (2025, February 12). Top Real Estate Marketing Tools Every Agent Needs in 2024.
11. Chen, L., Mislove, A., & Wilson, C. (2016). An empirical analysis of algorithmic pricing on Amazon Marketplace. Proceedings of the 25th International Conference on World Wide Web, 1339–1349.
12. Chhikara, P., Kuhar, H., Goyal, A., & Sharma, C. (2023, January 17). DIGITOUR: Automatic digital tours for real estate properties.
13. Deloitte Insights. (2023, December 5). Generative AI in real estate: The power of generative AI in real estate.
14. DongA Science. (2016, April 14). VR, 부동산 업체와 고객을 중개하다. 동아사이언스.

15. Elmaghraby, W., & Keskinocak, P. (2003). Dynamic pricing in the presence of inventory considerations: Research overview, current practices, and future directions. Management Science, 49(10), 1287–1309.

16. Emenike, U. U. C. (2023, September). Evaluating the impact of virtual reality and augmented reality on real estate marketing and sales (MSc dissertation). University of Salford.

17. Fan, X., et al. (2025). The role of augmented and virtual reality in shaping sustainable marketing campaigns. Sustainability, 17(2), 728.

18. Gartner, Inc. (2018). Gartner identifies top 10 strategic technology trends. Stamford, CT: Gartner Research.

19. GeekWire. (2021, November 3). Why the iBuying algorithms failed Zillow, and what it says about the business world's love affair with AI. GeekWire.

20. Gillingham, K. (2014). Real-time pricing and the smart meter future. The Energy Journal, 35(2), 1–20.

21. Inside AI News Editorial Team. (2021, December 13). The $500 mm+ debacle at Zillow Offers – What went wrong with the AI models? Inside AI News.

22. Invensis. (2025, May 30). AI in real estate: Use cases, benefits & trends.

23. KB국민은행. (n.d.). 부동산 시세 산정 및 자동평가모델(AVM). KB부동산 리브온(Liiv ON).

24. Laney, D. (2001). 3D data management: Controlling data volume, velocity, and variety. META Group Research Note.

25. Lindy, Inc. (2025, July). How Do Chatbots Qualify Leads and Drive Sales? Lindy.ai.

26. Loomer, J. (2023, August 6; updated 2025, March 1). Meta Ads Lookalike Audiences: A complete guide.

27. Macchiaroli, M. (2025). Extended reality (XR) impacts on real estate market and marketing. SASBE Reports.

28. Matrixian Group. (n.d.). Automated valuation model (AVM). Matrixian.com.

29. McAfee, R. P., & te Velde, V. (2006). Dynamic pricing in the airline industry. In Handbook on Economics and Information Systems (Vol. 1, pp. 527–569). Elsevier.

30. McKinsey & Company. (2009, June 1). The consumer decision journey. McKinsey Quarterly.
31. McKinsey & Company. (2023, November 14). The power of generative AI in real estate. McKinsey & Company.
32. MDPI. (2022, September 13). Machine learning applications in surface transportation systems.
33. National Association of Realtors. (2023). Real Estate in a Digital Age Report. NAR.
34. PriceLabs. (2024). AI-driven dynamic pricing for short-term rentals.
35. Purwar, A., & Chawla, I. (2023). The convergence of digital twin, IoT, and machine learning: Transforming data into action. ResearchGate.
36. RealPage. (2023). AI revenue management for multifamily housing.
37. Realtor.com. (2025, March). How AI Chatbots Can Boost Lead Engagement for Real Estate Agents.
38. Salam, A. F., & Stevens, J. R. (2007). Semantic web technologies and e business: Toward the integrated virtual organization and business process automation. Hershey, PA: Idea Group Publishing.
39. Sekar, A. N. (2024). Transforming real estate sales and marketing with augmented reality. Procedia Computer Science.
40. Shields, K. D. (2023, August 7). Position of generative AI.
41. Singh, P., & Tiwari, S. (2025). Digital twins and artificial intelligence: An essential combination. ResearchGate.
42. Smythos LLC. (2024, September). Chatbots and Lead Generation: How AI Drives Customer Acquisition.
43. SoftKraft. (2025, May 22). 10 real estate AI use cases transforming the industry in 2025.
44. Talluri, K. T., & van Ryzin, G. J. (2004). The theory and practice of revenue management. Springer.
45. Texas A&M Real Estate Center. (2025, July 21). AI in action: What's possible with artificial intelligence in real estate. Texas A&M University.
46. The Silicon Review. (2025, July 23). The rise of AI powered virtual staging in property marketing.

47. The Times. (2024, April 25). How AI is changing the world of property listings. The Times.
48. Turing. (2025, February 21). Deep learning vs machine learning.
49. V7 Labs. (2023). AI in real estate: Key use cases, solutions, and challenges.
50. Wired. (2022, February 18). Zillow botched buying homes. Opendoor thinks it can do better. Wired.
51. Wu, J., Yang, C., Mahns, S., Wang, C., Zhu, H., Fang, F., & Xu, H. (2025, February 24). Grounded persuasive language generation for automated marketing.
52. Zhu, Y., Liu, Y., Xie, R., Zhuang, F., Hao, X., Ge, K., Zhang, X., Lin, L., & Cao, J. (2021, May 31). Learning to expand audience via meta hybrid experts and critics for recommendation and advertising.
53. Zillow. (2024). How Zillow uses AI for home price estimation.
54. Zuher, A. (2024, September 17). Generative AI in real estate.
55. 경찰청. (n.d.). 범죄 통계 공개 자료. 경찰청 통계시스템.
56. 경찰청. (n.d.). 범죄발생현황 통계.
57. 교육부. (n.d.). 학교알리미 서비스. 교육부.
58. 교육부. (n.d.). 학교알리미. 교육부.
59. 국가공간정보포털. (n.d.). 지리정보시스템(GIS) 개요.
60. 국토교통부. (2023년 9월 14일). 인공지능 기반 부동산 서비스 활성화 방안 발표. 국토교통부 보도자료.
61. 국토교통부. (n.d.). 국토교통부 실거래가 공개시스템.
62. 김승욱. (년도 미상). 가상현실기술의 원리와 부동산업에서의 적용과 의미.
63. 네이버 부동산. (n.d.). 매물 정보·지역 통계 제공 서비스. 네이버 부동산.
64. 네이버(주). (n.d.). 네이버 검색 알고리즘(C Rank, D.I.A 로직). 네이버 기술 블로그.
65. 대한민국 통계청. (n.d.). 인구주택총조사. 통계청.
66. 더스쿠프. (2025년 3월 10일). 부동산 허위매물이 당근에 툭툭 올라오는 까닭 [추적+].
67. 매일경제. (2024년 4월 5일). AI가 바꾸는 부동산 시장…'가상 투어'부터 가격 예측까지.

68. 매일경제. (2024년 5월 17일). 부동산 시장, 인공지능(AI) 기술 도입 가속화.
69. 매일경제. (2024년 7월 18일). '정가 대신 시가' 다이내믹 프라이싱, 항공·숙박 넘어 일상생활로 확산.
70. 매일경제. (2025년 5월 1일). 오피스 홍수 시대 서울서 살아남는 건 프라임급 빌딩뿐.
71. 메이크봇. (2021년 4월 1일). 한국부동산원(구 한국감정원) 청약홈 챗봇 서비스 개시. 메이크봇 공식 블로그.
72. 문화일보. (2025년 3월 28일). 부동산 직거래 줄었지만 허위매물은 2년새 43% 급증.
73. 베이커리 Biz4Group. (2025, June). AI Chatbots in Real Estate: Use Cases, Benefits, & Future Trends.
74. 서울시 빅데이터 캠퍼스. (n.d.). 공공데이터 활용사례집. 서울시.
75. 한국개발연구원. (n.d.). 경제·사회 간 균형이 공동체의 행복 높이는 길.
76. 한국경제. (2020년 8월 23일). 부동산 허위 매물 1만건 사라졌다.
77. 한국경제. (2024년 4월 5일). AI가 바꾸는 부동산 시장…'가상 투어'부터 가격 예측까지.
78. 한국과학기술정보연구원(KISTI). (2017). 가상현실/증강현실 기술 발전 방향 및 시사점.
79. 한국부동산원. (2022년 9월 23일). 아파트 매매 '허위매물' 모니터링 시행 3개월 만에 1만건 적발.
80. 한국부동산원. (n.d.). 부동산 자동가치평가(AVM) 시스템. 한국부동산원.
81. 한국전자통신연구원. (2017). 가상현실(VR)의 국내외 적용 동향.
82. 한국지능정보사회진흥원. (2021). 인공지능 학습용 데이터 구축 가이드라인.
83. 행정안전부. (n.d.). 공공데이터포털. 행정안전부.
84. 현대건설. (2022년 4월 29일). 블록형 단독주택 '힐스테이트 양주옥정 파티오 포레'. 위클리한국.

【저자 약력】

원지영

저자는 서울대 음대 작곡과를 졸업하고 미국 FDU에서 교육학 석사학위를 받았다. 귀국 후 한양대 경영대학에서 예술경영 및 문화예술 마케팅을 연구하여 박사학위를 받았다. 그동안 인하대 경영학과에서 전임강사로 외국인 학생을 상대로 경영과 마케팅분야의 영어강의를 했다. 현재는 아주대 국제대학원과 경영대에서 디지털 마케팅, 콘텐츠마케팅, K-Culture and Arts Management, Music Business, 기업가정신과 경영 등을 강의해오고 있다. 저서로는 '디지털마케팅 들어가 보니'(교보문고), '빅데이터가 이렇게 쓸모 있을 줄이야'(교보문고), '삶 속에 들어온 생성형 AI 음악'(피앤씨미디어)이 있다.

도시부동산 마케팅, AI에서 찾아라

초판 인쇄 2025년 9월 15일
초판 발행 2025년 9월 20일

지은이 원지영
펴낸이 박노일

총괄기획 최준규
편 집 이상민

펴낸곳 pnc publishing and culture 피앤씨 미디어
경기도 고양시 일산동구 강송로 153, 310-1501
등록 제396-2012-000203호
전 화 070)7550-3758 팩 스 02)6280-3758
홈페이지 www.pncmedia.co.kr 이메일 pnc@pncmedia.co.kr
ISBN 979-11-7401-025-4 93500

정 가 17,000원